专利权交易法律制度研究

马碧玉 ◎ 著

RESEARCH ON LEGAL SYSTEM
OF PATENT TRANSACTION

中国社会科学出版社

图书在版编目（CIP）数据

专利权交易法律制度研究／马碧玉著 .—北京：中国社会科学出版社，
2016.9

ISBN 978 - 7 - 5161 - 9369 - 3

Ⅰ.①专… Ⅱ.①马… Ⅲ.①专利权法 - 研究 - 中国 Ⅳ.①D923.424

中国版本图书馆 CIP 数据核字（2016）第 273075 号

出 版 人	赵剑英
责任编辑	任 明
特约编辑	乔继堂
责任校对	季 静
责任印制	李寡寡

出 版	中国社会科学出版社
社 址	北京鼓楼西大街甲 158 号
邮 编	100720
网 址	http：//www.csspw.cn
发 行 部	010 - 84083685
门 市 部	010 - 84029450
经 销	新华书店及其他书店

印刷装订	北京市兴怀印刷厂
版 次	2016 年 9 月第 1 版
印 次	2016 年 9 月第 1 次印刷

开 本	710 × 1000 1/16
印 张	14.25
插 页	2
字 数	207 千字
定 价	58.00 元

序

　　知识产权是知识经济时代最为重要的财产形式，其中尤以专利权的价值为甚。与有形商品或其他知识产权不同的是，专利权价值的实现并不限于权利人自己实施转化，通过多种交易方式实现其价值也是其重要途径。但因专利权的无形性、时间性、地域性等特征，专利权交易规则不同于普通有形商品，甚至不同于其他类型的知识产权。研究专利权交易的意义，不应仅仅是从法教义学的角度出发构建一个内在自治的专利权交易法律制度。将专利权交易置于国家创新驱动发展战略的语境中，结合我国的现实需求设计更好的交易制度，使专利权交易成为优化资源配置的手段，让专利权流转到最具开发效能的领域，提升专利技术的转化运用效率，促进技术研发与经济发展的有机融合，正是该研究成果的价值所在。

　　纵观全书，该书在以下三个方面较有意义。

　　首先，内容覆盖全面。作者将专利权交易的四种情形：转让、实施许可、出资入股和质押都进行了分析，囊括了专利权在市场中流转活动的全部情形。如前所述，因专利权的特性使其不能直接适用普通商品的交易规则，同时也面临不同于普通商品的交易风险。作者从合同法、公司法、担保法的角度对专利权交易与普通商品交易的差异进行了分析。与此同时，作者还讨论了专利权转让、实施许可、出资入股和质押等不同交易模式的区别和风险。该研究可以为读者勾勒出专利权以商业规则流转活动的全景图，有助于专利权人或交易对方合理地选择恰当的专利权交易模式。这对于促进科技成果转化无疑是有积极意义的。

　　其次，研究方法得当。作者对专利权交易现状的描述多以充实的数据说话，多方采集了大量可靠的数据，客观地描述了我国专利权交易的现状，这弥补了惯于做价值判断的法学研究成果的一点缺憾。在论述自己观点时，作者辅以真实的案例，增强了论据的说服力。此外，作者在介绍域外经验时，并未以独立成章的方式进行比较分析，而是在论述专利权交易制度的具体问题时，有针对性地引出域外的制度经验。而且对域外的制度经验也非一概主张移植引入，而是强调要结合中国的实践情况建议有选择地借鉴。总体而言，作者采用数据分析、案例分析和比较分析等研究方法，既有利于论证其观点，又避免了材料堆砌的通病。

最后，研究成果有意义。作者将现行制度的分析置于国家创新驱动发展战略的背景下展开，以促进专利权流转，开发专利权价值为核心思想提出了若干有前瞻性的制度完善建议。如，在专利制度中增加当然许可的规定、优化专利权人在交易中的瑕疵担保责任、降低专利权转让交易成本、完善专利权质押登记、优化专利权质权实现程序、建立专利权出资入股登记制度等。这些有针对性的制度完善建议为落实创新驱动发展战略，促进科技成果转化提供了有益参考。

要全面论述专利权交易，当然要完整地讨论转让、实施许可、出资入股和质押等四种交易方式，但规制这四种交易行为的法律制度又分别是技术交易法律制度、企业资本法律制度和担保法律制度。因此，作者的论证和分析也是分四个板块而展开。如何构建一个整体有机的专利权交易制度系统，还值得进一步探讨。当然，探索无止境，还希望作者能将知识产权制度与社会、经济发展相关互动关系的研究继续下去，因为这确是目前较为重要的议题。

是为序。

张　楚

中国政法大学教授、博士生导师

2016 年 8 月

目　　录

引　言

一　研究意义

专利权是知识经济时代最重要的财产形式之一。2011 年，谷歌公司以 125 亿美元现金收购摩托罗拉公司，看中的就是摩托罗拉公司名下的 17000 项专利及 7500 项处于审批程序中的专利申请；[①] 2012 年，百年老店柯达公司申请破产保护，计划将其 1100 多项数码摄影方面的专利权打包后直接出售以获得运营资金，据估算柯达公司的专利权价值 30 亿美元，远超过其公司市场市值 5 倍多，专利权成为柯达公司价值量最高的财产。[②] 专利权俨然已经成为可以决定企业生存发展的关键性资产。虽然前述那些重大的专利权交易活动不是经常发生，但专利权交易却是每天都在上演。我国专利权交易市场规模在不断扩大，以专利权交易为主的技术交易对经济发展的贡献也日渐明显。

以专利实施许可、专利权转让及专利申请权转让、专利权质押、专利权出资入股为具体表现形式的专利权交易，不仅是专利权人实现其财产价值的一种方式，而且还是科技创新成果优化配置的主要渠道。当专利权被配置到最具开发实施能力的主体手中时，往往能得到最充分的实施，能够最大限度地挖掘出专利技术的应用价值。所以专利权交易也构成了知识经济时代必不可少的一项市场活动，有必要从法学的视角对其进行研究。

专利权具有知识产权的法定性、无形性、时间性和地域性等特性，

---

① 参见《纽约时报：谷歌收购摩托　科技专利迎来牛市》，载 http：//tech. sina. com. cn/i/2011 - 08 - 17/15515942253. shtml，访问时间为 2016 年 11 月 30 日。

② 参见《柯达专利价值 30 亿美元　微软谷歌或成买家》，载 http：//it. chinabyte. com/469/12141469. shtml，访问时间为 2016 年 11 月 30 日。

这些特性使得专利权在交易时不能完全直接适用普通商品的交易规则，需要一套专门的规则去规范专利权交易行为。本书的研究旨在从法学研究的视角对我国现行的专利权交易规则进行彻底的解析，分析论证专利权交易法律制度的缺失与不足，同时借鉴域外有关专利权交易法律制度的立法经验，提出可供我国完善专利权交易法律制度的建议。

二　研究现状述评

（一）研究现状

在专利法、合同法、担保法和公司法等领域均涉及专利交易，因此，关注、研究专利权交易的学者既有专利法领域的学者，也有合同法、担保法及公司法领域的学者。同时专利权交易也是实务操作的热点，因此，除了理论界的研究者外，实务界的工作者也会从实践经验出发，对完善专利权交易制度提出建议。此外，专利权交易还是管理学、经济学等领域的研究热点，这些领域的研究者从不同的学科背景出发，多视角对专利权交易展开了若干研究。

1. 国内研究现状

法学研究领域对专利权交易的研究常常局限于专利权交易的某种交易方式，或者某个交易环节。经检索，目前除了一篇以专利交易中的法律纠纷为研究对象的硕士论文外，[①] 还未见对专利权交易法律制度进行系统论述的成果。近年来就专利权特定交易方式进行论述的代表性研究成果有：吴红对专利实施与运用的论述、邱永清对专利实施许可登记制度的分析、漆苏和杨为国对专利许可实施权转让的研究、张曼对我国专利实施许可费收费现状的分析、程永顺对专利转让合同纠纷案件审理中相关问题的探究、蔡新华对技术受让方法律问题的研究、邓毅沣对技术转让合同中限制条款法律效力的评析、冯晓青对企业专利有偿转让战略的研究、傅绍明对专利权转让的探讨、马忠法对技术转让合同中技术改进条款的研究、郭玉坤和于颖对我国知识产权

---

① 倪炜：《关于专利交易中法律纠纷问题的思考和建议》，中国政法大学2010年硕士学位论文。

质押的立法价值与现状的分析、胡良荣和顾长洲对我国专利权质押困
惑与出路的探索、李希义和蒋琇对政府支持下的知识产权质押贷款模
式及其特征的分析、苑泽明和姚王信对知识产权融资不对称性的法经
济学分析、董新凯对我国股东以专利投资法律问题的研究、冯涛和李
冠新对专利权投资的经济效用与法律规范分析、冯晓青对企业知识产
权投资的理论思考、刘春霖和安秀明对知识产权使用许可权资本化的
理论思考、孙昌兴和于运杰对知识产权出资缩水时的股东责任的研
究、杨为国和李品娜等对我国无形资产出资的法与经济学分析等。①

　　除了对某一类具体专利权交易行为进行论述的文章外，对专利权
交易的法律风险进行分析，也是法学研究领域的学者对专利权交易进
行研究的一个常见的切入点，相关论述和研究已有一些成果。如陈恺
悌分析了专利权转让交易的风险，并提出遵守诚实信用原则与落实公

---

① 吴红：《专利实施与专利运用》，载《电子知识产权》2008 年第 5 期；邱永清：
《专利许可合同登记制度之型构 以登记功能为基点的分析》，载《法律适用》2007 年第 9
期；漆苏、杨为国：《专利许可实施权转让研究》，载《科研管理》2008 年第 6 期；张曼：
《我国专利技术许可费收取现状与分析》，载《电子知识产权》2010 年 第 6 期；程永顺：
《专利技术转让合同案件审理中的若干问题》，载《科技与法律》2003 年第 3 期；蔡新华：
《技术受让中的技术法律问题》，载《知识经济》2010 年 第 19 期；邓毅洋：《技术转让合
同中限制条款法律效力评析》，载《湖南社会科学》2010 年第 2 期；冯晓青：《企业专利有
偿转让战略研究》，载《发明与创新》（综合版）2007 年第 6 期；傅绍明：《专利权转让探
讨》，载《中国发明与专利》，2008 年第 9 期；马忠法：《论技术转让合同中的技术改进条
款》，载《电子知识产权》2009 年第 11 期；郭玉坤、于颖：《我国知识产权质押的立法价
值、现状及建议》，载《科技进步与对策》2008 年第 7 期；胡良荣、顾长洲：《我国专利权
质押的困惑与出路》，载《知识产权》2010 年第 4 期；李希义、蒋琇：《政府支持下的知识
产权质押贷款模式及其特征分析》，载《科技与法律》2009 年第 5 期；苑泽明、姚王信：
《知识产权融资不对称性的法经济学分析》，载《知识产权》2011 年第 2 期；董新凯：《我
国股东以专利投资的相关法律问题》，载《学术论坛》2007 年第 11 期；冯涛、李冠新：
《专利权投资的经济效用与法律规范分析》，载《知识产权》2011 年第 4 期；冯晓青：《企
业知识产权投资之理论思考》，载《科技与法律》2006 年第 3 期；刘春霖、安秀明：《知识
产权使用许可权资本化的理论思考》，载《河北经贸大学学报》2009 年 第 3 期；孙昌兴、
于运杰：《知识产权出资缩水时的股东责任》，载《技术经济与管理研究》2008 年第 4 期；
杨为国、李品娜等：《我国无形资产出资立法的反思与完善——无形资产出资的法与经济学
分析》，载《电子知识产权》2006 年第 9 期。

示化制度，可有效降低专利转让交易的风险；① 吴洁仑、王智源从风险控制的角度，对专利权交易中的风险进行分析并提出了防范风险的初步建议；② 宋伟和胡海洋研究了知识产权质押贷款的风险分散机制。③ 有的研究者从务实的角度对防范专利权交易风险提出了具体建议，如张广良对专利交易中欺诈防范及救济进行了探讨；④ 袁雯卿、袁真富等分析了专利交易尽职调查的注意事项等。⑤

　　还有学者对我国专利权交易模式创新改革进行了探索。如叶新在分析我国网上技术市场现状的基础上，认为我国应大力发展网上交易市场。⑥ 蒋逊明、朱雪忠则在借鉴国外默认许可制度的基础上，提出我国也应该增加专利实施的默认许可制度。⑦ 也有学者关注专利权交易的市场建设，如詹宏海、王伟君提出建立完善的信息披露制度以规范专利权交易市场的监管。⑧ 此外，还有学者对专利权交易与知识产权保护之间的关系进行了研究。张伟君、单晓光在其论文中提出，加强知识产权保护对促进技术转让既有促进作用，也有消极作用，应注

---

①　陈恺悌：《专利交易的潜在风险分析和对策》，载《知识产权》2011 年第 3 期，第 41—42 页。

②　吴洁仑、王智源：《知识产权交易形式解析与风险控制问题研究》，载《科技管理研究》2010 年第 10 期，第 147—150 页。

③　宋伟、胡海洋：《知识产权质押贷款风险分散机制研究》，载《知识产权》2009 年第 4 期，第 73—77 页。

④　张广良：《专利交易中的欺诈防范及救济》，载《中国发明与专利》2004 年第 3 期，第 64—66 页。

⑤　袁雯卿：《专利交易的尽职调查》，载《电子知识产权》2007 年第 9 期，第 65—66 页。袁真富：《专利交易的风险调查——以法律风险为主要视角》，载《中国发明与专利》2009 年第 12 期，第 50—52 页。

⑥　叶新：《技术交易方式的转变与飞跃——探析网上技术市场》，载《中国高新技术企业》2006 年第 3 期，第 42—47 页。

⑦　蒋逊明、朱雪忠：《中国专利实施许可制度存在的问题及对策》，载《科研管理》2009 年第 5 期，第 50 页。

⑧　詹宏海、王伟君：《知识产权交易市场的信息披露监管》，《电子知识产权》2008 年第 9 期，第 23—25 页。

意限制知识产权权利滥用以促进技术转让。[①]

专利权交易定价常常需要借助资产评估，我国对专利权评估的理论和实务操作进行研究的成果很多，其中从法律研究的角度进行论述的代表性成果包括：郭红珍对专利权评估有关法律问题的研究、李秀娟对专利价值评估中风险因素的分析、梁军对发明专利权许可价值衡量指标的研究、宋伟和胡海洋对专利首次市场化交易价格的评估方法研究，以及赵晨对专利价值评估的实务与方法研究等。[②]

有些学者对国外专利权交易模式及技术转移中介的成熟运营经验进行了介绍，如谢阳群、魏建良介绍了美国的如 yet 2. c om、UTEK、UVenture、TechEx、Pharmna—Transfer（PT）、InnoCentive 等网上技术市场，以及德国研究与教育部创建的 Innovation Market、德国史太白促进经济基金会（STW）、英国技术集团（BTG）等。[③] 吴作伦分享了对德国技术转移中心的考察体会；[④] 林辉对技术交易模式进行了国际比较；[⑤] John P. Walsh 和洪伟系统介绍了美国大学里的技术转移体系、王谋勇也对美国科研机构的技术转移体系做了系统的介绍，[⑥] Ronald. C. C. Cumingq. C 就专利权质押方面的情况介绍了加拿大及美

---

① 张伟君、单晓光：《知识产权保护对企业技术转让的影响》，载《知识产权》2008年第1期，第44—49页。

② 郭红珍：《专利评估与交易中的有关法律权属问题研究》，载《科技创业月刊》2004年第3期，第66—68页；李秀娟：《专利价值评估中的风险因素分析》，载《电子知识产权》2009年第12期，第66—69页；梁军：《中国发明专利许可价值衡量指标研究》，载《电子知识产权》2011年第5期，第52—55页；宋伟、胡海洋：《专利首次市场化交易价格的评估方法》，载《技术与创新管理》2010年第1期，第27—33页；赵晨：《专利价值评估的方法与实务》，载《电子知识产权》2006年第11期，第24—27页。

③ 谢阳群、魏建良：《国外网上技术市场运行模式研究》，载《商业研究》2007年第2期，第1—6页。

④ 吴作伦：《德国技术转移中心的考察和思考》，载《研究与发展管理》2001年第1期，第62—65页。

⑤ 林辉：《技术交易模式的国际比较》，载《科技成果纵横》2005年第5期，第31—32页。

⑥ 王谋勇：《美国大学技术许可办公室高效运行的关键因素分析及对我国的政策启示》，载《科技进步与对策》2010年第12期，第37页。

国的知识产权担保法发展；贾晓辉和潘峰介绍了日本的技术转移机构（TLO）；彭霞介绍了欧盟最新技术转让协议竞争规则。[①]

　　近年来，管理学及经济学领域的研究者对包括专利权交易在内的技术交易现象也很关注，这些学科的不少博士研究生都以此为主题撰写博士学位论文，其中有代表的成果就包括：董正英博士所著《技术交易、中介与中国技术市场发展》（2003 年）、曾伟博士所著《中国技术商品化若干问题研究》（2005 年）、陈晓东博士所著《技术产权价值实现机制研究》（2005 年）、徐颖博士所著《知识商品交易价格理论研究》（2006 年）、陈搏博士所著《基于知识价值理论的知识交易及管理研究》（2007 年）、谭开明博士所著《促进技术创新的中国技术市场发展研究》（2008 年）、夏轶群博士所著《企业技术专利商业化经营策略研究》（2009 年）、姜毓锋博士所著《基于技术市场的知识转移研究》（2011 年）。除了博士学位论文外，对专利权交易的效率进行经济分析的研究成果也不少，如谭开明、魏世红对专利权交易激励机制及影响专利权交易效益的因素进行了研究。[②] 这些研究或从管理学的角度，或从经济学的角度对包括专利权交易在内的技术交易模式、技术定价模型、技术交易效益等进行了大量的分析论证，其研究成果对本文的撰写较有启发。

　　2. 国外研究现状

　　国外专利权交易的实践更为成熟，相关研究也更为深入，实用性也更强。如关于对专利实施许可使用费的定价机制，美国学者 Robert

---

　　① John P. Walsh、洪伟：《美国大学技术转移体系概述》，载《科学学研究》2011 年第 5 卷，第 641—649 页；Ronald. C. C. Cumingq. C：《加拿大及美国的知识产权担保法发展概述》，王恒福、马明宇译，载《中国发明与专利》2006 年第 11 期，第 28—29 页；贾晓辉、潘峰：《日本技术转移机构（TLO）经验对我国重大专项知识产权（IPR）转移的启示》，载《科技创新导报》2010 年第 1 期，第 250—253 页；彭霞：《欧盟最新技术转让协议竞争规则研究》，载《北京理工大学学报》（社会科学版）2010 年第 6 期，第 112—116 页。

　　② 谭开明、魏世红：《影响我国技术交易效率的因素分析》，载《生产力研究》2008 年第 7 期，第 95—97 页；谭开明、魏世红：《谈我国技术交易激励机制框架设计》，载《经济问题》2007 年第 4 期，第 41—43 页。

Goldscheider、John Jarosz 和 Carla Mulhern，在对现实的许可使用费和工业企业利润的相关数据进行分析后发现，"25% 规则"① 在确定专利实施许可使用费时是一个很有价值的工具，具有普遍的适用性和一定的规范性。② Suzanne Michel 对专利权交易过程的反垄断规制进行了研究；③ Mowery 等人分析了拜杜法案对美国大学研究成果转移及校企合作模式的影响；④ Cohen W 等人研究了公共研究机构向企业转移研发成果的效果；⑤ Carl Shapiro 研究了交叉许可、专利池等这些专利权交易的特殊形式。⑥ 澳大利亚学者 Philip Mendes 分析了专利实施许可和专利权转让这两种交易方式的异同，并分别梳理了会影响专利权人选择专利权实施许可抑或专利权转让不同交易方式的因素。⑦

（二）研究现状评价

现有研究成果为本文的撰写提供了必要的理论支持，特别是对交易风险的分析，以及国外专利权交易模式的介绍，对本书进行专利权具体交易方式的合同分析及比较研究具有重要启示，但现有研究还存在如下不足：

1. 缺乏对专利权交易的系统论述

现有研究都是从专利权转让、专利实施许可或者专利权质押、专

---

① 25% 规则，是指许可方至少应该收到占被许可方税前毛利 25% 的专利使用费。这个规则的来源也没有太多准确计算的依据，只是在实践中被较多运用到。

② Robert Goldscheider, John Jarosz, Carla Mulhern, *Use Of The* 25 *Per Cent Rule In Valuing IP*, Les Nouvelles, 12, 2002, p. 123.

③ Suzanne Michel, *Bargaining for Rand Royalties in the Shadow of Patent Remedies Law*, Antitrust Law Journal 2011.

④ Mowery D C, Nelson R R, Sampat B N, *The growth of patenting and licensing by U. S. universities: an assessment of the effects of the bayh – dole act of* 1980, Research Policy, 2001, pp. 99 – 119.

⑤ CohenW M, N elson R R, Walsh J P. *L inks and impacts: survey results on the influence of public research on industrial R&D*, Management Science, 2002, pp. 1 – 23.

⑥ Carl Shapiro. *Navigating the Patent Thicket: Cross Licenses, Patent Pools, and Standard Setting*, Innovation Policy and the Economy, 2001: pp. 119 – 150.

⑦ Philip Mende, *To License a Patent – or, to Assign it: Factors Influencing the Choice*, available at http://www. wipo. int/export/sites/www/sme/en/documents/pdf/license_ assign_ patent. pdf.

利权出资入股单一视角进行分析，缺乏对专利权交易的系统论述。实际上，各种交易方式之间是存在关联性的：专利权转让是专利权质押和专利权出资入股的基础，专利权出资入股和专利权质押也能实现专利权转移的法律后果，专利实施权可以成为质押或者出资入股的标的物。可见，要全面分析评论专利权交易法律制度，就应该同时讨论转让、实施许可、质押和出资入股等四种交易方式。专利权交易作为专利权运用的一种方式，必然有其共同的规律及特征，必然要遵循统一的法律价值。如果没有对专利权交易进行系统全面的分析，很难总结出专利权交易应该遵循的法律价值，难以为构建、完善专利权交易法律制度提出兼顾全局的建议。

　　2. 缺乏对专利权交易的理论论证

　　现有研究都集中于对某一类特定专利权交易行为的分析，而且多从交易风险防范、交易环节完善的角度进行论述，相关制度完善的建议也仅局限于对某些交易环节的改进。很少有论著对专利权交易的理论问题进行深入分析论证，缺乏理论指引的制度难以建设完善。因而对专利权交易中的若干争议问题，如专利权质押和专利权出资入股的标的是否包括专利申请权、专利实施权等、[①] 专利权转移或质押时的登记生效制度的合理性等，[②] 就因为目前尚无成熟的理论支持，所以一时还难以形成统一的意见。可见，对专利权交易进行理论研究是构建完善的专利权交易制度的基础。

[①] 谢黎伟：《专利权质押设立制度之比较分析》，载《电子知识产权》2011 年第 7 期，第 23—24 页。朱大旗、朱永扬：《专利权作价入股新探》，载《中国人民大学学报》1996 第 5 期，第 12—15 页。

[②] 郭玉坤、于颖：《我国知识产权质押的立法价值、现状及建议》，载《科技进步与对策》2008 年第 7 期，第 111—112 页。

第一章

专利权交易概述

第一节　专利权概述

一　专利权溯源

专利权的历史可以追溯至封建社会，封建君主为了封建经济发展的需要，将一定期限内独占经营某些产品或技能的权限以公开信件的形式特别授予某人，持有这些公开信件的人享有的特权就是专利权的雏形。这一时期的专利权主要是："进行官方商业活动和行使皇家特权的一种行政方式。它在实质上是国王拥有的实施新的经济'贸易'或'技艺'权利的恩赐，就像土地或其他特权的恩赐一样，需要接受人履行一定的义务。"① 取得专利权的主要前提是获得封建君主的授权，权利的内容多为制造和销售，授权的对象没有统一的规定，主要是根据封建经济当时发展的需要来确定。因而这种垄断权"其实只是国王的特许，使接受特许者可以不受行会规章的限制，而不是授予进行某种活动的独占权那种意义的真正的垄断权"②。这种专利权实际上只是封建皇权的延伸，并不是普通民众可以享有的权利，不具有普世性。但不可否认，这些特权对当时封建经济的发展确实产生了积极的影响，因而也逐渐推动了将这些特许行为法定化的立法活动。1474 年威尼斯共和国颁布了世界上第一部《专利法》，但这部在内容上较为

---

① 杨利华：《从"特权"到"财产权"：专利权之起源探微》，载《湘潭大学学报》（哲学社会科学版）2009 年第 1 期，第 40 页。

② 汤宗舜：《专利法教程》，法律出版社 1988 年版，第 4 页。

接近现代专利制度的法律，因受制于当时的历史背景，未能发展成现代意义的专利权。从 1474 年到 1490 年，只授予了三项专利权，而从 1490 年到 1550 年，虽有 120 项特权被颁布，却都不是援引于 1474 年的《专利法》。① 这部法被传播到欧洲其他国家后，成为助推封建经济发展的利器。只是这种垄断授权后来被滥用了，封建君主为了封赏亲信或为了增加王室收入，甚至将油盐酱醋和淀粉等关系民生的物品都作为授予垄断权的对象，这就引发了社会矛盾。这种矛盾在英国集中爆发后，英国国会为了限制国王肆意的授权行为，于 1623 年制定了《垄断法》，废除国王已经授予的所有垄断权，而且禁止国王今后再授予这种权利。但该法第六条作为例外规定，准许国王对新产品的真正第一个发明人授予垄断权。《垄断法》第六条也因此常为后世誉为现代专利制度之源。但《垄断法》对专利权而言依旧没有太多的发展，"法案既没有给王室设置新的限制，也没有对公众规定新的权利。发明人如果需要因其发明取得专利，仍然只能向国王请求特别恩惠。"② 这个时期的专利权，仍然没有褪去浓厚的"特许"色彩，尚缺乏现代专利权所强调的"私权"的特性。

只有在 1790 年美国颁布现代意义上第一部完整、全面的《专利法》时，专利权才得以作为一项具有普世意义的财产权进入社会生活。该法明确把专利授权的权限交给国务卿、检察总长及军事大臣，或他们中任何两个。如果他们认为发明是有效、实用并重要的，就颁发一项专利。1836 年美国又通过一项法令，成立由专利委员领导的专利局，在授予专利权之前进行"有效、实用并重要"的实质性审查。③ 这一系列的法律使得专利权由官方依个案自由裁量的特权演变为通过申请即可获得的法定权利。从此，任何人都可以为其发明创造

---

① ［奥］伊利奇·考夫：《专利制度经济学》，柯瑞豪译，北京大学出版社 2005 年版，第 8 页。

② 杨利华：《从"特权"到"财产权"：专利权之起源探微》，载《湘潭大学学报》（哲学社会科学版）2009 年第 1 期，第 42 页。

③ ［美］劳伦斯·M.弗里德曼：《美国法律史》，苏彦新等译，中国社会科学出版社 2007 年版，第 265—266 页。

依法申请专利权，专利的授予遵循科学而严格的程序和条件，经审查而取得的专利，可以由权利人依法使用和处置，专利成为权利人的重要财产。①

我国虽然在太平天国时期最早出现了专利制度的身影，但严格说起来不能称之为建立了现代专利制度。现行专利制度是伴随着改革开放的进展逐渐建立起来的。1978 年起，党中央做出数次批示建立专利制度；② 1980 年，国务院组建中国专利局，主管专利事务；同年，我国加入《世界知识产权组织公约》，在与国际接轨的背景下构建我国的专利制度；1984 年，我国颁布《专利法》，成为专利制度发展的里程碑事件；1985 年，我国加入《巴黎公约》，进入国际专利保护的共同轨道；2001 年，我国加入 WTO，为兑现签署《与贸易有关的知识产权协议》（以下简称 "TRIPs 协议"）时的承诺，加速了专利制度的建设。短短 30 年，我国专利事业从无到有，走完了西方国家 400 多年才走完的道路。③ 在此发展轨迹中形成的我国专利权，一方面具有相当的成熟度，与其他传统民事权利相比，更具有时代感和国际性；另一方面因缺乏专利文化的沉积，社会普遍对专利权的认识还不够清晰、准确。

二　创设专利权的意义

"专利制度是给天才之火浇上了利益之油"，美国总统林肯的这句名言直指专利制度的精髓，专利制度对激励创造、推广技术、促进经济发展的积极作用不容忽视，因而也常被推崇为制度文明的典范。笔者认为，专利制度对人类社会最大的贡献则是创设了 "专利权" 这一法益，与版权、商标权等一起构成了与物权、债权和人身权等传统民

---

① 杨利华：《从 "特权" 到 "财产权"：专利权之起源探微》，载《湘潭大学学报》（哲学社会科学版）2009 年第 1 期，第 43 页。

② 赵元果编著：《中国专利法的孕育与诞生》，知识产权出版社 2003 年版，第 41—42 页。

③ 《学者访谈：从科技文明史看中国专利制度 30 年》，载 http：//www. nipso. cn/one-ws. asp？id ＝9521，最后访问日期：2015 年 10 月。

事权利并重的知识产权，丰富了文明社会的权利体系，并日益发展成为知识经济时代重要的财富形式。"专利权"的出现对文明社会的积极意义表现在以下两个方面：

（一）丰富了民事权利的内容

以专利权为代表的知识产权的发展历史虽然不能与物权、债权或人身权等传统民事权利悠久的历史相提并论，而且其在产生之初也并非以民事权利的身份出现，但在工业革命的推动下，专利权从封建王室（官方）恩赐的特权，发展为任何一个发明人都可以依法获得的普遍权利，① 这项权利在知识经济时代中，已经成为各国民事权利体系中独立的，不可或缺的组成部分。世界贸易组织的"TRIPs 协议"也要求所有成员国"认识到知识产权属于私权"，实际上，这也就是要求各成员国在各自的民事权利体系中给专利权留出一席之地。"私权就是承认个人自然享有自由支配自己的精神意志和物质财富的排他性权利。"② 将专利权等知识产权纳入私权范畴，扩大了民事主体的权利范围。虽然也有学者认为知识产权在知识经济时代出现了公权化的发展趋势，但他们也承认知识产权的根本属性是私权性，"知识产权法律规范调整的核心和主要问题仍然是平等主体之间的人身关系和财产关系这样的民事法律关系，私权保护始终是知识产权法的主旋律。"③

作为私权的知识产权"并非起源于任何一种民事权利，也并非起源于任何一种财产权"，④ 它具有自身明确的权利逻辑结构，有特定的权利归属规则以及具体的权利客体和权利内容，不能被纳入其他任何一类民事权利，而是与物权、债权、人身权等传统民事权利一并构筑起民事权利体系。谢怀栻先生在论述我国民事权利体系时就明确提

① 杨利华：《从"特权"到"财产权"：专利权之起源探微》，载《湘潭大学学报》（哲学社会科学版）2009 年第 1 期，第 43 页。

② 张新锋：《专利权的财产权属性——技术私权化路径研究》，华中科技大学出版社 2011 年版，第 27 页。

③ 冯晓青、刘淑华：《试论知识产权的私权属性及其公权化趋向》，载《中国法学》2004 年第 1 期，第 67 页。

④ 郑成思：《知识产权论》（第三版），法律出版社 2003 年版，第 2 页。

出，民事权利体系包括人格权、亲属权、财产权、知识产权和社员权五类。① 专利权是知识产权中重要的内容，自然也就成为民事权利体系中不可或缺的组成部分，专利权的出现，极大地丰富了民事权利的内容。

（二）增加了财产的表现形式

按民法学的一般观点，"财产权是指以财产利益为内容，直接体现某种物质利益的权利"，② 即财产权的内容需要通过特定财产利益的形式表现出来。随着时代的发展，财产利益的表现形式也随之发展、充实。尤其当人们对财产权的认识从"人与物之间的关系"发展到"人与人之间的关系"后，以非有形物质形态出现的财产利益更是被普遍认可。在知识经济时代，无形资产的财产地位不仅得到承认，而且日益成为重要的财产形式。这个发展过程中，专利制度功不可没，"专利法的出现实现了财产概念的扩展的法律倾向——它保护真正拥有市场的任何东西，包括无形资产。"③

无论是以自然权利论、利益平衡论、社会契约论或发明者报酬论为理论基础构建的专利制度，也无论是发展初期带有显著封建特权色彩的专利制度，还是现代强调私权特征的专利制度，各国、各发展阶段的专利制度中所设立的专利权都是一种能够为权利人带来财产利益的权利。虽然专利权不是直接表现为财产利益，且潜在财产利益的实现还将受到技术性能、市场环境、专利实施能力等诸多因素的影响，但专利权确如房产一样可以作为遗产继承、如货币一样可作价投资入股、如其他有价物一样可以设定质押担保，专利权所表征的财产利益是无法忽略的。专利权之所以具有财产利益，直接原因是基于被授予专利权的发明创造所必需具有的新颖性、创造性和实用性，这些技术层面的先进性为专利权人带来生产效率提高或生产成本降低的经营效果，抑或由新产品开拓的新市场等；根本原因是专利权是一种合法的

---

① 谢怀栻：《论民事权利体系》，载《法学研究》1996年第2期，第69页。
② 马俊驹、余延满：《民法原论（上）》，法律出版社1998年版，第82页。
③ ［美］劳伦斯·M. 弗里德曼：《美国法律史》，苏彦新等译，中国社会科学出版社2007年版，第474页。

市场垄断特权，权利人凭借这种市场优势地位，可以获得市场竞争中的超额利润。① 由此可见，专利权具有确定且有保障的财产利益，专利权的出现增加了财产的表现形式。

三 专利权的法律逻辑结构

"权利"是一个典型的法律概念，关于"权利"的实质和内涵，古今中外很多学者都做过积极的探讨，形成了以萨维尼为代表的"意思说"、以耶林为代表的"利益说"、以格老秀斯为代表的"权力说"等诸多学说，但无论哪种学说，不能回避的问题就是权利自身的逻辑结构。从法律关系的角度探析，权利的逻辑结构可以被概况为：哪些主体在何领域可以怎样行为，也即权利的逻辑结构是主体、内容与客体。② 要准确认识专利权，还有必要对其法律逻辑结构进行分析。

（一）专利权的主体

权利主体，是指法律认可的对特定客体能够享有权利并承担义务的人，专利权的主体，就是指可以依法享有专利权利并承担相关义务的人，当然这里的人是法律意义上的"人"，不限于自然人，还包括法人、非法人机构等在我国《专利法》中被泛称为"单位"的组织。具体到专利权语境中时，可以成为专利权主体的"人"包括以下几种情况：

1. 发明人或设计人

无论出于怎样的专利传统，也无论基于怎样的立法例，各国专利制度都明确地将鼓励创新作为专利制度的基本宗旨，因此各国专利法中都明确规定：做出发明创造的发明人或者设计人当然地享有申请专利权的权利。我国专利制度将发明人或者设计人界定为：对发明创造的实质性特点做出创造性贡献的人。任何一项发明创造必定是由具体的发明人或设计人完成的，法律首先要保障他们获得专利的主体资

---

① 超额利润，是指其他条件保持社会平均水平而获得超过市场平均正常利润的那部分利润，又称为纯粹利润或经济利润，主要来源于供不应求的市场、成本控制或特许经营权等。

② 李永军：《民事权利体系研究》，中国政法大学出版社 2008 年版，第 49 页。

格，才能实现专利制度激励发明创造行为的功能。有的国家甚至规定发明人是唯一有资格申请专利权的主体。[1] 实际上，发明创造是一个客观的事实行为，一旦行为人完成了发明创造，就成为不能被否认的发明人或设计人，其他任何未对发明创造提供创造性贡献的人，都不能作为发明人或设计人。能够做出创造性贡献的人，不受其行为能力的限制，即使一个不具备完全民事行为能力的人，也可能成为发明人或设计人。同时，发明创造这个客观行为并不限制参与的人数，可以由一人单独完成，也可以是多人合作完成。但如果是数人相互独立构思、分别操作完成了同样的发明创造，就不能称之为共同发明人或设计人，而是分别成为各自发明创造的发明人或设计人，分别享有专利申请权，最终专利权人的资格则是依据各国所适用的"先申请"或"先发明"[2] 原则确定。

2. 职务发明的雇主

尽管发明创造离不开发明人或设计人的创造性智力劳动，但不能忽视的一点是，任何一项发明创造的完成都离不开研究物资、研究资金的支持。越是复杂、重大的技术研发，对研究资源的依赖就越高。随着科技水平的发展，专利制度对授予专利权的实质性要求也日趋提高，简单的创新或改良已经很难获得专利授权，大量的专利技术往往是那些具备雄厚研究资金、丰富研发资源的机构、企业才能完成。这样的研发组织可以强化整合发明人或设计人的个人创造能力，而且具备比个人发明家更充足的资金和物质资源，能够获得更高水平的科研成果。事实上，如果只是依靠几个天才发明家单打独斗的努力，我们还远远不能达到现在的科技水平。根据国家知识产权局的统计信息：截至 2016 年 1 月，国内有效发明专利中，职务发明比为 85%，非职务发明仅为 15%；国外有效发明专利中，职务发明比为 97.6%，非

---

[1]　参见美国《专利法》第 111 条。

[2]　美国曾经是实行"先发明"原则的代表性国家，但在 2011 年 9 月 16 日美国总统签署的《美国发明法案》中，已经以"先申请"原则取代了"先发明"原则。因"先发明"原则在实践中认定先发明人时的诸多操作困难，可以预见，"先申请"原则将成为各国专利授权原则的发展趋势。

职务发明仅为 2.4%。①

　　如果法律未对这些提供技术研发所需资金，整合研发资源，组织研究人才，并承担研发风险和损失的机构或企业的利益提供特别保护的话，这样的技术研发组织肯定不会出现。因此，各国专利制度中都设置了保障研发投资人利益的机制，让发明人或设计人的雇主对他们在履职过程中所做出的发明创造享有专利权，让研发投资人获得利益，才能鼓励他们继续投资技术研发。这种保障机制在专利制度中常表现为两种形式：一种以美国为代表，职务发明的权利归属由雇主和雇员在劳动合同中约定；另一种则是由法律直接规定雇主对一定范围内的职务发明当然地享有专利权，这种规定又区分为专门立法规定（如德国的《雇员发明法》），以及在《专利法》中予以规定两种立法例。我国采用的是第二种立法例，《专利法》第 6 条的规定：发明人或设计人的雇主对其执行本单位的任务或者主要利用本单位的物质技术条件所完成的发明创造享有专利申请权，申请被批准后，雇主可以成为专利权人；雇主还可以通过合同与发明人或设计人约定，对利用雇主的物质技术条件完成的发明创造可享有专利申请权或专利权。

　　3. 发明创造的委托人

　　现实中，需要发明创造的主体不一定具备开发特定技术的能力，而具备技术研发能力的群体并不一定需要运用该发明创造。因而就产生了委托发明的需求。委托发明，是指发明人或设计人接受委托人的委托而进行特定项目的发明创造的行为。按照专利权归属的一般原则，申请专利的权利及专利权属于发明人、设计人或者发明人、设计人的雇主。但当委托人对特定发明创造行为进行投资时，为了确保其利益，法律也允许委托人与发明人或设计人通过协议对申请专利的权利及专利权的归属做出约定，即委托人可以通过协议取得对发明创造申请专利的权利，以及获得授权后的专利权。因此，在委托发明的情况下，当委托人与发明人或设计人有明确的约定，对发明创造成果申请专利的权利及之后的专利权归属委托人时，委托人也可以成为专利

---

① 参见国家知识产权局公布的《专利业务工作及综合管理统计月报》2016 年第 1 期。

权的主体。

4. 继受专利权人

上述发明人或设计人，以及对专利技术的研发有投入的雇主或委托人等，都是直接影响专利技术产生的人，除了他们可以成为专利权的适格主体外，作为财产权的专利权还可能因转让、继承、投资等法律行为而发生主体变动。非因国家专利主管部门的直接授权，而因特定法律行为获得专利权的人可以被称之为"继受专利权人"，具体而言，包括以下几种情形：

（1）受让人或受赠人。专利权所呈现的财产权的一般特征即"可以用金钱计算其价值，并且可以自由转让。"① 当专利权如其他有形财产一样发生转让时，转让方失去专利权并获得相应对价，同时丧失专利权人的身份；受让方则以约定对价为交换而获得专利权，同时也获得专利权人的身份。

专利申请人提出专利申请后就获得专利授权的机会，这在专利制度中被界定为专利申请权。"专利申请权，是指一项发明创造产生之后，该发明创造的所有人享有的向专利局提出专利申请、并基于该申请取得专利权的权利。"② 在实行先发明制度的国家，专利申请权属于真正最先做出发明的那个人，专利申请权具有强烈的身份属性。而在实行先申请制度的国家，专利权将授予最先提出申请的人，先提出申请就占据了获得专利权的机会，也具有相当的市场价值。因此，在实行"先申请"制度国家的专利申请权常常也被视为一项财产权，允许转让。如日本《专利法》第 33 条、法国《知识产权法典》第 L.611—6 条以及我国《专利法》第 10 条都明确表达了允许专利申请权转让的意思。当专利申请权被转让后，原始申请者退出申请程序，申请权的受让者取代原始申请者继续承担专利申请程序各环节的责任和义务，同时也享有专利被授权之后的全部权利，成为专利权人。

当专利权人或专利申请权人在转让中不收取对价，以赠予的方式

_____

① 余能斌、马俊驹主编：《现代民法学》，武汉大学出版社 1995 年版，第 309 页。

② 谭启平：《专利制度研究》，法律出版社 2005 年版，第 116 页。

转移专利权或专利申请权时，受赠人与转让关系中的受让人一样，可以获得专利权或专利申请权，成为专利权人或专利申请权人。

（2）继承人或企业主体资格变动中的财产继受者。专利制度的出现拓展了财产权的内容，专利权成为被法律承认的财产之一。财产的主人去世时需要将其财产按继承规则进行分配，这是财产私有性的重要体现，也是财产所有人及其继承人的宪法权利之一。作为财产的专利权也可以在其权利人去世时转为遗产，按继承规则进行分配。[1] 获得专利权遗产的继承人，应该向国家知识产权局提交财产继承的相关公证文件，申请办理专利权转移手续。[2] 在继承人办理专利权遗产继承手续之前，虽然享有继承权，但无权以专利权人的身份处分专利权。[3] 在国家知识产权局依据继承事实办理完专利权转移手续之后，继承人即成为专利权人，享有专利权人的一切权利。

如同自然人的遗产继承一样，当拥有专利权的法人单位发生分立、合并或者破产、解散等事由而导致原来的专利权主体资格消失时，专利权的财产性并不因此而受到影响，需要按一定的财产分配规则将专利权分配给确定的财产的继受者。分配得到专利权的继受者在向国家知识产权局申请办理完专利权转移手续之后，成为专利权人。

（3）质权人。专利权是可以用作质押的财产权之一，当专利权质押关系成立后，债权人就获得"在债务人不履行债务时，债权人有权以该财产折价或以拍卖、变卖所得价款优先受偿的权利"[4]。在以专利权为质押物的情况下，如债权人在实现质权时选择以专利权折价的方式，债权人就可以取得专利权的所有权，成为新的专利权人。

（4）被投资的目标企业。财产权可以带来收益，实现收益一般有天然孳息和法定孳息两条路径，对绝大多数缺乏繁殖能力的无生命财

---

[1] 参见《继承法》第3条第6款。

[2] 参见《专利审查指南（2010）》，第"6.7.2.2（5）"项。

[3] 参见北京市第一中级人民法院"苏玉英诉国家知识产权局专利无效行政纠纷案"判决书"（2001）一中行初字第86号"。

[4] 王利明、尹飞、程啸：《中国物权法教程》，人民法院出版社2007年版，第504页。

产而言，获取法定孳息是实现收益的主要路径。收获法定孳息有两种情形，一种是不转移财产所有权，如租赁；另一种需要转移财产所有权，如投资。当专利权作为投资财产被注入目标企业时，专利权人就需要将专利权的所有权人变更至被投资的目标企业名下，[①] 目标企业成为新的专利权人，原专利权人则失去专利权人身份。

（二）专利权的客体

一般认为民事权利的客体，是指："权利行使所及的对象，它说明享受权利的主体在哪些方面可以对外在的客体（物质客体或精神客体）作出某种行为或不作出某种行为。"[②] 按此解释，专利权的客体，就是指专利权主体可以行使权利的领域，也即专利权人可以针对哪些对象行使所获得的专利权。作为"制度文明典范"的专利制度，其实一直以来也与科技发展的进程共同进步，在专利权制度以其特有的激励机制推动科技文明前进的同时，科技进步也对专利权客体范围产生重大影响。专利制度建立之初，肯定还无法预期生物科技、基因技术或信息技术等对专利权客体的影响，只有当这些新技术出现并在经济生活中占有一席之地时，专利制度才会做出相应的革新。"科学技术的每一次创新都会引起专利权制度的发展和变化，尤其是专利权的客体范围更是随着科学技术的突飞猛进而不断得到拓宽。"[③] 界定专利权的客体需要在两个层次上进行厘清，首先是专利权客体的类别，其次是专利权客体的具体形态。

1. 专利权客体的类别

对专利权客体的类别区分有狭义和广义两种不同的观点。狭义观点认为专利权的客体仅指发明和实用新型两类，《专利合作条约》和《国际专利分类斯特拉斯堡协定》都表达了这个观点。广义观点以我国为代表，将发明、实用新型和外观设计都视为专利权的客体。尽管

---

① 参见《公司法》第 28 条的规定"以非货币财产出资的，应当依法办理其财产权的转移手续"。

② 李永军主编：《民事权利体系研究》，中国政法大学出版社 2008 年版，第 50 页。

③ 刘凡：《高新技术条件下专利权客体的拓展》，载《西安财经学院学报》2005 年第 1 期，第 74 页。

狭义观点将外观设计排除在专利权客体之外，但也承认外观设计是一种重要的工业产权，在"TRIPs 协议"中，外观设计就是作为与专利权平行的另一类知识产权。笔者认为，外观设计权利的来源、保护要求及保护程序等，与商标、商号、原产地名称等工业产权差异较大，而与专利权更为近似。因此，将外观设计作为专利权的客体的一类，并无不妥。

（1）发明。各国立法中对发明进行界定时采用的模式不尽相同。以美国、加拿大为代表的立法采用列举式，明确列举哪些范围的创造可称之为专利法上的发明；以日本为代表的立法采用定义式，用确定的一个概念来解释什么是发明；以法国为代表的立法采用排除式，从反面来说明哪些对象不是发明。[①] 我国在 2008 年修订《专利法》后，也以定义式对发明加以解释："发明，是指对产品、方法或者其改进所提出的新的技术方案。"[②] 尽管各国对发明的定义不一样，但对发明的本质要求却是一致的，都要求发明具备新颖性、创造性和实用性。虽然各国法律在规定上述"三性"时所采用的描述不一定一致，但实质却是一样的。

新颖性，是指能够获得专利授权的发明必须是没有在现有技术中出现过的。我国《专利法》第 22 条将新颖性定义为："不属于现有技术；也没有任何单位或者个人就同样的发明或者实用新型在申请日以前向国务院专利行政部门提出过申请，并记载在申请日以后公布的专利申请文件或者公告的专利文件中。"创造性在英国和美国的《专利法》中被称之为"非显而易见性（nonobvious）"，在匈牙利的《专利法》中被称之为"先进性"。虽然描述不一样，但都是对发明创造在技术性能方面的要求，必须是具有一定进步性特点，不能由本技术领域的一般技术人员轻易构想出来的技术特征，才能被称之为具有"创造性"。我国《专利法》将创造性定义为"与现有技术相比，具有突出的实质性特点和显著的进步"。实用性也被称之为工业实用性，是

---

①　胡开忠：《知识产权法比较研究》，中国人民公安大学出版社 2004 年版，第 246—247 页。

②　参见《专利法》第 2 条。

指发明创造不只停留于理论层面的创新，而且能够在生产实践中得以实施。实用性"既是发明的技术属性，又是其社会属性。因为专利法的宗旨在于促进技术和经济发展，没有实用性的技术方案自然不能被授予专利权"[①]。我国《专利法》将实用性定义为："能够制造或者使用，并且能够产生积极效果。"

"新颖性、创造性和实用性"（以下简称"三性"）界定了发明的本质特征，所有的发明都必须同时包括这些特征，因此"三性"常常也被称之为发明的"可专利性"。当然，"可"字就意味着"三性"只是发明获得专利授权的必要条件，还不是充分必要条件。获得专利授权还需要满足法律的其他要求，如不违反法律、社会公德和公共利益要求，不是法律明文规定不授予专利权的发明等。

（2）实用新型。发明是必须具备一定创造性的技术方案，但现实中很多技术改进方案虽然达不到发明所要求的创造性标准，但也具有相当的技术突破和进步意义。创造性的发明不是轻易就能得到的，常常是需要累积若干小创新的基础上才取得，如对这些小技术突破方案不赋予特别法律保护的话，将会挫伤创新者的积极性。因此，很多国家都意识到有必要对这些小创新予以法律保护。虽然目前在国际上对这些小创新的定义还未形成一致，"在澳大利亚被称作'创新专利'，在马来西亚被称作'实用创新'，在法国被称作'实用证书'，而在比利时被称作'短期专利'"，[②] 但其实质都是对技术层面的小进步赋予有别于发明专利的垄断性权利。我国专利制度将其界定为"实用新型"。实用新型的权利人获得的是与发明专利权类似的市场垄断性特权，能够得到与发明几乎一致的法律保护。但与发明专利相比，实用新型的首先表现为创造性要求较低，在我国《专利法》中，对实用新型的创造性要求表述为："具有实质性特点和进步。"与发明的创造性要求"具有突出的实质性特点和显著的进步"在程度上降低了许多。其次，实用新型的审批程序比较简单，只需通过初步审查的要求就可

---

① 冯晓青、刘友华：《专利法》，法律出版社 2010 年版，第 116 页。

② 冯媛媛：《世界各国实用新型法的创新和本源》，载《中国发明与专利》2007 年第 10 期，第 77 页。

授予专利权。再次，实用新型的保护周期普遍不长，适合那些市场生命周期不长的产品。

实用新型也是专利权客体中重要的一类，确认实用新型的法律地位对鼓励中小企业和个人发明创造积极性、强化专利保护力度、补充发明专利制度、改善专利维权效果以及加快专利技术流通方面①具有重大作用。

（3）外观设计。狭义专利权客体的观点认为，外观设计并不是专利权的客体之一，而是与发明专利权、商标权平行的另一类工业产权。《巴黎公约》赋予外观设计作为工业产权之一的身份，这也给外观设计在工业产权体系中的位置留下了诸多争议。目前国际上关于外观设计保护的立法例有三种，由此可以看出各国对外观设计法律地位观点的分歧：第一种以我国和美国为代表，直接将外观设计纳入《专利法》的保护，明确规定外观设计是可以申请专利权的客体之一。第二种以英国、德国和法国为代表，以外观设计单行法和版权法予以双重保护，凡享有版权的外观设计付诸工业应用并注册后，其版权保护自然失去，转而受外观设计法的保护，而当其外观设计保护期满后，依然可以享有版权法给予的版权保护。第三种以日本为代表，颁布独立的《外观设计法》，对核准注册的外观设计予以特别的保护。②无论出于何种立法体例的保护，外观设计权都是赋予权利人在一定期限内独占其外观设计，并禁止其他任何人以商业方式加以利用的权利。这与发明或实用新型的专利权并无二致，因此，外观设计也应该纳入专利权的客体范畴。

2.专利权客体的具体形态

专利权客体的具体形态，是指在发明、实用新型、外观设计这三类客体中可以申请专利授权的具体对象。对发明专利权而言，能够获得授权的是指对产品、方法或者其改进所提出的新的技术方案。只有

---

① 冯媛媛：《我国实用新型专利制度的现状与变革研究》，中国政法大学2010年硕士学位论文，第20—22页。

② 胡充寒：《外观设计侵权判定理论与实务研究》，法律出版社2010年版，第22—23页。

技术理论，而缺乏可以付诸实施的解决方案的构想，不能称之为发明。根据技术方案所解决问题的性质又可区分为产品发明和方法发明。对实用新型专利权而言，能够获得授权的是指对产品的形状、构造或者其结合所提出的适于使用的新的技术方案。这种技术方案一般是针对某种具体产品的改进，不涉及技术方法层面的改进。能够获得外观设计专利授权的对象是指，对产品的形状、图案或者其结合以及色彩与形状、图案的结合所作出的富有美感并适于工业应用的新设计。这种设计强调感官上的美感，不要求体现功能性，但要求与产品结合能够适用于工业上的应用，因而外观设计常以三维形态表现，而不能是主要起标识作用的平面印刷品。

以我国《专利法》为例，法律除了对专利权客体的具体形态提出上述要求外，还做出了如下禁止性规定：能够获得专利授权的客体不得违反法律、社会公共道德或妨碍公共利益；利用遗传资源完成的发明创造必须是以合法的手段获得或利用遗传资源；科学发现、智力活动的规则和方法、疾病的诊断和治疗方法、动物和植物品种、用原子核变换方法获得的物质以及对平面印刷品的图案、色彩或者二者的结合作出的主要起标识作用的外观设计都不能获得专利授权。

（三）专利权的内容

"权利的内容，为法律上的自由"，[①] 也即权利主体可以行为或禁止他人行为的范围。在私权领域，这个范围可由当事人约定，如债权；也可由法律直接规定，如物权。专利权的内容全部都来自于法律的直接规定，是典型的法定权利。在分析法学派学者霍菲尔德提出"法律概念和关系的最小公分母"后，人们进一步认识到财产权是一个权利束，"一个人拥有财产，实际上即此人拥有一系列的权利、特权、权力以及豁免。"[②] 具体到专利权这种财产权而言，其内容就包括：实施权、转让权、实施许可权、质押权、出资入股权等几项。

① 王利明主编：《民法》（第二版），中国人民大学出版社2006年版，第108页。
② 梅夏英：《财产权构造的基础分析》，人民法院出版社2002年版，第223页。

第二节　专利权交易概述

一　专利权交易的定义

在讨论专利权交易的具体法律问题之前，有必要先对"专利权交易"这个概念做一个界定，因为："概念乃是解决法律问题所必需的和必不可少的工具。没有限定严格的专门概念，我们便不能清楚地和理性地思考法律问题。"① 但从不同的视角出发，对同一对象做出的概念界定却会大相径庭。如以贸易的角度观察，专利权交易是以专利权作为交易标的物而开展的一种贸易活动，这种贸易活动扩大了以货物贸易或服务贸易为主的传统贸易活动的范围，丰富了商业活动的内涵；如果从技术转移的角度观察，专利权交易是创新技术从高技术水平地区向技术需求地区转移的主要路径，这条路径打通了技术转移的通道，促进了技术文明共享的进程；如果从资产运营的角度观察，专利权交易是对专利权这项无形资产经营、管理的重要手段之一，无形资产所有人通过交易活动提高了资产运营的效率；如果从技术成果转化的角度观察，专利权交易是促成创新技术成果转化的有效途径，能够充分挖掘创新技术的现实市场需求，并将其运用至日常的生产生活。

上述对专利交易的界定从不同的角度切入，都能概括出专利权交易的一些表象，但都未能触及专利权交易的本质。要探析专利权交易的本质含义，还必须先从"交易"的内涵说起。如前所述，交易，是指所有权人按一定的对价交换财产标的相关利益的行为。交易一方出让交易标的物，失去对标的物的所有权利，获得交易对价；交易另一方以支付相应对价为条件受让交易标的物，获得交易标的物的所有权利。这是交易活动的原始或狭义概念，交易双方为了追求不同财产的

---

① ［美］E. 博登海默：《法理学—法律哲学与法律方法》，邓正来译，中国政法大学出版社 2004 年版，第504 页。

使用价值而完全互换交易标的的所有权。当法律对财产形态的认识打破有形物质的界限后，财产权利的内容也随之丰富起来，在同一项财产上可以开发出若干层次的使用价值，如将这些使用价值做适当的分割，就可针对同一项财产开展若干项交易活动。这就将狭义的交易扩展为广义的交易，除了所有权的交换外，交易还可以包括交换使用权、设置担保等形式，只要发生了产权控制的转移，都可称之为交易。正如制度经济学家威廉姆森对交易所做的抽象定义："交易之发生，源于某种产品或服务从一个技术边界向另一种技术边界的转移，由此宣告一个行为阶段结束，另一个行为阶段开始。"[1] 对专利权而言，这种交易形式上的扩展对专利权价值开发的积极意义更为突出。因为身为知识产权之一的专利权所固有的无形性、专有性、地域性、时间性和可复制性等这些特征，[2] 决定了只有当专利技术在权利有效期内尽可能地被开发利用时，专利权的价值才能得到充分体现。所以，以多种交易方式开发专利权多层次的使用价值，对专利权的价值实现才是真正有意义。也因此，本书对专利权交易的讨论定位于广义上的交易行为，即除了专利权转让、专利申请权转让外，还包括专利许可使用、专利权质押、专利权投资入股等交易形式。

实际上，只关注专利权转让或专利申请权转让对研究专利权价值开发的意义并不大，只有将研究范围扩大为广义的专利权交易，才更能探究专利权这种财产权的价值。所以，专利权交易就是指包括专利实施许可、专利权和专利申请权转让、专利权质押、专利权投资入股等交易形式在内的专利权价值流转、交换活动。此外，本书讨论的是以"专利权"这种财产权为交易对象的交易活动，不包括那些附着在有形商品贸易中的专利权流转现象。

二 专利权的可交易性

现代专利制度所构建的专利权，不仅丰富了民事权利的内容，而

---

[1] ［美］威廉姆森：《资本主义经济制度：论企业签约与市场签约》，段毅才、王伟译，商务印书馆 2002 年版，第 8 页。

[2] 郑成思：《知识产权论》，法律出版社 2003 年版，第 63—77 页。

且增加了财产权的形式，成为知识经济时代重要的财产权之一。经济学家对财产权特征的归纳一般聚焦于"可让渡性"和"排他性"，而法学家则认为财产权的一般特征包括：具有现实的主体、可以金钱计算的财产价值，以及可以被处分。① 可以被处分即意味着权利主体可以按其意愿决定财产权标的的去留取舍。当财产权标的未在物理性状或法律地位上灭失时，权利人对财产权标的的处分就意味着财产权标的将在不同的主体间发生流转，这与经济学家对财产权所总结的"可让渡性"不谋而合。在市场经济环境中，财产权标的的让渡或流转所适用的普遍规则是交易，因而财产权一般都具有可交易性。制度经济学家康芒斯将交易界定为"个人之间分割和获取对有形物品未来的所有权"②。如从法律关系的角度解读，交易则可以被定义为：所有权人按一定的对价交换财产标的的相关利益的行为。

虽然专利权与有形财产权标的的差异很多，但其同样具有财产权的本质特征，具有可交易性。专利权可交易性的根源是因为专利权是一项商品，可以在市场中流通；此外，专利权还具备在市场中流转的现实可操作性。具体而言，专利权具有可交易的根本条件和客观条件：

（一）可交易性的根本条件

马克思认为："要成为商品，生产物必须由交换移入他人手中，对于他，成为使用价值。"③ 也即，交易是商品的本质属性。一项财产权标的如具有可交易性，就必定是商品。"商品是在一定社会生产力的发展水平上，由各自不同的生产资料占有者或使用者所生产的、具有使用价值和价值两个要素，并通过等价交换来实现的劳动生

---

① 谢怀栻：《谢怀栻法学文选》，中国法制出版社 2002 年版，第 354—355 页。

② ［美］埃里克·弗鲁博顿、［德］鲁道夫·芮切特：《新制度经济学——一个交易费用分析范式》，姜建强、罗长远译，格致出版社、上海三联书店、上海人民出版社 2006 年版，第 58 页。

③ ［德］马克思：《资本论》（第 1 卷），郭大力、王亚南译，上海三联书店 2009 年版，第 5—6 页。

产物。"①

专利权是国家专利主管机关对发明人或设计人投入创造性智力劳动所完成的技术方案的授权，授权的前提是该技术方案具有相当的先进性。这个先进性具体表现为对专利进行授权审查时所要求的创造性、新颖性和实用性，也即专利性。具有专利性的技术方案都是能够满足人们对技术发展的某种需要，能够生产出新的物品，或提高生产率，或降低生产成本，这就意味着专利权具有满足人们某种需求的有用性，也即专利权具有确定的使用价值。当社会产生了分工之后，不同的使用价值之间有交换的现实需求，这就出现了交易的必要性。而不同的使用价值之所以能够相互交换是因为他们背后都有无差别的人类劳动——价值。对专利权而言，取得授权的发明创造各不相同，但每一项发明创造的背后都凝结着发明人或设计人无差别的一般人类劳动，都可以计算出其价值，尽管此种价值的计算方式与有形商品价值的计算方式迥然不同，但并不能就此忽视专利权的价值，这就为专利权交易创造了可能性。

当专利权具有确定的使用价值和价值时，我们就可以断言专利权是一项商品。专利权的商品属性也就成为其具有可交易性的根本条件。

（二）可交易性的客观条件

对交易最朴素、最直接的描述是"一手交钱，一手交货"。虽然因为专利权的无形性，用这个描述解读专利权交易显得不太恰当，但专利权仍然具备开展现实交易活动的若干客观条件。专利权的商品属性是专利权可交易性的根源，而这些客观条件是成就专利权可交易性的保障。

1. 产权可以被界定

能够交易的财产必须是产权清晰，没有争议的。"产权清晰，指的是不同产权主体之间产权权属关系的清晰。即不同产权主体之间有清晰的产权界限存在，可以分清楚谁对某项财产拥有产权以及拥有何

---

① 吕莉克、刘铁花主编：《商品学基础》，西南财经大学出版社2007年版，第2页。

种形式的产权和拥有多大份额的产权。判定某一财产产权是否清晰，……一是看产权主体是否清晰，二是看产权客体是否清晰。"① 专利权作为法律创设的财产权，自授权之时其权利边界就是清晰而明确的。

首先，专利权主体是被国务院专利行政部门登记在专利登记簿，并记载于专利证书上的具体、特定的人（包括自然人和单位）。且不论这个人取得专利权主体身份是基于自己完成发明创造、作为投资人资助完成发明创造抑或是因法定事由继受获得专利权，也不论这个人取得专利权的事实是否有瑕疵，只要在国务院专利行政部门的专利登记簿上还承认该主体的专利权人身份，该主体就是确定的专利权主体，任何人非经法定程序不能否决他的专利权主体资格。因此，专利权主体的界定是非常清晰的。

其次，专利权的客体是法律直接规定的。我国《专利法》明确规定，可以获得专利授权的发明创造包括发明、实用新型和外观设计三类，并对这三类发明创造的概念作出了界定。此外还对不能获得专利授权的客体范围作了列举。法律用列举加排除的方式对专利权的客体作出清晰的界定，因为能够获得垄断特权客体必须限定在清晰的范围内，这才能确保国务院专利行政部门对专利申请做出授权时有明确的依据，

最后，专利权不仅权利客体是明确的，且权利内容和权利内容的边界也是具体而明确的。对于专利权的内容，除了《专利法》外，还有其他若干涉及规范无形资产的法律都对专利权的内容做出了界定。根据这些相关法律的规定，可以将专利权的内容整理为普遍性财产权内容，如实施、转让、继承、投资、质押，和专利权自身特有的权利内容，如标记专利权标识和专利号、禁止他人以生产经营目的实施和许可他人使用等几项。此外，对专利内容的界限，《专利法》第 59 条做出了明确的规定，"发明或者实用新型专利权的保护范围以其权利要求的内容为准，说明书及附图可以用于解释权利要求的内容。外观

---

① 潘永：《略论产权清晰标准》，载《前沿》2005 年第 1 期，第 48 页。

设计专利权的保护范围以表示在图片或者照片中的该产品的外观设计为准，简要说明可以用于解释图片或者照片所表示的该产品的外观设计。"相较于其他物权而言，专利权的客体、内容，甚至权利内容的边界在法律的明确规范下，更为清晰、明确。

由此可见，专利权的产权边界非常清晰，具备了专利权可交易性的现实条件之一。

2. 标的可以被转移、交付

交易必须体现为财产标的从一方流转向另一方，专利权虽然未能如物质形态的财产一样交割，但也能按特定的规则实现转移、交付。

专利权是一种由法律授予的特权，表征这种特权权利归属的证明是国务院专利行政部门的专利登记簿和专利权人的专利证书。当专利登记簿和专利证书上权利主体信息从一方变为另一方时，其实就是权利发生转移、交付的过程。法律要求当专利权发生转移时，当事人应该向国务院专利行政部门申请办理专利权转移手续，在国务院专利行政部门对专利权转移进行登记后，专利权就发生转移的法律效力。即使专利权人只转移出专利权的一部分权能，以实施许可的方式许可他人使用一部分专利权时，也需要向国务院专利行政部门办理备案手续。① 专利权的转移、交付虽然没有实物形态的物质交割，但体现为形式要求更为严谨的要式法律行为，必须在国务院专利行政部门办理相应的手续，这些手续要求完全符合有形物权变动时所遵循的公示原则，因此专利权也是一种能够被转移、交付的财产权。

3. 交换价值可以被估量

交易的动因是交易各方对不同财产使用价值的追求，不同使用价值的财产之所以能够达成交易必须基于相当的交换价值，且不论这个交换价值与交易标的的实际价值是否相符，只要在当事人心目中能够到达或接近他对交易标的交换价值的预期，他就将接受这样的交易。所以，能够交易的财产标的必须都有可以量化的交换价值，这是交易

---

① 参见《专利法》第10条、《专利法实施细则》第14条。

当事人作出交易决策的必要信息。马克思认为，交换价值，是一种使用价值与他种使用价值相交换之量的关系或比例，只要比例恰当，一种使用价值和其他使用价值是完全一样的。① 对专利权而言，任何一项技术方案获得专利授权的前提是具有前所未有的新颖性、独特的创造性以及适于工业的实用性，因此，每一项专利技术方案所包含的使用价值都是不一样的。尽管专利权所呈现的使用价值各不相同，但借助一定的评估规则和技术手段，我们仍可以将专利权技术层面的进步、法律授予市场垄断权的商业价值用特定的评估方法量化表现出来，为专利权交易双方提供决策参考。

根据中国资产评估协会出台的相关资产评估规范，对专利权的价值评估一般需要结合评估目的、评估对象、价值类型、资料收集情况等相关条件，选择采用收益法、市场法和成本法三种资产评估基本方法中的一种或多种，当对同一专利资产采用多种评估方法评估时，应当对取得的各种初步价值结论进行比较分析，形成合理的评估结论。② 收益法，是指通过估算被评估资产未来收益并折成现值，以确定资产价值的方法；市场法，是指在市场上选择若干相同或近似的资产作为参照物，针对各项价值影响因素，将被评估资产分别与参照物进行比较调整，再综合分析各项调整的结果，确定资产价值的方法；成本法，是指评估资产时按被评估资产的现时重置成本扣减各项贬值来确定资产价值的方法。③ 虽然这三种评估方法对准确估量以无形资产形态出现的专利权而言还有各自不能克服的缺陷，如专利权技术成本与收益的弱相对应性使得成本法难以估算专利权未来的价值；而专利权个体差异所导致的市场类似参照物缺失，也使得市场法也难以精确计算专利权的价值；虽然收益法最接近于定量计算，但是由于其忽视了专利技术质量的个体差异，也不

---

① ［德］马克思：《资本论》（第1卷），郭大力、王亚南译，上海三联书店2009年版，第2—3页。

② 参见中国资产评估协会发布的《资产评估准则——无形资产》第24条、第28条；《专利资产评估指导意见》第26条、第34条。

③ 刘伍堂：《专利资产评估》，知识产权出版社2011年版，第65—70页。

能全面准确的测算专利的价值。① 但这三种方法仍然是目前较为成熟和有效的资产评估方法，② 结合专利权资产的具体情况，采用一种或多种评估方法，再综合衡量各种评估方法的结果，依然可以得出一个较为公允的专利权交换价值的评估值，为专利权交易双方提供决策参考，这又形成了专利权可交易性的另一个客观条件。随着对专利权本质特征认识的深入，以及资产评估技术手段的改进和评估方法的完善，可以预见专利权的评估将更加准确。目前已经有人将实物期权法引入专利权评估，探索更为合理的专利权价值评估方法。③

4. 有现实的供需市场需求

首先，专利权作为一项由国家授予的市场垄断性特权，并不是每个人都有机会享有，国家只授予第一个提出申请的人或最先完成发明创造的人，提出申请的形式必须符合法律规定，且申请的技术方案要具有可专利性。能满足这些条件最终获得专利授权的只会是一小部分人，这就意味着专利权具有稀缺性。稀缺性的资源总会有需要。在市场环境中，当需求方的价格足够合理时，拥有稀缺性资源的人肯定就会去交易。因此，由于专利权本身固有的稀缺性，必定会有对专利权现实、客观的供给和需求。

其次，当社会产生了细致的劳动分工之后，任凭一个人再勤劳工作，也无法获得过上正常的基本生活的所有物品，但他可以通过交易取得他需要的物品。交易的实质表现为交易双方对不同使用价值的追求。在交易过程中，首先必须有提供特定商品的供给方和需要该特定商品的需求方。供给方拥有对特定商品的处置权，而且愿意以交易的方式处置该特定商品；需求方有获取该特定商品的意愿，而且具备供

---

① 李振亚、孟凡生、曹霞：《基于四要素的专利价值评估方法研究》，载《情报杂志》2010 年第 8 期，第 87—88 页。

② Jody C., "The Challenge of Valuing Intellectural Property Assets", *Northwestern Journal of technology and Intellectual property*, 2003, 1 (1): pp. 59 – 65.

③ 马忠明：《专利价值评估的实物期权方法》，华中科技大学 2004 年硕士学位论文，第 13 页。

给方愿意接受的对价。只有市场上同时出现了供给方和需求方时，一项交易才能够开展。文明社会发展的历史就是科学知识累积的历史，当科学知识累积到既可上天揽月，又探索无法触碰的微观世界时，任凭任何人或任何组织再怎么努力，也不可能穷尽他所需要的全部知识或技能，因而就产生了知识交换的现实需求。知识可以被分显性知识和隐性知识两种。① 在知识经济时代，对于可以外化为具体编码形式并传播的显性知识，当掌握这些知识的主体不需要或不能够充分挖掘知识的经济价值时，就会选择以交易的方式换取其他的使用价值，这时他就成为知识的供给方；在市场经济环境中，需要知识的主体也可以通过交易获得相应知识，这时他就成为知识的需求方。专利是一种典型的显性知识，并且是可以评估其交换价值的财产，当权利人不愿消费或不能消费这种财产的使用价值时，就可以在市场上与其他的使用价值进行交换，成为专利权交易中的供给方。专利技术知识虽然可以在公开的专利文献中免费获得，但若要将这些知识运用于生产经营目的，就需要获得专利权人的同意。因此，任何有意于以商业目的使用专利技术知识的人就成为专利权交易的需求方。

5. 有基本的市场交易法律规范

"市场经济是法治经济"已经得到充分论证，在市场经济条件下，所有的市场活动都将有法律的明确规范。如果具体到市场交易活动，一套足以支撑交易活动顺利开展的法律规范至少需要包括：权利界定、交易程序规范及交易市场秩序维护三方面的法律。

专利权是一项产生于专利法律制度的法定权利，自产生之初就有清晰的权利边界，权利主体、权利客体和权利内容都由法律直接规定。在权利主体方面，能够申请取得专利权的人必须是第一个提出申请的发明人、设计人或发明创造活动的投资人；继受取得专利权的人必须完成在国务院专利行政部门的登记，载入专利登记簿后才能取得

---

① 显性知识，是指可以书面文字、图表和数学公式加以表述的知识，人们可以通过口头传授、教科书、参考资料、期刊、专利文献、视听媒体、软件或数据库等方式传播；隐性知识，是指不能通过语言、文字、图表或符号明确表述的知识，如工作诀窍、经验、观点等。

专利权人主体资格。在权利客体方面，《专利法》用概念界定的方式确定可以授权的发明创造，并用列举的方式明确排除不能取得专利授权的发明创造范围，这样的法律规定使得专利权客体的范围非常明确。在权利内容方面，专利权作为财产权的一般权利内容，都来自与权利内容相关法律制度的明确规定，如《担保法》赋予专利权的质押权能、《继承法》规定专利权可以成为遗产，等等；同时，在《专利法》的明确规定下，专利权还保有其特有的专利权能，如标记、禁止他人使用、许可使用等。可见，专利权是一项权利界定非常清晰的财产，可以用于市场交易。

源于专利权的无形性特征，专利权的交易规则明显异于其他有形财产的交易规则，如交易标的转移、交易双方的权利义务，以及交易的市场规范等，都与传统有形物品的交易大相径庭。实际上，正是由于专利权交易与传统有形物品交易的若干区别，使得传统的交易规则无法直接适用于专利权交易。然而，在知识经济时代背景下，专利权交易已然成为市场经济活动的重要内容，法律需要为专利权交易的每一个环节作出明确规定，构建起严谨的专利权交易程序规范，这也正是本书的研究重点，将在后文中详细阐述。

所有的市场交易活动都需要在一定的市场秩序中才能顺利开展，只有在健康、稳定的市场秩序下，交易当事人才能自主、平等地追求各自的合法利益。因此，所有的交易当事人都应该遵循市场交易规则，维护市场秩序。但为了获取超额利润，总会有人违反交易规则、破坏正常的市场秩序，这时候就需要有能够制止不当行为的法律依据和可靠的执法系统。因此，有关市场秩序维护方面的法律规范，是组成完善的市场交易法律规范中不可或缺的内容。规范专利权交易市场秩序的法律首先是《合同法》中约束市场秩序的相关内容，这是所有市场交易行为都要遵循的基本规范；其次，以垄断性为特征的专利权在交易时还需要遵循《反不正当竞争法》《反垄断法》的规制。目前，我国已构建起规范专利权交易的基本法律框架，为专利权交易提供了必要的法律规范。随着专利权交易活动的发展，这些法律规范还需要随之调整、完善。

三　专利权交易的法律特征

专利权交易既是专利权运用的一种方式，也是市场经济活动的重要内容之一，因而专利权交易活动不仅要适应专利权作为知识产权的特殊性，还要遵守市场经济活动的一般规则，也因此专利权交易活动具有独特的法律特征。

（一）交易标的无形

一般概念中的交易就是"一手交钱，一手交货"的商业活动，但专利权交易无法交割具体的实物。因专利权的无形性，其交易时不能如动产交易那样以交付作为权利变动的公示方式，所以，专利权交易合同履行时，让渡专利权相关权利的一方并不需要实际向接受专利权相关权利的一方交割具体的实物，而是以办理一定登记或备案手续履行其合同义务。

（二）交易方式多样

与传统的有形物品交易相比，专利权交易的方式很多样化，除了完全让渡所有权的转让交易外，还包括让渡实施权的实施许可、让渡交换价值的质押以及出资入股等多种方式。

不同交易方式满足的交易需求不一样，转让是将专利权所有权完全转移至另一主体，转让方以获取转让费为代价而完全让渡出专利所有权或者专利申请权的相关权益；实施许可是将专利权的实施权拆分出来，以收取许可使用费为对价，按独占许可、排他许可或者普通许可的方式允许被许可方实施专利权；质押是将专利权的交换价值转移至质权人而获得担保信用；而出资入股则是将专利权、专利申请权、专利实施权置换为目标公司的股权，通过享受股东权利而实现专利权的相关经济利益。可见，相较于传统有形商品有限的交易方式，专利权交易的方式更为丰富。

（三）交易主体多元

专利权交易法律关系参与方的身份构成非常多元，如当交易方式为转让时，转让方可以是专利权人或专利申请人；当交易方式为实施许可时，许可方可以是专利权人或获得分许可权限的被许可方；当交易方式为质押或出资入股时，出质人或出资人可以是专利权人、专利实施权人以及专利申请权人。不同的交易方式中，交易参与者的身份不相同，所要具备的适格条件不同，所面对的法律风险也不相同。同时，参与到专利权交易法律关系中的交易对方的身份也很多元，如专利出资入股时，交易对方就包括目标企业、其他股东等。可见，专利权交易参与主体的构成非常多元化，不同的交易主体所诉求的交易利益不一样，因而专利权交易需要平衡的各方利益关系就比较复杂。所以专利权交易活动较普通商品交易活动规则更为复杂，常常需要借助于专业人士才能顺利完成。

（四）交易定价难

专利权的创造性、新颖性等实质性要求使得专利权具有唯一性，这就使得每一项专利权的价值都是唯一的，不存在可以普遍适用的专利权价值标准。所以专利权交易对价常常需要借助价值评估手段来确定。但影响专利权价值的因素非常多，如专利权法律效力的稳定性、专利技术的先进性以及相关市场的经济效益等，都是直接影响专利权评估价值的变量，很难获得一个准确评估值。与此同时，目前通用的收益法、市场法和成本法这三种评估方法对准确评估专利权价值也各有缺陷，因此，即使通过严谨的价值评估也很难获得一个非常准确的专利权价值。因缺乏一种可靠的方式提供一个准确的价值，所以专利权交易的定价是一个普遍存在的难题，交易价格的形成主要取决于交易双方的谈判力量，所以，专利权交易更需要一个诚信、公平的交易环境。

（五）交易风险大

有形商品在交易时的状态及价值一般是确定的，交易双方可以合理预期交易后的收益，相较之下专利权交易双方要面临的风险就要大得多。一种情况是因专利权权利不稳定性而形成的交易标的瑕疵，进而引起转让方的瑕疵担保责任风险，及受让方的交易收益落空风险；另一种情况是因专利权价值不稳定而引起的商业风险，当交易标的出现技术老化时，专利权的价值很可能丧失殆尽。传统有形商品交易方通常都不用面对这些风险。但商业活动有一项规律，那就是经济效益往往与风险成正比，风险大的商业活动，经济效益也较好。所以，专利权交易的风险虽然很大，但交易成功后带来的经济效益也很突出。

第三节　我国专利权交易发展历程

新中国成立不久，中央人民政府政务院就于 1950 年 8 月 11 日颁布了《保障发明权与专利权暂行条例》，但该条例并未真正得到落实；1963 年 11 月国务院颁布《发明奖励条例》和《技术改进奖励条例》，这两个条例在当时的历史背景下也未能得到很好的贯彻。因此，可以说，从 1949 年新中国成立到 1985 年《专利法》开始实施的 35 年间，我国实际上没有实行专利制度，[①] 也无真正意义上的专利权可言。虽然尚无专利权，但我国在改革开放初期还是出现了一些技术交易的端倪：1979 年 7 月 1 日我国颁布《中外合资经营企业法》，规定工业产权可以进行投资；[②] 国务院自 1980 年起颁布了一系列行政规章，对构建技术交易制度做出了巨大努力，这些事件都是我国技术交易市场构建和技术交易活动开始的例证。[③] 但笔者认为，严格意义上的专利权交易历史还必须从 1984 年 3 月 12 日《专利法》颁布之日起算。因为专利权交易活动必须具备两个基本条件：一是承认专利权是私权性质的财产权；二是必须置身于由市场作为资源配置主要手段的经济环境下。只有同时具备这两个条件，才可能发生专利权交易活动。几乎与我国专利制度建立的同时，中共中央于 1984 年 10 月 20 日通过了《中共中央关于经济体制改革的若干决定》，明确社会主义经济是有计

---

① 赵元果编著：《中国专利法的孕育与诞生》，知识产权出版社 2003 年版，第 9—12 页。

② 参见《中外合资经营企业法》第 5 条："合营企业各方可以现金、实物、工业产权等进行投资。"

③ 张江雪将我国改革开放以来技术市场的发展归纳为：萌芽时期、形成时期、发展时期和深入发展时期。参见张江雪《中国技术市场发展研究》，北京师范大学 2008 年博士学位论文，第 33—37 页。

划的商品经济，之后逐渐探索社会主义制度和市场经济体制之间的关系，最终在1992年党的十四大上明确我国经济体制改革的目标是建立社会主义市场经济体制。既有可交易的商品，又有可支撑交易活动的市场环境，我国的专利权交易就是在这样的背景下逐步开始发展起来的。

一　专利权交易活动起步阶段

颁布《专利法》创设专利权，以及国家允许发展商品经济为专利权交易活动的开展创造了基本条件，但专利权交易活动的实际开展还需要配套法律法规的支撑。因此专利权交易活动的起步阶段就指国家逐步颁布专利权交易活动必需的各项法律法规的阶段，这个阶段大致从1984年持续至1999年。

我国1984年颁布《专利法》正式设立专利权，1986年颁布《民法通则》明确公民、法人合法享有的专利权是民事权利中的一类，①这两部法律构成了我国专利权交易活动的基础法律依据，随后颁布的一系列法律成为专利权交易活动的具体行为指导。

1987年颁布的《技术合同法》在专利权交易合同的主要内容、转让方和受让方的权利义务、违约责任、专利侵权责任划分以及改进专利的权利归属等几个方面对专利权转让、专利申请权转让、专利实施许可这三类专利权交易活动进行了规范。这部法律的出台不仅规范了专利权交易行为，而且为具体交易活动的开展提供了操作指引，是专利权交易发展历程中重要的一部法律。这部法律施行至1999年，被国家新出台的《合同法》所取代。关于专利权交易规范的内容衍生为《合同法》中的第十八章"技术合同"，相关规制内容丝毫未受削弱，反而增加了如报酬支付等方面的指引，而且更强调《合同法》所追求的平等、自愿、公平、诚实信用和遵纪守法等交易的原则，成为专利权交易活动的重要规范。

1993年我国颁布《公司法》，允许股东或发起人以工业产权作价

① 参见《民法通则》第95条。

出资，这就拓展了专利权交易的方式，使专利权人在自己实施、许可使用以及转让外，增加了一条以投资人的身份开发专利权价值的途径，成为丰富专利权交易活动的重大事件。但受限于当时专利权自身发展还不够成熟的时代背景，1993 年的《公司法》及在 1999 年的第一次修订文本中，都谨慎地规定以专利权作价出资的金额不得超过公司注册资本的百分之二十。① 1997 年我国颁布的《合伙企业法》，许可合伙人以知识产权出资，而且不限定知识产权出资占合伙企业出资总额的比例。②

1995 年我国颁布《担保法》，该法旨在促进资金融通、商品流通和维护交易安全，是我国构建社会主义市场经济体制的基础法律之一。该法对专利权交易最突出的影响是明确将专利权纳入可以设置质押的财产权利范畴③，通过对专利权交换价值权限的控制，让专利权人无需改变或扩大专利技术的实施范围，就提前实现了专利权的价值。这种专利权交易方式无疑能够高效实现专利权的价值。1996 年国家专利局根据《专利法》的授权发布《专利权质押合同登记管理暂行办法》，对专利权质押的具体操作进行规范。同年，我国还出台了《科技成果转化法》，将自愿、互利、公平、诚实信用以及依据合同约定促成科技成果转化定为法律原则，这对专利权以市场交易的方式实现成果转化提供了法律依据。

从 1984 年《专利法》颁布设立专利权，至 1999 年《合同法》出台明确专利权交易的基本规则，我国有关专利权交易所需的法律架构已基本搭建起来，专利权交易活动从起步阶段进入发展阶段。

二　专利权交易活动成长阶段

专利权交易的基本法律框架构建完毕后，专利权交易活动进入成长阶段。这个阶段大致从 1999 年持续至 2008 年，主要表现在专利权

---

① 参见 1993 年颁布的《公司法》第 24 条、第 80 条，及 1999 年《公司法》修订文本第 24 条、第 80 条。

② 参见 1997 年颁布的《合伙企业法》第 11 条。

③ 参见《担保法》第 75 条。

交易法律规范的逐步完备以及专利权交易市场建设的日趋成熟两个方面。

（一）专利权交易法律逐步完备

国家为推动技术创新、加速科技成果转化，对技术交易活动在税收、信贷方面给予了若干政策鼓励，为了贯彻落实这些鼓励政策，科学技术部、财政部和国家税务总局于 2000 年出台《技术合同认定登记管理办法》旨在规范技术合同认定登记，加强技术市场管理；科学技术部于 2001 年出台《技术合同认定规则》，对技术合同形式要件和内容作了明确要求，这些要求对规范专利权交易活动产生了积极影响。2001年国务院颁布《中华人民共和国技术进出口管理条例》，对以贸易、投资或经济技术合作形式而发生的，包括专利权在内的跨境技术转移活动进行规范，引导跨境的专利权交易要以有利于我国科技进步和对外经济技术合作为价值导向。2004 年最高人民法院结合司法审判实践的客观情况，出台了《关于审理技术合同纠纷案件适用法律若干问题的解释》，其中对专利权交易规则做了很多细化要求，促进了专利权交易合同的规范性和可操作性。随着对专利权及专利权价值认识的深入，《公司法》在 2005 年修订时将有关专利权作价出资的比例不能超过 30% 的内容修订为：股东可以用知识产权作价出资，而且出资金额最多可达公司注册资本的百分之七十。同时，对以专利权出资的财产转移交付做出约束。① 这大大拓宽了专利权出资入股的空间，为专利权交易创造了更多的商业机会。2007 年，我国颁布的《物权法》成为我国社会主义市场经济法制建设的里程碑，这部法虽以"明确物的归属，发挥物的效用，保护权利人的物权"为宗旨，但该法在列举可以设置质押的财产权时，明确将无形资产的专利权纳入可以设置质押的权利之一，并将原《担保法》中对质押合同的登记要求调整为对质押行为的登记要求，厘清了法律的规范调整对象。2007 年国家发展改革委、科技部、财政部、国家工商总局、国家版权局、国家知识产权局联合发布《建立和完善知识产权交易市场的指导意见》，规范专利权交易规则，推进了专利权交易

———————

① 参见《公司法》第 27 条、28 条、31 条、84 条和第 94 条。

市场体系的建设和发展。

在这个阶段出台的上述法律、法规或司法解释，已经开始关注专利权交易的法律细节问题，证明该阶段的专利权交易活动已经步入发展时期。

（二）专利权交易市场建设日趋成熟

尽管早在 1993 年国家科学技术部和上海市人民政府就共同组建了我国首家国家级常设技术市场——上海技术交易所，① 但在当时我国整个社会对专利权财产价值的认知还不够全面的背景下，专利权交易活动不会太频繁，市场建设也不太完善。1999 年，上海市政府制定《上海市促进高新技术成果转化的若干规定》，并建立具有独立法人资格的上海技术产权交易所，② 旨在解决科技成果转化和产业化过程中科技与产业资本、金融资本结合之间存在的障碍及投融资瓶颈问题，建立起资金、信息能够快速流动的符合市场需要的技术交易市场。但总体来看，"我国专利技术市场发展滞后，缺乏诚信、低成本的常设专利技术转移、交易、实施转化的市场服务体系。"③ 2006 年国家知识产权局启动"全国专利技术展示交易平台计划"，这是我国专利权交易市场开始向专业化方向发展的标志。专利技术展示交易平台是指为专利技术供需各方提供专利技术及产品展示、交易及其他相应的一系列相关服务的服务系统，包括专利展示交易专门场所、专业咨询服务人员、专利信息资源、其他软硬件服务设施等平台要素。该平台由国家知识产权局认定的数个"国家专利技术展示交易中心"组成，各展示交易中心以非营利性公益机构模式、企业化运作方式大力促进专利技术的商品化和产业化，各自独立运作，但在业务上互相配合，互

---

① 江月：《上海技术交易所—首家国家级常设技术市场》，载《华东科技》2002 年第 4 期，第 46 页。另，参见"上海技术交易所简介"：http：//www. stte. sh. cn/web/pageContentB. jsp？id = STTEINTRO，最后访问日期为 2016 年 1 月。

② 参见《上海技术产权交易所简介》，载《中国新技术新产品精选》2000 年第 Z2 期，第 16 页。为整合南方产权市场资源，2003 年 12 月 18 日，上海技术产权交易所与上海产权交易所合并成立上海联合产权交易所，以打造长江三角洲地区的产权交易中心乃至中国南方的产权交易中心。参见 http：//economy. enorth. com. cn/system/2003/12/19/000695550. shtml，最后访问日期 2016 年 1 月。

③ 参见《全国专利技术展示交易平台计划》第 1 条。

相支持。条件成熟时，国家知识产权局将组织指导各中心之间联合建立有效的全国合作机制，开展全国各中心联合活动，构建全国统一的专利技术展示交易中心网络，形成具有公信力的服务于全国的专利技术展示交易大平台，为专利权交易创造良好的市场环境。2007 年，国家知识产权局举办第一届"中国专利周"，[①] 以深入推进国家专利技术展示交易中心业务的良性开展，推动各地专利展示交易、转化及产业化的发展，促进全国知识产权市场的形成。中国专利周目前已经被打造成为一年一度的专利权交易盛会，取得了明显的大集市效应与品牌效应，对推动专利权交易、促进创新和知识产权成果转化有积极影响。

专利权交易活动之所以能够在 1999 年至 2008 年的这个时期取得显著进步，一方面固然是因为专利权的价值日渐为社会所接受，以市场交易的方式来对这类财产进行资源配置是现实的客观需求。但更为关键的原因是我国在 2001 年 11 月加入 WTO，需要接受《与贸易有关的知识产权协议》（以下简称"TRIPs 协议"）的约束。我国加入 WTO 之后，政府及社会各界对专利权价值的认识、对专利权的保护力度以及对专利权的经营意识都得到了全面的提升和转变，专利权交易活动也因此而迅速发展起来。2006 年，联合国开发计划署南南合作特设局与上海联合产权交易所、国际技术研究学院合作，在上海设立"南南全球技术产权交易所"，[②] 这无疑是我国日渐规范的专利权交易得到国际广泛认可的最好例证。

三　专利权交易活动活跃阶段

2008 年 6 月 5 日国务院印发《国家知识产权战略纲要》（以下简称"《战略纲要》"），该纲要以全面提升我国知识产权创造、运用、保护和管理能力为战略目标，将"促进自主创新成果的知识产权化、商品化、产

①　参见《首届中国专利周在全国拉开帷幕》，载 http：//www. sipo. gov. cn/dtxx/zlgzdt/2008/200804/t20080419_ 384989. html，最后访问日期为 2016 年 1 月。

②　参见《南南全球技术产权交易所在上海揭牌成立》，载 http：//www. sh. xinhuanet. com/2008 – 11/03/content_ 14816068. htm；以及上海联合产权交易所组织架构图 http：//new. suaee. com/suaee/portal/aboutus/orgnew. jsp？ tid = 4a61e470 – 298c – 11d9 – a772 – 25c1c0020381&pid = 4a61e470 – 298c – 11d9 – a772 – 25c1c0020381，最后访问日期为 2016 年 1 月。

业化，引导企业采取知识产权转让、许可、质押等方式实现知识产权的市场价值"作为战略重点之一；将"充分发挥技术市场的作用，构建信息充分、交易活跃、秩序良好的知识产权交易体系。简化交易程序，降低交易成本，提供优质服务"作为具体战略措施之一。在《战略纲要》的引导下，整个社会掀起了知识产权创造、运用、保护和管理的高潮，以此为起点，专利权交易活动也进入活跃发展的阶段。

在 2010 年 10 月 18 日党的十七届五中全会上通过的《国民经济和社会发展第十二个五年规划纲要》中，明确将每万人口发明专利拥有量写入主要目标，同时在"强化科技创新支持政策"中提出"建立健全技术产权交易市场"。

2010 年 11 月 11 日国家知识产权局发布《全国专利事业发展战略（2011—2020 年）》，开启了我国专利发展的新篇章。将专利技术明确定位于"国家核心竞争力的战略性资源"，以"推动形成全国专利展示交易中心、高校专利技术转移中心、专利风险投资公司、专利经营公司等多层次的专利转移模式，加强专利技术运用转化平台建设"作为战略重点和保障措施，以实现到 2015 年时"全国主要城市设有专利交易服务机构，专利年交易金额达到 1000 亿元"的目标。

2011 年，国家科学技术部组织专家对《技术市场"十二五"发展规划纲要》进行了论证，纲要的出台将对全国技术市场建设、加速技术市场转移和科技成果转化，具有重要意义。①

2012 年，十八大确定了实施创新驱动发展战略；2015 年，中共中央国务院下发《关于深化体制机制改革加快实施创新驱动发展战略的若干意见》，指出："要使市场在资源配置中起决定性作用和更好发挥政府作用。"

在国家战略、国民经济发展规划以及专利事业发展战略的大背景下，专利权交易活动变得更加活跃起来。

---

① 参见《〈技术市场"十二五"发展规划纲要〉专家论证会在京召开》，载 http：//www. most. gov. cn/kjbgz/201106/t20110617_ 87581. htm，最后访问日期为 2016 年 1 月。

第二章

专利权交易的理论分析

第一节　专利权交易的法经济学分析

一　进行法经济学分析的原因及判断标准

任何一项法律制度的成功运行都需要在反复理论分析和实践验证的基础上不断修正、完善。专利制度也不例外，需要以多视角对制度运行的每一个环节进行剖析。专利权交易是专利制度运行的一个重要内容，也应该在理论层面进行分析，以求证专利权交易制度设计的可行性、必要性和正当性。相较于专利制度中如专利授权、专利权保护等其他运行环节，专利权交易与市场经济运行规则的互动更为突出，因此非常有必要从经济学的视角对专利权交易进行分析。以经济学的基本原理和研究方法对法律现象和法律问题进行分析和解释，目前已经发展成为法学研究的一个门派——法经济学。肇始于美国20世纪50年代的法经济学，不仅拓宽了法学的研究领域，而且为法学研究提供了新的研究视角和研究方法，"使我们能够对由于采用一个法律规则而不是另一个规则所产生的效益的规模和分析，进行理智的评价"。[1]

在法经济学分析中，评判一个对象是否具有效率常用的判断标准有两个：（1）卡尔多—希克斯效率：指在社会资源再分配过程中，会使一部分人得利，而另一部分人受损，只要获利人所获的利益足以补

---

① 冯玉军：《法经济学范式》，清华大学出版社2009年版，第33页。

偿那些损失，那么这样的分配就是有效率的；（2）帕累托效率：指资源分配时，在没有使任何人境况变坏的前提下，使得至少一个人变得更好，这是资源分配的一种最佳状态。以法经济学的视角对专利权交易进行分析就是运用经济学的理论和方法对专利权交易的现象和规则进行评析，以判断专利权交易是否能够实现卡尔多—希克斯效率或者帕累托效率。如果专利权交易能够实现卡尔多—希克斯效率或者帕累托效率，那么就证明专利权交易具有经济效益，应该得到推广。以下将通过成本效益分析和市场理论分析这两种常用的经济学分析方法对专利权交易进行分析，以验证专利权交易能否实现卡尔多—希克斯效率或者帕累托效率。

二　成本效益分析

法经济学分析的基本思路是成本效益分析，即对法律制度或具体法律行为所耗费的成本与预期收益之间的关系进行比较，"如果法律安排具备以下条件：预期法律收益—法律成本＞原有成本，便是有效益的法律安排。"① 简言之，只要法律制度或具体法律行为所耗费的成本小于预期能够获得的收益，就是一项具有经济效益的法律制度或法律行为。

制度经济学家康芒斯将交易区分为：买卖的交易、管理的交易和限额的交易，② 买卖的交易主要指平等主体之间的自愿买卖关系，主要体现市场微观主体之间的交易行为，因而买卖的专利权交易可以被视为微观层面的交易。而管理的交易和限额的交易都体现为上下级之间，有一定强制性的交易，主要体现宏观市场运营层面的交易行为，因而管理的和限额的专利权交易可以被视为宏观层面的交易。以下将从宏观和微观两个层面分别探析专利权交易的成本与效益。

（一）专利权交易的宏观成本效益分析

专利权交易的宏观成本效益分析，是指与专利权交易有关的法律

---

① 冯玉军：《法经济学范式》，清华大学出版社 2009 年版，第 250 页。

② ［美］康芒斯：《制度经济学（上）》，于树生译，商务印书馆 1962 年版，第 74—86 页。

环境搭建、运行的成本与专利权交易总体预期收益之间的比较，如果成本小于收益就可以认为专利权交易在宏观层面是能够实现卡尔多—希克斯效率或者帕累托效率的，也即是具有经济效益的。

1. 专利权交易的宏观成本

（1）立法成本：指在专利权交易法律制度的立法活动中所消耗的成本，如立法机构运转的费用及其工作人员的工资、福利等；收集立法信息、立法资料的费用；审议立法草案与修订立法文本的费用；制作法律文本的费用等。这些费用往往与相关立法机构的工作效率有关，因而难以准确单独测算某一部法律的立法成本。我国目前尚无专利权交易的专门立法，与专利权交易有关的法律，主要分散存在《专利法》《合同法》《担保法》《物权法》《公司法》等法律、法规中。因此，立法成本也被分摊在那些法律当中。即使存在几部专门规范专利权交易某几个环节的部门规章，如《专利权质押登记办法》《专利实施许可合同备案办法》等，这些部门规章的立法成本实际上也被分摊入相关行政主管部门行政费用中。因此，总体而言，专利权交易法律制度的立法成本不算太大。

（2）法律实施成本：法律实施成本包括两部分：首先是政府主管部门组织实施法律规范的工作成本，包括机构设置、人员配备、执法监督以及法律实施宣传的费用；其次是相关利益方参与法律活动所支付的成本，包括所缴纳的各种规费或劳务等。如前所述，目前我国还没有针对专利权交易的专门立法，也没有专门设置主管专利权交易的机构，与立法成本一样，关于政府主管部门组织实施专利权交易法律的成本被分摊至各相关主管部门，这些行政主管部门将专利权交易市场秩序维护方面所开展的工作作为其常规工作中的一部分。因而，这部分的法律实施成本并不大。专利权交易的利益相关方参与法律活动的成本，主要取决于交易标的的具体情况，往往都经得起交易双方的成本效益分析，因而这部分的成本也在可以承受的范围内。

2. 专利权交易的宏观预期收益

（1）促进专利转化，提高专利运用能力。可能是出于不同的统计口径，国家知识产权局副局长贺化在接受人民网专访时表示，2010年中国专利转化率达到了 70% 左右。[①] 但参考其他研究成果后，笔者认为我国目前的专利转化率远达不到那么高的水平。[②] 否则在国家知识产权局发布的《全国专利事业发展战略（2011—2020 年）》中就不会认为我国目前还处于"市场主体专利运用能力不强"的阶段。要提高专利转化率，需要专利权人提升专利实施能力，但专利权人自己实施专利的能力毕竟有限，如果能够通过市场的配置将专利权转移给实施能力最强的主体，必定能够提高专利实施转化率，更加充分地开发出专利权的价值。

根据国家知识产权局公布的统计数据显示：以发明专利为例，截至 2016 年 1 月，我国企业拥有有效发明专利数为 600363 件，占比为 63.7%；大专院校、科研机构、事业单位和个人等非企业拥有有效发明专利数为 341880 件，占比为 36.3%。[③]

上述数据说明，我国有约百分之四十的专利权人不是直接可以转化实施专利的企业，而是大专院校、个人、研究单位或机关团体等这些缺乏自己实施专利客观条件的非企业主体。因此，我国有约百分之四十的专利需要通过专利权交易的渠道，才能进入生产领域，转化为生产力。可见，专利权交易是促进专利实施转化的必要手段。所以，专利权交易在宏观层面带来的第一项预期收益就是促进专利转化，整

---

① 参见《贺化：中国专利转化率去年达到 70% 左右》，载 http：//ip. people. com. cn/GB/14819909. html，最后访问日期为 2016 年 1 月。

② 根据《科技日报》2003 年 9 月 8 日的文章《转化率仅 10%，中国专利技术转化中的五大障碍》；任秀奎 2008 年发表的《我国专利实施与产业化对策研究》（载《中国农机化》2008 年第 2 期，第 67 页）等研究显示，我国在 2004 年的专利转化率不足 10%，文中引用世界银行的统计，我国专利转化率只有 25%。另据国家知识产权局网站上一篇题为《没有知识产权 创新就没有动力》的文章，截至 2008 年我国专利转化率不足 10%，载 ht-tp：//www. sipo. gov. cn/mtjj/2008/200804/t20080425_ 393009. html，最后访问日期为 2016 年 1 月。即使 2008 年后我国开始实施国家知识产权战略，更为强调专利权的创造、运用、保护和管理，但专利转化率也难以在短短 3 年间提升那么多。上海是我国经济和文化都较为发达的地区，根据高子惠和谢育纪发表于 2010 年的文章《上海市专利技术产业化现状分析与对策建议》（载《科技管理研究》2010 年第 10 期，第 55 页）显示，目前上海的专利转化率还很低。

③ 数据来源：国家知识产权局专利业务工作及综合管理统计月报 2016 年第 1 期。

体提高专利运用的能力。

（2）实现专利权人的经济利益，激发更多的创新活动。随着科学技术的发展，社会整体技术水平日渐提高，获得专利授权的实质性要求也日益提升，成功研发一项专利技术所需要投入的物质、技术资源也越来越多。因此，只有在专利制度中设置能够保障实现专利权人经济利益的机制，让对创新活动的投入获得合理的经济回报，才能鼓励更多的创新活动。专利权人自己实施专利技术，诚然是实现经济利益的有效途径。但如前分析，我国有约百分之四十的专利权人不是直接从事生产的企业，因此对他们而言，专利权交易就是实现经济利益的可靠途径，当他们能够在专利权交易中获得合理的经济回报时，他们必然有足够的动力继续从事专利技术的研发工作。此外，即使是拥有专利权的生产企业常常也需要以专利权交易的方式实现其经济利益，如以专利权质押的方式获得专利实施的资金、以实施许可的方式释放独自进行市场开发的风险，或以出资入股的方式结合其他生产要素进行专利转化等，这些专利权交易能够让手握专利权的企业可以尽快收回其在专利技术研发阶段的投入，尽快实现经济利益。有了这样的经济利益保障机制，自然能够激发创新者的创新动力。因此，专利权交易在宏观层面带来的另一项预期收益就是帮助实现专利权人的经济利益，激发更多的创新活动。

3. 宏观成本效益分析

虽然难以采集到关于专利权交易成本和预期收益的量化数据进行分析，但专利权交易的立法成本、法律实施成本确实是被分摊至相关法律及相关主管部门的成本中，专门针对专利权交易所耗费的社会成本总体不算太大。与此同时，专利权交易既是推动专利转化的必须路径，更是专利权人实现经济利益的重要方式，由专利权交易而带来的社会经济效益非常明确，预期收益不容忽视。因此，可以认为专利权交易取得的收益足以克服专利权交易的成本支出，也即专利权交易能够实现卡尔多—希克斯效率。

综上，在宏观层面上可以认为，专利权交易的总体成本小于其预期收益，在经济上是可行的。

（二）专利权交易的微观成本效益分析

专利权交易的微观成本效益，是指专利权人与专利权交易受让方在具体交易过程中所支付成本与所获取收益的情况。如果交易双方所支付的交易成本分别都小于各自的收益，那么我们就可以认为专利权交易在微观层面是能够实现卡尔多—希克斯效率或者帕累托效率的，也是具有经济效益的。

1. 专利权交易的微观成本

根据科斯和埃格特森的观点，买卖的交易费用包括：（1）搜寻和信息费用；（2）讨价还价和决策费用；（3）监督费用和合约义务履行费用。① 具体到专利权交易的语境中，这三类费用可归纳为：

（1）获取交易信息的成本：指专利权人或交易受让方发现、收集、获取专利权交易机会的相关信息所支付的成本。因专利权的垄断特性，能提供特定专利权的供给方只会有一个，专利技术的适用一般限定在特定技术领域内，所以专利权交易需求方的数量往往也有限。因此专利权交易的供求信息一般也只在特定技术领域内通过特定的信息渠道流转，而不适于以广告的方式传播。在互联网络基本普及的社会环境中，专利权交易的特定信息渠道也演变为专利技术展示的各种网络平台。在这些网络平台上，交易双方只需交纳不多的会员费，甚至免费就能获得大量的交易信息。专利权人可以突破时间、地域的限制发布技术供给信息。同时，技术需求方也可以在网络上进行充分的检索、筛选信息，迅速找到最需要的交易信息。技术需求方还可以直接发布技术需求，征集解决方案。由于交易对象的无形性，通过互联网络就可充分、准确地表述交易对象的具体情况，有效传递交易信息，因此互联网络可以使专利权交易供求双方获取交易信息的成本尽可能的降低。

（2）签订交易合同的成本：指专利权交易双方在合同条款谈判、协商等与合同签订过程有关的工作中所支出的成本。专利权交易常常

---

① 袁庆明：《新制度经济学教程》，中国发展出版社 2011 年版，第 48 页。

呈现双边垄断的局势，① 因此交易谈判的成本往往比较高。此外，基于专利权本身固有的特性，专利权交易双方都将面临特殊的交易风险，如专利权的稳定性、技术的先进性以及市场判断的客观性等。只有对这些要素都做出准确的判断，交易双方才能尽可能地规避、化解交易风险。但因交易双方对交易标的信息掌握的不对称性，交易往往还需要借助专业人士对专利权的法律属性、技术特性、市场前景以及交易价格等提供专业评估意见才能顺利进行。而这些专业评估是有较高专业性和公信力要求的工作，评估费用就成为专利权交易合同签订过程中不能省略的成本。虽然较其他商品交易，专利权交易合同签订过程中的这项成本支出很大，但就其在防控交易风险方面所起的作用而言，这笔支出是非常必要的。当然，随着专利权交易活动的发展，现有评估技术也将日趋成熟，并向规范化发展，签约成本也将下降。

（3）履约成本：指交易双方因履行专利权交易合同约定的义务而支出的费用。专利权人在交易中的主要义务是按约定转移专利权的权能，如所有权或使用权；交易受让方在交易过程中的主要义务是按约定的方式支付交易对价。与有形商品交易不同，专利权在转移过程中并不涉及实物的转移交割，交易双方只需按照法律规定的要求办理转让登记或备案手续即可，而且这些登记或备案手续还可以通过网络平台完成，履约成本进一步得到降低。相较有形物品交易，专利权交易交付标的物的履约成本并不高。同时，随着金融服务体系的发展，货币资金往来越来越便利，支付交易对价的费用也日趋下降。总体而言，专利权交易的履约成本并不高。

专利权交易的微观成本主要就包括上述三项。其中，获取交易信息的成本将随着信息网络技术的发展而日趋下降；履约成本也将随着信息网络平台的建设及金融服务体系的发展而得到控制。不能省略的是签订交易合同过程中必需的成本，但这部分费用的支出能够预防合

---

① 双边垄断，是指一个市场上只有一个卖方和一个买方的情况。制度经济学认为：当交易双方因其垄断地位而拥有定价权的时候，可能会由于讨价还价而导致交易无法发生，但是一旦产权交易发生则仍然能够实现有效的资源配置和社会福利总水平的最大化。参见何自力主编《比较制度经济学》，高等教育出版社 2007 年版，第 48 页。

同无效或违约等情况发生，而且费用支出额度往往与风险防控效果成正比。因此，上述三项成本是可控，且是必要的。在专利权交易合同履行过程中如发生违约，还将产生违约救济成本，但违约救济成本并不是每一项交易都会必然发生的费用，且如果在合同签订前做了必要的信息检索，在交易合同签订过程中进行了足够的评估和充分的谈判，是可以有效防范违约风险发生的。总体而言，专利权交易的微观成本是可控的，而且将逐渐降低。

2. 专利权交易的微观预期收益

（1）专利权人的收益。专利权人通过专利权交易活动获得的收益包括：转让费、许可费、担保信用或投资红利等几类。在市场环境中"卖方不会以低于其机会成本的价格出售其物品或服务"[①]。专利权人愿意进行专利权交易，必定是因为交易获得的对价高于交易的机会成本。虽然专利权交易的机会成本数据难以采集，但根据全国专利技术交易成交金额数据，还是可以估量出专利权人的收益情况。

2012 年，全国专利技术合同成交额为 581.7 亿元；2013 年，全国专利技术合同成交额为 493.8 亿元；2014 年，全国专利技术合同成交额为 573.95 亿元。[②] 除了转让费外，专利权人收取专利许可使用费的收益也很可观。以 2011 年的统计为例，全国专利实施许可合同备案总计 10270 份，合同总金额为 60.8 亿元。[③] 通过收取专利权转让或许可使用费，让专利权人无需承担对专利技术做进一步市场开发的风险，即可直接实现数百亿的收益，是效率较高的两种收益模式。除了直接获得收益的转让费或许可使用费外，专利权质押或者出资入股也能为专利权人带来收益的机会。

（2）交易受让方的收益：专利权交易的受让方愿意支付对价换取专利权，是由于通过对专利权使用价值的开发可以让受让方获得多于

---

① ［美］理查德·A. 波斯纳：《法律的经济分析（上）》，中国大百科全书出版社 1997 年版，第 271 页。

② 数据来源：科学技术部公布的《2013 年全国技术市场统计分析》及《2014 年全国技术市场统计分析》，2012 年的数据根据 2013 年统计数据分析而来。

③ 数据来源：国家知识产权局发布的《专利统计简报》2012 年第 4 期。

交易对价的收益。专利权本身并不能产生经济收益，往往需要结合其他生产要素才能产生经济效益。受让方取得专利权后就获得了相关专利技术的市场控制权，将专利技术应用于具体生产后，通常可以取得提高生产效率、降低生产成本的效果，甚至是为市场提供新的产品，这些应用都能让受让方获得可观的经济收益。以新产品带来的收益为例，2012 年规模以上工业企业新产品销售收入突破 7 万亿元，[①] 这个统计数据还仅限规模以上工业企业的收入。

根据对一个市场主体经济活动意愿的简单理性判定，当专利权交易受让方愿意付出数百亿元换取专利权的话，那么他的收益肯定至少比专利权交易对价、组织生产投入的费用及产品营销费用之和要多。实际上，除了凭借专利技术占领市场先机外，专利权的垄断性还赋予了受让人一副保护盾牌，限制竞争对手使用相同的技术或生产相同的产品，这为受让方获取垄断利润又增添了另一层保护。所以，受让方在专利权交易中的收益也很可观。

3. 微观成本效益分析

波斯纳在进行法经济学分析时假设："行为人的行为是他们在特定法律条件下进行成本——收益分析的结果，当事人对一定权利的不同估价是其交易得以进行的原动力。"[②] 如将这个假设带入专利权交易，交易双方进行交易的原因也符合假设的推断：专利权人和交易受让方在经过成本——收益分析之后，分别都认为自己获得的收益大于付出的成本。专利权人如果不进行专利权交易，有自己实施或者不实施两种选择。[③] 如果自己实施，需要投入其他的生产要素，并承担扩大投资的风险。如果不实施，需要交纳专利年费，且无法获得直接的收益。如果专利权人进行专利权交易，需要承担的成本包括获取交易信息的成本、签订交易合同的成本以及履约成本。根据前述分析，这

---

① 参见国家知识产权局发布的《2009—2012 年我国工业企业专利活动与经济效益分析报告》，《专利统计简报》2014 年第 3 期。

② 冯玉军：《法经济学范式》，清华大学出版社 2009 年版，第 217 页。

③ 专利权人常也处于专利战略布局的考虑，而选择不实施某项专利。但理论上其他人也可以凭借"强制许可制度"，通过合法的方式打破专利权人的战略布局。

些交易成本是可以控制，并且逐渐降低的。与此同时，专利权人能够获得转让费、许可费等直接收益或融资机会、投资红利等间接收益。除投资红利外，其他几种收益都是确定可以兑现的。因此，如果专利权人不具备自己实施的能力，那么进行专利权交易的收益将大于成本，专利权交易应该成为专利权人的理性选择。对专利权交易受让方而言，付出可控并能够降低的交易成本之后，合理地结合其他生产要素，就能获得生产效率提高或生产成本降低的效益，甚至是开辟新的市场，获取专利权有效期内的垄断利润。

通过平等自愿的专利权交易，专利权人和交易受让方都有机会获得超过其成本的收益，这是他们开展专利权交易活动的直接动力，当专利权交易的当事人双方能够通过交易活动实现双赢时，这样的交易就是有经济效益的，能够趋于帕累托效率。因此，从微观层面看，专利权交易也是有经济效益的。

三　市场理论分析

市场能够实现资源的优化配置，但怎样的配置才能被称之为是"优化"的。经济学理论的观点认为："衡量资源配置优化与否的基本标准是经济效益是否显著或者说利润是否实现了最大化。"[1] 具体来说，就是指"各类生产要素（资源）根据各个产业部门、各个地区的生产需求和争取最大报酬的原则，经过部门间、地区间的流动调整，最终被配置到效益较好的部门、地区中去……"[2] 市场配置资源的基本规则是交易。从制度经济学的角度观察，"交易是与生产相对应的概念，它意味着资源及其所有权在人与人之间的转换。"[3] 当资源在交易后产生了比交易之前更多的收益，那就说明这种交易是有经济效益的，资源在市场交易中得到了优化配置。

---

① 郭宝宏：《简论优化资源配置的标准》，载《商业经济与管理》2002 年第 4 期，第 32 页。

② 宋则行：《论社会主义市场经济中的资源配置》，载《经济学家》1994 年第 3 期，第 6 页。

③ 何自力主编：《比较制度经济学》，高等教育出版社 2007 年版，第 21 页。

在知识经济时代，专利权已经成为一种被普遍接受的生产要素，也将通过市场进行配置。在我们讨论市场对专利权这种资源进行配置的效果如何时，可以通过对比存在或者不存在专利权交易这两种情形时专利权的经济效益状况。如果通过交易，专利权产生了更好的效益，那么就可以认为市场对专利权的配置是有效的，专利权可以通过市场实现资源优化配置。

（一）无交易时的专利权效益

如不允许专利权交易，就意味着专利权只能由原始权利人享有，即使承认专利权的私有财产属性，也仅能将专利权主体扩大到原始权利人的继承人这个范围。在不允许专利权交易时，原始专利权人投资研发专利技术的原动力是为了获得专利权的市场垄断优势，这种优势可以通过两种方式表现出来：一种是作为专利战略布局，将专利权作为知识武器抵御竞争对手；另一种是尽可能地实施专利技术，以技术优势占领市场先机，获得超额利润。① 实际上，当专利权不能交易时，专利权获得直接收益的来源就限于将专利技术应用于生产或市场化开发，专利权人只能尽可能地实施专利技术，才能获得经济效益。但不是每一项市场开发都能确保专利权人获得收益，因为市场化开发总是伴随着各种风险，一方面所开发的创新技术需要与社会发展程度相适应，另一方面还需要生产、销售等诸多环节的衔接配合。任何一个环节的缺失都将导致市场开发的失败，都不能实现专利权的经济效益。与此同时，当专利权人已经在技术研发阶段做了大量投资后，继续进行市场化开发的能力往往有限，每一项专利权获得经济效益的空间也有限。因此，当专利权不能被交易时，其收益构成只有原始权利人自己开发这一条途径，且还须受其开发能力的限制。

当不允许专利权交易时，除了每一项专利权的获利空间有限外，专利权的总量也不会多。因为，任何想要获得专利权的市场主体，都只能自己去做研发。也即专利权的需求只能由有研发能力的主体自己

---

① 超额利润，是指其他条件保持社会平均水平而获得超过市场平均正常利润的那部分利润。通常产生超额利润的原因有：供不应求、成本领先、特许经营。

满足，专利权处于自产自销的自然生产状态。但技术研发同样也是一个不确定的创新工作过程，即使投入很多努力，如果方法不对，也不一定能取得预期的研究成果。所以，当专利权不能交易时，只有确实需要专利权且有研发能力的主体，才会去投资做研发，专利权的产出量由有研发能力的需求量决定。总体而言，专利权的数量不会太多。

综上，当不允许专利权交易时，专利权的直接利润来源就只有原始权利人自己开发这一条途径，而受限于原始专利权人的市场开发能力，专利权往往无法实现经济效益最大化。同时，当专利权无法为投资研发人带来确定的、可观的收益时，必定会减弱研发的投入，造成专利权产出量的降低。因此，在不允许交易的情况下，专利权难以产生最优经济效益。

（二）允许交易时的专利权效益

当专利权可以被交易时，原始权利人谋求专利权经济效益的方式就有了两个选择，一个是自己实施，另一个是通过交易将专利权转让出去。市场经济的一个特点就是市场中的每一个主体在参与每一项市场活动前，都会主动地进行成本效益分析，尽管这种分析判断不一定每次都准确，但凡参与市场活动的主体都将自觉地追求利益最大化。因此，原始专利权人在决定实现专利权经济效益的方式时，就会对自己实施或转让的预期收益进行评估。当原始专利权人有把握自己充分实施专利以获得经济效益时，就不会转让专利权；当他决定进行专利权交易时，必定是基于自己实施的成本将大于收益的理性分析。与此同时，专利权交易的受让人也将进行交易的成本、收益分析，只有在收益大于成本时才会接受交易。

一项交易的发生必然是让交易双方都觉得有利可图。具体到专利权的交易时，专利权人让渡专利权、交易对方受让专利权都是认为在交易后自己的利益空间能够增大。专利权从一方流转向另一方，这也就意味着受让方有比专利权人更成熟的条件来开发专利权的经济效益，专利权在受让方那里能产生更多的效益。经过这样的专利权交易后，专利权就被配置到更为恰当的主体手中，资源实现了优化配置。所以可以认为，交易让专利权有机会获得最佳的经济效益。这也印证了波斯纳关于财产权转让的一个推论：当财产权是可以自由转让时，可以促进资源由较小价值用途向较大价值用途的转移。[①]

此外，当专利权交易的受让方能够通过交易获得经济效益时，就会产生大量的交易需求，进而激发专利权的供给。市场经济的一个特征是"社会生产的进行、服务方向的确定、资源的配置都由市场需求决定并随市场需求的变化而变化"，[②] 当有能力组织各种资源实施专利获得经济效益的市场主体在市场上积极搜寻各种专利权时，就会刺激有研发能力的主体更为积极地研发专利技术，申请更多的专利权，这在整体上又提升了社会的创新水平。

综上，当允许交易时，专利权可以通过市场被配置给最具实施能力的主体，能被充分实施的专利获得的经济效益最为突出，而且交易双方在交易中都获得了各自的利益，我们可以认为专利权交易实现了帕累托效率。不仅如此，专利权交易还增加了社会对专利权这种资源的需求，刺激了专利权的供给，这将有助于将智力资源引导至专利技术的研发上，创造出更多的专利权。同时，专利权交易还有助于促进技术传播、提高专利转化率，这间接又增加了社会整体经济效益。可见，当允许专利权交易时能够产生比无专利权交易时更明显的经济效益，交易成为实现专利权经济效益的必要环节，应该鼓励专利权交易。

四　法经济学分析的结论

通过对专利权交易的成本效益分析，不难发现，在宏观层面，构建并执行专利权交易制度带来的收益大于制度构建、运行的成本；在微观层面，专利权交易双方都有机会获得比交易成本更多的收益。总体而言，专利权交易的总体收益大于支出，能够实现卡尔多—希克斯效率。所以，成本小于收益的专利权交易具有经济效益，在经济上是可行的。

---

① ［美］理查德·A. 波斯纳：《法律的经济分析（上）》，中国大百科全书出版社1997年版，第92页。

② 王珏主编：《市场经济概论》，中共中央党校出版社2008年版，第15页。

通过将专利权交易置于市场理论分析后，可以发现，可以交易的专利权获得的经济效益明显比不允许交易时的专利权经济效益突出。市场交换可以将专利权配置给最有能力开发专利权价值的主体，使专利权得到优化配置。与此同时，交易双方都能从交易中有所获利，实现帕累托效率。另外，允许交易时专利权需求量比不允许交易时需求量明显增加，市场传递出来的需求信息能够大大刺激专利权的生产，进而促进社会专利权总量的增加。因此，专利权交易对实现专利权的经济效益是必要的。

综上，从法经济学角度观察，专利权交易既有可行性又有必要性。

第二节　专利权交易的法哲学分析

一　进行法哲学分析的原因及判断标准

尽管专利权交易在经济上既有可行性又有必要性，但作为专利制度重要运行环节之一的专利权交易，究其本质而言也是法律制度中的一个内容，还是有必要运用法律的一般理论和研究方法对其进行解析、论证，这就需要从法哲学的角度对专利权交易这项法律制度的本质进行分析。黑格尔发表其巨著《法哲学原理》时，"法哲学"尚还处于哲学研究中的一个领域。时至今日，法哲学已经从哲学中分化出来，发展成为"法律的一般理论，法学的基础理论、方法论和意识形态"①。成为研究法律制度或法律现象的重要工具。

法哲学分析方法，是指运用哲学的研究方法和理论对法律制度的深层次问题进行分析，以确立法律制度的正当性。"正当性"是法哲学的一个核心命题，它是"在经验和理性两个维度上寻求最高的'合法性'。就经验层面，正当性表现为得到社会的普遍认同和尊重；就

---

① 张文显：《法哲学通论》，辽宁人民出版社 2009 年版，第 32 页。

理性层面，正当性是经过道德哲学论证而取得的合理性"①。简言之，对一项法律制度进行法哲学分析就是要验证这项法律制度是否具备"正当性"，如果这项法律制度既能得到社会的普遍认可，又经得起道德标准的论证，那么就具有法律正当性。有关正当性的考察一般需要置于特定的法律环境中才能依据该特定法律环境所倡导的法律精神、价值观等确定正当性论证的评价标准。因此，本书主要基于我国的立法现状，从专利权交易的价值评判和利益平衡分析这两个角度，来验证专利权交易法律制度的正当性。

二　专利权交易的价值评判

"价值"一词被广泛应用于多种场合，但在不同的语境中却有不同的内涵，如经济价值、人生价值、艺术价值等。将"价值"这个概念引入哲学研究后，不仅成为一个普遍认可的哲学范畴，而且对西方现代哲学的发展产生了重大的影响，② 甚至形成了体系化的"价值哲学"③。只是各派研究中至今未形成对"价值"内涵的权威解释，将价值的研究限定于法学领域时，也未形成对"法律价值"的统一认识，借用杨震教授的描述，对法律价值的界定可谓是"百舸争流"。经杨震教授归纳，关于法律价值目前有作用论法价值观、关系论法价值观、意义论法价值观和评价论法价值观等几种观点。④ 无论这些观点的描述重心如何，也都承认法律价值是主体与客体之间的某种关系。在此笔者大胆将法律价值粗略概括为：法律价值是法律这个客体满足立法者这个主体需求的有效用性，是之所以开展立法、执法等活

---

① 刘杨：《法律正当性观念的转变：以近代西方两大法学派为中心的研究》，北京大学出版社 2008 年版，第 51 页。

② 李连科认为，西方古代哲学侧重于本体论研究，西方近代哲学侧重于认识论研究，而西方现代哲学侧重于价值论研究。参见李连科《价值哲学引论》，商务印书馆 1999 年版，第 27 页。

③ "价值哲学"也被称为"价值论"，是指关于价值的性质、分类、构成、标准和评价的哲学学说，主要从主体的需要和客体能否满足主体的需要以及如何满足主体需要的角度，考察和评价各种物质的、精神的现象及主体的行为对个人、阶级、社会的意义。

④ 杨震：《法价值哲学导论》，中国社会科学出版社 2004 年版，第 7 页。

动的根本原因。民主政治国家的法律都是由民意代表制定的，法律的价值就是最广泛人群所追求的效用性，而得到普遍承认效益往往与社会道德标准也契合。因此，这样的法律价值必然具有突出的正当性。而受制于立法技术或执法能力的现实状况，具体的法律制度未必都能实现法律的价值。如果一项法律制度能够圆满地实现其法律价值，那么我们就可以认为这项法律制度具有充分的正当性。

法哲学价值分析一般分为价值认知和价值判断两个工作步骤："价值认知是以法律原则所蕴含的价值属性或法律学说所代表的价值取向为对象的，直接目的是力图揭示出法律原则或法律学说的价值面貌。价值评判则是按照一定的价值观念对法律原则的价值意义或法律学说的价值取向进行的评价和挑战。"[①] 对专利权交易的法哲学价值评析，就需要先厘清专利权交易应有的价值标准，即价值认知；然后再据此价值标准对专利权交易制度及其运行进行评判，即价值判断。

（一）专利权交易的价值认知

法律价值不是唯一的、恒定的，它是"一个有多种要素构成、以多元形态存在的体系"[②]。所以，即使我们能总结出人类社会关于法律的总体价值观念，如自由、平等、公平、正义等，但针对不同的对象，在具体的法律价值描述上也会有差异。因此，我们需要归纳出关于专利权交易的特定法律价值。"专利权交易"是一个复合词，由"专利权"这个名词语素和"交易"这个动词语素构成。这两个语素相互限定，将专利权交易的内涵界定在特定范围内，表明要研究的专利权只限于处于交易环节中的专利权；同时，交易的标的也仅限于专利权。从结构上来看，"专利权"与"交易"并重，因此，对专利权交易的法律价值认知就应该同时兼顾专利权的法律价值和交易的法律价值。

1. 专利权的法律价值

在探寻专利权的法律价值时，需要和专利权的交换价值或使用价

---

① 张文显：《部门法哲学引论——属性和方法》，载《吉林大学社会科学学报》2006年第5期，第10页。

② 张文显：《法哲学范畴研究》，中国政法大学出版社2001年版，第189页。

值做区分。我们所要分析不是具体某一项专利权的价值，而是专利权存在的价值，也即立法者之所以构建专利权这项法定权利所追求的效用，或者称之为专利权能够给立法者带来的满足。正如前述，专利制度对文明社会最突出的贡献是创设了"专利权"之一法益，产生了丰富民事权利内容和增加财产权形式的积极意义，这正是专利权本身蕴含的法律价值之体现。关于专利权价值的研究，法学界、经济学界和技术实务界都从各自的角度做出解释，但就其法律价值而言，笔者认为主要表现为激励创新和促进技术传播两个方面。首先，激励创新是所有知识产权制度的主旨，这同样凸显在专利权的法律价值中。立法者设立专利权并不仅是为了赋予发明人市场垄断权，而是通过赋予发明人一定的特权以鼓励更多的人从事发明、创造活动。激发出整个社会的创造力是专利权首要的法律价值。其次，任何技术的演进都离不开前人的研究成果，所以任何科研、技术研发都可以为后人的研究提供素材或参考。从可持续发展的角度，就应该构建能够促进技术知识扩散、传播的法律制度。也正因此，从法律制度的社会经济效益角度考量，专利权比技术秘密的社会效益更好。与此同时，当表征先进性的专利技术方案被创造出来后，只有最大限度运用于生产生活中才能实际地造福于社会。所以，专利权的另一项法律价值诉求是尽可能地传播、扩散技术，使技术层面的进步转化为现实的社会福利。因此，专利权的法律价值应该是激励创新和促进技术扩散。

2. 交易的法律价值

因交易类型本质的差异，① 不同的交易会有不同的价值诉求。管理的交易和限额的交易主要体现为上、下级之间的力量博弈，因此他们的价值诉求主要强调公平、正义和效率，这也是一切社会活动都应该自觉遵守的价值目标。买卖的交易是平等主体之间的自愿转移财富所有权的行为，需要有自己特殊的价值诉求。因此，在此论及交易的法律价值时，特指买卖的交易的法律价值。买卖的交易只能在尊重私

————————————

① 根据制度经济学的观点，交易分为买卖的交易、管理的交易和限额的交易三类，详见本书第二章第一节论述。

有产权的条件下产生，因此，充分保障权利主体可以实现对其财产的自主权就是交易的法律价值所在。

尽管专利权交易的具体形式各异，也尚无统一的立法，但还是可以将专利权交易的法律价值归纳为：激励创新、促进技术扩散和实现财产自主权三项。这些价值抽象自有关专利权交易法律法规的具体规定，既是受到普遍承认和肯定的价值标准，同时也符合一般的道德准则。

（二）专利权交易的价值判断

在辨识出专利权交易的法律价值后，需要对专利权交易的制度建设及其运行的具体情况进行分析，以判断专利权交易是否能够圆满实现其法律价值目标。

首先，任何一项发明创新都需要投入一定的资源，如果这些投入无法获得回报的话就无法保证发明人持续进行创造。所以能够激发发明人进行创造活动的，除了兴趣爱好以外，最持久也最强劲的动力就是明确发明创造能够给发明人带来可兑现的利益，无论这种利益是物质层面的还是精神层面的，只有当发明人能够从创新活动中获利时，他们才会有源源不断的动力从事创新。随着科技水平的进步，完成一项能够获得授权的发明创造所需的资源投入也越来越多，物质层面的收获无疑是激发发明人创造力最直接的动力，也是最可靠的保障。前述分析，发明人获得物质利益有自己实施或转让两条途径，他可以在成本效益分析后决定通过何种方式实现物质利益。当不具备自己实施的条件时，交易就成为发明人实现其物质利益的可靠途径。"那些认为知识无需要经济激励就可以自然扩散的想法是乌托邦式的；在没有回报预期的条件下人们不太可能贡献出具有价值的知识。"[1] 确保发明人物质利益的制度能够达到激励创新的效果，因此，专利权交易能够实现激励创新这个法律价值目标。

其次，专利是一种典型的显性知识，可以被记载、被传播。虽然

---

[1]　Thomas H. Davenort and Laurence Prusak, *Working Knowledge*, Harvard Business School Press, 1998. 45.

专利技术信息在申请专利时会被公开，任何人都可以免费获知这些信息内容，但一般只有当这些信息在新的环境中被应用、被实施时，才能认为这些信息所表达的技术被传播、转移了。衡量专利技术转移成功与否"不是以新转移的'硬件'和'软件'的数量来衡量，而是由技术受让方在多大程度上学会管理和创造技术进步来衡量"①。因此，专利技术传播、扩散要以实际的实施为衡量标准。但依靠专利权人一己之力往往难以实现大规模地实施，这将限制专利技术的有效传播、扩散。而当专利权可以被交易时，就扩大了有机会实施专利技术的主体，而且经市场配置后往往能找到实施能力最强的主体，实现技术的有效扩散。因此，专利权交易能够实现促进技术扩散这一法律价值目标。

最后，专利权的私权属性目前已经得到普遍的认可，作为私有财产权人的专利权人，当然享有自由、自主处分其财产的权限，这是实现"保障权利主体财产自主权"这一法律价值目标的基础。与此同时，专利权作为一种由法律直接规定的无形财产权，所有权利内容都来自法律的明确规定，专利权人行使的每一项权利都是有法可依，不容任何侵犯或限制的。如我国《专利法》对专利权人转让、许可权能的规定，《担保法》《物权法》对专利权人质押权能的规定，以及《公司法》对出资入股的规定，等等，这些来自法律的直接规定都是专利权人财产自主权的现实保障。因此，也可以认为实现财产自主权这一法律价值目标是能够实现的。

综上，专利权交易的制度设计及其运行都能够满足上述法律价值诉求，具有充分的正当性。

三　专利权交易的利益平衡分析

权利义务关系一直是法哲学研究的中心范畴，古往今来的法律实践、特别是当代社会的法律实践将权利义务关系描述为：结构上的相

---

① 谢富纪主编：《技术转移与技术交易》，清华大学出版社 2006 年版，第 14 页。

关关系、数量上的等值关系、功能上的互补关系。① 虽然权利与义务相生相伴，"没有无义务的权利，也没有无权利的义务"，但仅只追求权利与义务稳定关系的法律制度无法证明自身的正当性。任何法律制度在设定权利的时候必然都会设置相对人的义务，在一部法律内权利总量与义务总量的对等也不能证明就具有正当性。只有这部法律涉及的相关利益方的权利都对等时，才能说明这部法律既能得到社会的普遍认可，又经得起道德标准的论证。以"权利"为考察对象分析法律制度的正当性也具有充分的现实意义，因为现代法制体系是以"权利本位"为指导而构建的，"权利构成法律体系的核心，法律体系的许多因素是由权利派生出来的，由它决定，受它影响，权利在法律体系中起到关键作用。"② 以权利为对象考察法律制度的正当性，就是要分析这项法律制度所涉及的利益相关各方的利益冲突与平衡，如果这项制度能够使利益相关各方的利益趋于平衡、均衡③，也即达到利益平衡的状态，那么就可以认为这项制度是具有法律正当性的，因为"利益平衡也是一个提供正当性方法论的原则"④。能够兼顾利益相关各方利益的制度就意味着保护了多数人的利益，实现了利益分配的稳定和有序，这不仅会受到普遍的认可和尊重，而且符合普遍道德标准，所以利益平衡可以成为验证法律制度正当性的工具。

　　一般意义上的交易虽然只约束交易双方的权利义务，但"知识产权法涉及的利益，主要是围绕发明者、作者等知识产品创造者的知识产品的生产、传播和使用而产生的利益"⑤。所以专利权交易的利益相关方包括专利权人、交易受让方和社会公众三方。对专利权交易利益

---

① 张文显：《法哲学范畴研究》，中国政法大学出版社 2001 年版，第 338 页。

② 同上书，第 345 页。

③ 从哲学角度看，平衡是指矛盾暂时的相对的统一或协调，是事物发展稳定性和有序性的标志。但平衡是相对的、暂时的，与不平衡相反相成，相互转化。从经济学角度看，平衡是指："每一方都同时达到最大化目标而趋于持久存在的相互作用形式。"参见［美］罗伯特·考特、托马斯·尤伦：《法和经济学》，张军等译，上海三联书店、上海人民出版社 1994 年版，第 22 页。

④ 冯晓青：《知识产权法利益平衡理论》，中国政法大学出版社 2006 年版，第 12 页。

⑤ 同上书，第 7 页。

平衡的研究，就是考察专利权交易是否具备了确保三个利益相关方在
交易过程中以及交易后取得均衡利益的机制，如果具备并能够有效地
落实确保三方利益平衡的机制，那么就可以认为专利权交易具有充分
的正当性。

（一）专利权人与交易受让方的利益平衡

专利权人与交易受让方在专利权交易关系中是天生的利益对立
方。专利权人为争取更多的利益将积极主动地要求尽量高的交易对
价，而交易对方也为了最大限度地实现其利益，也尽可能地压低交易
对价。这一对天然矛盾的利益关系，一般说来只能依靠市场供需力量
来协调。"从本质上看，市场具有双重内涵：一方面它提供了一套动
态竞争系统，可以通过价格杠杆有效地配置资源，另一方面它又演化
出了各种各样的制度安排和组织形式，降低了不确定性，节约了交易
成本。"[1] 交易双方根据自由竞争市场所传递出的供需信息不断调整交
易谈判力量，达成每一次的交易。在自由竞争市场中，每一次交易都
是交易双方分别进行成本收益核算后，在平等、自愿协商的基础上达
成的，双方对各自利益都有明确的认可，因此，可以认为双方利益达
成了平衡。从整体来看，只要不发生市场失灵，[2] 通过市场的调节作
用，是可以使专利权人和交易受让方的利益趋于平衡。

但专利权交易的一个特点就是存在"双边垄断"，这难免就会影
响市场发挥作用。为了避免因双边垄断而造成的市场低效率，《专利
法》设置了强制许可制度限制专利权人的交易谈判优势。对于交易受
让方而言，在有效的专利权保护法律环境中，突破专利权屏障进入市
场的唯一渠道就是诚恳地坐下来与专利权人谈判。因此，强化专利权
保护和执法，可以有效牵制交易各方的市场优势地位，能够确保市场
发挥作用，实现交易双方的利益平衡。

（二）交易受让人与社会公众的利益平衡

社会公众虽不直接参与专利权交易的利益分配，但其利益也会受

---

① 何自力主编：《比较制度经济学》，高等教育出版社 2007 年版，第 104 页。

② 市场失灵，是指市场无法有效率地分配资源的情况，一般因为公共产品、垄断、外
部影响、非对称信息引起。

到交易行为的影响。社会公众的利益诉求是以越来越低的代价享受越来越多的先进技术。但专利权交易的受让人购入专利权的根本原因是依靠专利技术获得更强的市场竞争力，其目的并不在于为社会公众提供价廉物美的先进技术，凭借专利权带来的垄断优势地位获取超额利润才是受让人的利益所在。受让人之所以付出不菲的代价换取专利权，就是为了通过专利权限制竞争对手进入市场，维持专利产品的高额售价，获得超额利润。因此，从这个角度来看，专利权交易受让人与社会公众也将存在着明显的利益冲突。但不能否认的一个客观情况是，受让人在取得专利权后肯定不会将专利权束之高阁，必定要让专利权发挥效用。因此，从这个角度看专利权交易增加了可以实施专利技术的主体，提高了专利转化率，这肯定也为社会公众提供了更多享受先进技术的机会。因此，专利权交易受让人与社会公众之间也存在一定的利益平衡点。

（三）专利权人与社会公众的利益平衡

专利权人在专利权交易中的利益是通过要求尽量高的交易对价来实现的，高额的交易对价无疑会被专利权交易的受让人转嫁到其提供的专利商品的价格中，这必然就增加了社会公众共享先进技术文明的成本。因此，在专利权人一味追求其交易利益的时候，在理论上难免也会与社会公众的利益发生冲突。

但实际上专利权交易制度本身就能够在一定程度上化解专利权人与社会公众利益矛盾。专利权人转让专利权的原因往往是因为自己缺乏充分实施专利的能力，而受让专利权的交易对方就是能够更好地转化、实施专利的主体。所以，当专利权被转让后，一方面是社会公众有机会使用到更多的先进技术；另一方面是专利权人可以获得及时的经济回报，有条件进一步开展更多的技术研发，为社会提供更多的先进技术。与此同时，在专利权人与交易对方的谈判过程中，如果专利权人要求的价格太高，势必会导致交易失败。因此，专利权人也不会过分地强调高额对价。专利权交易能够让专利权人获得适度、合理的回报，这是激发专利权人继续投资技术研发的制度保证，而专利权人的进一步研发又为社会公众提供了更多的先进技术，从这个角度看，专利权交易能够兼顾专利权人和社会公众的利益，实现利益平衡。

综上，专利权交易制度具备让专利权人、交易受让方以及社会公众三方利益平衡的机制，这种机制的形成既是专利权交易制度完善自身建设的内在要求，因为："从现代的法制精神出发，法律的目标是，'尽可能地保护所有社会利益，并维持这些利益间的、与保护所有利益相一致的某种平衡或协调'。"[①] 更是评判专利权交易制度合理性的重要依据，因为能够维系相关利益方利益平衡的法律制度必然会受到利益方的拥护和尊重；同时平衡、稳定的利益格局也符合道德评判的公平、正义原则。因此，专利权交易能够实现利益相关方的利益平衡，具有充分的正当性。

四　法哲学分析的结论

首先，经过解析，专利权交易的法律价值目标是激励创新、促进技术扩散和保障权利主体的财产自主权。诚信、规范的专利权交易活动能够充分实现上述法律价值诉求，所以，专利权交易制度本身经得起正当性的法哲学验证。

其次，专利权交易能够恰当地平衡专利权交易当事人双方、受让方与社会公众以及专利权人与社会公众的利益，能够实现这种平衡的法律制度也经得起法哲学的正当性拷问。

因此，从法哲学的角度观察，专利权交易具有充分的正当性。

---

① 冯晓青：《知识产权法利益平衡理论》，中国政法大学出版社2006年版，第19页。

第三章

专利实施许可

第一节　专利实施许可概述

一　专利实施许可的概念

专利实施，是指权利人具体运用专利技术的方式。专利权作为一种典型的法定权利，权利运用的具体方式需要由法律明确规定。"TRIPs 协议"和我国《专利法》都是从列举专利权人有权禁止他人运用专利技术的具体方式这个角度来规定专利实施的具体内容。根据"TRIPs 协议"的规定，产品专利的实施行为包括：制造、使用、标价、标价出售、销售或为这些目的而进口该专利产品；方法专利的实施行为包括：使用该方法，或使用、标价出售、销售或为这些目的而进口至少是以此工艺直接获得的产品。[①] 我国《专利法》第 11 条将专利实施表述为：对发明和实施新型而言，专利实施是指："为生产经营目的制造、使用、许诺销售、销售、进口其专利产品，或者使用其专利方法以及使用、许诺销售、销售、进口依照该专利方法直接获得的产品。"对外观设计而言，专利实施是指："为生产经营目的制造、许诺销售、销售、进口其外观设计专利产品。"由此可见，专利实施是一组专利权人运用专利技术的具体方式，这些方式组合在一起就构成了专利权人的实施权，独立运用其中任何一种方式，都可以为专利权人带来经济利益，而且即使与专利权人的所有权分离也不会影响其

---

① 参见"TRIPs 协议"第 28 条第 1 款。

运用效果。所以，专利权人可以许可他人以上述方式之一运用专利技术，这即被称为专利实施许可。在承认专利权私权属性的前提下，在市场经济环境中，专利实施许可就是专利权人许可他人以特定方式运用专利技术，同时被许可方按约定支付许可使用费给专利权人的法律关系。

专利实施许可是专利制度运行过程中非常关键的环节。对专利权人而言，专利实施许可是最快收回其研发投入的方式之一，直接可兑现的收益能够激发专利权人继续开展创新活动的热情；对被许可方而言，专利实施许可是获得成熟技术使用权的方便路径，可以尽快获得提升市场竞争能力的先进技术；对社会公众而言，专利实施许可是实现技术转移、扩散的有效手段，社会公众有更多的机会享受先进的技术文明成果。专利实施许可能够实现专利权人、被许可方和社会公众三者利益的平衡，是实现专利制度目标的重要手段之一。

与专利实施许可相关的一项制度是专利临时保护制度。《专利法》第13条规定，"发明专利申请公布后，申请人可以要求实施其发明的单位或者个人支付适当的费用"，这是我国关于专利权临时保护的规定。法律之所以做出这样的规定，是因为从公开技术方案到获得专利授权，往往有一段不短的审查周期。[①] 而一旦技术方案被公开，任何人都可以以合法的途径获得技术方案的详细内容，这将危及发明专利申请人的合法利益。因此，法律对发明专利就特别设置了临时保护制度，对公开申请案之后、获得授权之前的技术方案进行保护。但专利临时保护制度并非专利实施许可制度，因为在专利申请阶段专利权人并没有真正取得专利权，自然也就不存在许可的问题。因此，在申请阶段，他人实施专利申请人的技术并不需要申请人的许可，但为了平衡专利申请人和技术实施人之间的利益，法律规定专利申请人"可以要求实施其发明的单位或者个人支付适当的费用"。

---

① 根据国家知识产权局规划发展司发布的《专利统计简报》2011年第8期的信息，2010年我国发明专利审查周期为24.2个月，而同期欧洲专利局对发明专利的审查周期是40.6个月、日本特许厅对发明专利的审查周期是35.3个月、美国专利商标局对发明专利的审查周期是34.9个月、韩国知识产权局对发明专利的审查周期是24.6个月。

二　专利实施许可的类型化分析

类型化研究是法学研究中一个重要的方法，将研究对象按其特点归类，一是便于法律的适用，相同事物相同处理，相同对待；不同的权利有不同的效力，不同的法律行为有不同的后果。二是类型化分析和研究有助于更加全面的认识某一制度。借助于"类型"的分析，不停往返于普遍与特殊之间，就能不断接近"实物的本质"①。以下从不同的角度对专利实施许可进行分类，以多角度探析其本质。

（一）独占实施许可、排他实施许可和普通实施许可

根据许可方对被许可方的授权范围，可以将专利实施许可分为独占实施许可、排他实施许可和普通实施许可三类，这是论及专利实施许可的类别时最基本的分类方式。根据我国司法解释中的界定，② 独占实施许可，是指许可方将专利权仅许可给被许可方一人实施，即使许可方也不得实施的许可方式；排他实施许可，是指许可方将专利仅许可给一个被许可方实施，但不排除许可方自己实施的许可方式；普通实施许可，是指许可方发出的许可并不限定于被许可方一人实施，还可许可其他人以及自己实施的许可方式。如果专利实施许可合同当事人对专利实施许可方式没有约定或者约定不明确的，就认定为是普通实施许可。

（二）自愿许可和强制许可

根据许可方在做出许可时是否出于自愿，可以分为自愿许可和强制许可。自愿许可，是指许可方和被许可方基于平等、自愿的基础，按市场交易的规则对专利实施许可事宜进行协商后形成的专利实施许可法律关系。强制许可，是指国家专利行政主管机关不经专利权人的许可，通过行政程序而直接允许第三者实施发明或实用新型专利，并向其颁发实施该专利的强制许可证的法律行为。强制许可是各国专利制度中的通例，在防止和限制专利权人滥用其专利权，保护国家和社

---

① 申卫星：《期待权基本理论研究》，中国人民大学出版社 2006 年版，第 46—47 页。

② 参见《最高人民法院关于审理技术合同纠纷案件适用法律若干问题的解释》第 25 条。

会公众利益，促进发明创造的实施和推广应用，促进公平竞争方面的积极作用，成为实现专利制度宗旨和目标的有力保障措施。① 根据我国《专利法》的规定，强制许可又分为：不实施专利权的强制许可、基于公共利益的强制许可、基于公共健康而给予的涉及药品的强制许可和从属专利的强制许可等几种情形。被许可方获得的强制许可一般是限于普通实施许可，被许可人既未取得排他权，也无权允许他人实施，并且需要支付合理的使用费。当然，出于对专利权的私权属性的尊重，法律依然赋予专利权人就国家专利行政主管机关做出的强制许可行政行为向法院起诉的权利。②

（三）基础许可、分许可和交叉许可

根据参与专利实施许可法律关系的当事人的情况，可以被分为基础许可、分许可和交叉许可。基础许可，是指最基本的专利实施许可法律关系，通常由一个许可方和一个被许可方构成，许可方授予被许可方实施专利的权利，被许可方按约支付许可使用费给许可方，专利实施许可合同只对当事人双方有约束力。分许可，是指基于基础许可关系的许可方明确允许被许可方将其获得的许可再授权给其他人实施的许可法律关系，即分许可法律关系由许可方、第一被许可方以及次被许可方三方当事人构成。许可方授予第一被许可方专利实施权是基础许可法律关系，第一被许可方再授予次被许可方专利实施权就是分许可法律关系。分许可实施人，也即次被许可方取得的专利实施权限一般限于普通许可。第一被许可方的分许可权限来自于许可方的明确授权，许可方也有权分享因分许可产生的部分收益。由此可见，分许可是次被许可方获得专利技术的路径；而对许可方而言，分许可的意义在于可以更充分地实施专利、扩大经济收益来源；对第一被许可方而言，分许可则可以分别散独自实施专利的商业风险。交叉许可，是指专利实施许可法律关系的当事人，互为许可方和被许可方，互相授予对方或者共同授予第三方专利实施权的法律关系。下文将详述。

---

① 冯晓青、刘友华：《专利法》，法律出版社 2010 年版，第 223 页。

② 参见《专利法》第 58 条。

（四）一般许可和当然许可

根据参与专利实施许可法律关系的当事人的情况，可以被分为一般许可和当然许可。一般许可，是指按通常合同订立的方式，即由要约人向特定的受要约人发出要约，受要约人明确做出承诺而订立合同，一般许可合同的许可方和被许可方也是由一方针对特定的另一方发出要约，特定对方做出承诺回应以成立合同。许可方和被许可方在合同成立之前就是明确特定的。而当然许可，则是指由专利权人通过在专利局的登记发出要约，等待潜在的被许可方做出承诺而成立专利实施许可合同。当然许可方发出要约时未针对任何特定的对象，只是在专利主管机构做出登记声明：任何人可以不经协商，只要缴纳一定数额的使用费就可以实施所登记的专利。希望获得专利技术使用权的被许可方无须与许可方协商、谈判，只需缴纳使用费、办理相应手续即可获得专利实施权。

（五）制造许可、使用许可、许诺销售许可、销售许可以及进口许可

根据专利实施的具体方式，可以分为制造许可、使用许可、许诺销售许可、销售许可以及进口许可。制造许可，是指许可方允许被许可方以生产经营的目的，生产、加工专利说明书中所描述的产品，这个产品可以是一个独立的产品，也可能是其他产品上的一个部件；使用许可，是指许可方允许被许可方根据专利产品的技术性能使该产品得到应用，无论是单独使用还是作为产品或其他产品的组成部分使用，也无论是反复使用还是只使用一次，更无论利用其中一个用途或全部用途；许诺销售许可，是指许可方允许被许可方向第三方提供销售的允诺，以便为今后的生产、销售做好铺垫；销售许可，是指许可方允许被许可方为生产经营目的销售属于专利保护范围内的产品，即将专利说明书中描述的产品投放市场；进口许可，是指许可方允许被许可方为生产经营目的进口由该专利技术构成的产品，或者进口包含该专利技术的产品或者进口依专利方法直接获得的产品。①

① 冯晓青、刘友华：《专利法》，法律出版社 2010 年版，第 188—193 页。

许可方可以概括地将上述所有类型的实施权许可给被许可方，也可以将上述实施权分别许可给不同的被许可方。只是鉴于不同类型的专利技术可以采用的实施行为有别，不同的专利权人可以做出的许可类型也将有所区分，如发明和实用新型专利的许可方，有权授予的许可类型可以包括制造许可、使用许可、许诺销售许可、销售许可以及进口许可；而外观设计的许可方，有权授予的许可类型就只包括制造许可、许诺销售许可、销售许可以及进口许可。

三 交叉许可

（一）交叉许可的类型

根据交叉许可当事人的范围，可以将交叉许可区分为封闭性交叉许可和开放型交叉许可。

封闭性交叉许可是狭义的交叉许可，其当事人仅限于专利权人之间，即专利实施许可合同关系的当事人必须都拥有某项专利权，想要取得别人给予专利实施许可的前提是自己拥有别人也需要的某项专利权，因此也被称为："双向交叉许可，它是一种基于谈判的、在产品或产品生产过程中需要对方拥有专利技术的时候而相互有条件或无条件容许对方使用本企业专利技术的协定。"[1] 当事人按合同法的基本原则和技术转让合同的特殊规则开展的专利实施许可交易活动，他们参与交叉许可合同的目的就是为了获得对方的专利实施许可。

开放型交叉许可是广义的交叉许可，除了狭义的交叉许可外，还包括专利联盟。不同学科的学者对专利联盟的定义略有不同，法学界的代表性观点认为，专利联盟是"不同专利所有人将其组合专利相互许可或者向第三方许可的协议"，[2] 经济学界将专利盟视为一个组织实体，认为专利联盟是"将两个或多个企业的专利权打包许可给第三方的单一实体"，或者是"知识产权所有人相互之间以及与第三方共同

---

① 岳贤平、李廉水、顾海英：《专利交叉许可的微观机理研究》，载《情报理论与实践》2007 年第 3 期，第 306—307 页。

② Josh Lerner, Jean Tirole. *Efficient Patent Pools*. American Economic Review, 2004, 94 (3)：6.

分享专利权的正式或非正式组织"① 无论定义如何，专利联盟的实质都是由若干专利权人投入各自的专利权组成实体型或非实体型的联盟机构，然后制定专利实施许可的收费标准、许可方式、收益分享、批准机构和程序等基本规则，再按此规则开展对内的狭义交叉许可以及对外的专利实施许可经营活动。开放型交叉许可可以被拆分为联盟关系和许可关系这两个层次的法律关系。联盟关系按照民事活动的一般规则订立，只约束参与到联盟关系中当事人。而许可关系，无论是对内的许可，抑或是对外的许可，都需要遵循专利实施许可的一切原则和要求，只是许可方可能由专利权人所委托的联盟组织担任而已。专利联盟建立的目的不仅是要满足联盟成员之间对专利技术的相互需要，而且还要通过整合经营专利技术，以追求专利资产经营的最佳效益。

（二）交叉许可的现实需求

交叉许可的形成有客观的现实需求，因为"在许多技术领域，由于技术是集成性的或系统性的，一项专利发明并不代表着整个技术创新，一个可以商业化的技术创新往往需要许多不同的知识的'碎片'，而这些不同的'碎片'往往被利益相冲突的人申请专利而为其各自所享有，"② 特别是在那些技术更新快、技术之间联系要求高的行业，即使是拥有雄厚资金和研发能力的企业，也难以独自研发出满足其发展战略所需的全部技术，例如微软也需要积极寻求与其他企业的交叉许可。③ 拥有不同专利权的主体之间需要互相授予许可才能对某项技术完成商业化开发，因为"大量相互重叠的专利权使得一项技术在商业推行的过程中需要获得其他众多专利权人的许可，以避免可能存在的

---

① 参见 Carl Shapiro. *Navigating the Patent Thicket：Cross Licenses，Patent Pools，and Standard Setting.* NBER Innovation Policy & the Economy，2001，1（1）：134. 以及 Josh Lerner，Jean Tirole. *Public Policy toward Patent Pools.* Innovation Policy & the Economy，2007，8：157。

② 张伟君、单晓光：《知识产权保护对企业技术转让的影响》，载《知识产权》2008年第 1 期，第 46 页。

③ 参见《微软酝酿知识产权共享　交叉许可为主要方式》，载 http：//tech. sina. com. cn/it/2005 - 02 -20/0811530096. shtml，最后访问日期为 2016 年 1 月。

侵权诉讼的风险。"① 此外，即使两个企业拥有的既不是补充性专利，② 也不是阻碍性专利，③ 即两个企业的产品不是完全替代，他们也可以通过交叉许可来增强市场控制。④ 而随着技术门槛的提高，技术积累对在知识经济时代竞争的企业越来越重要，新企业很难通过自主研发掌握所需所有技术。因此，任何想要进入特定技术领域的投资人需要取得相关领域每一个专利权人的许可，而通过向统一的联盟申请专利实施许可，就成为其获得通行证的快捷路径。

交叉许可在实现专利制度价值目标方面也表现出积极的促进作用：在促进创新方面，交叉许可通过整合参与各方的研发成果，互补所短，实现特定技术领域的技术优化，提升了创新实力；在技术传播方面，避免了侵犯专利权的法律风险，清除了技术传播的一大障碍；在降低交易成本方面，交叉许可通过"建立较为稳固的合作伙伴关系，减少签约费用并降低履约风险，最终顺应企业节约市场交易费用的需要"⑤。就连以维护公平竞争为宗旨的美国《知识产权许可反托拉斯指南》也承认：交叉许可或专利联盟通过融合互补性的技术、减少交易成本、清除障碍、避免高额侵权诉讼、促进技术扩散可以实现公平竞争的效果。⑥ 因此，交叉许可有突出的现实需求。

（三）对交叉许可的特别监管

交叉许可，特别是开放型的交叉许可，在若干专利权人构建起专利联盟后，这种聚合了众多专利权人垄断特权的联盟往往具有更强大的市场垄断能力。专利联盟虽然能够在一定程度上促进专利制度价值

---

① 张联庆：《论专利权交叉许可及专利池许可模式的反垄断规制——美国的理论与实践》，对外经济贸易大学 2004 年硕士学位论文，第 5 页。

② 补充性专利，是指在对以往已经存在的专利的基础上进行改进研发而产生的专利。

③ 阻碍性专利，是指当一项专利产业推行不可避免地会侵犯到另一项专利权人的专利时，此后一项专利就构成前一项专利推行的障碍，这类专利就是障碍性专利。

④ Eswaran · M, *Cross - licensing of competing patents as a facilitating device*, Canadian Journal of Economics, 1994, Vol. 27, No. 3, pp. 688 - 708.

⑤ 曾德明、彭盾：《专利联盟的效率边界》，载《科技进步与对策》2009 年第 17 期，第 126 页。

⑥ 参见美国《知识产权许可反托拉斯指南》第 5.5 条。

目标的实现，但不能否认的是，按市场规则构建并运行的专利联盟，其"目标是在给定分配规则的情况下最大化联盟租金，节约交易成本只是最大化联盟租金的一种途径"①。这个拥有强大市场垄断力，并会主动追求利益最大化的专利联盟，就需要反垄断法对其进行特别的规制，否则就将造成阻碍竞争、限制竞争，进而增加整个社会成本、影响公众福利的后果。

　　因此，各国在允许专利实施交叉许可的同时，也都通过反垄断法构筑起保护公平竞争的屏障。例如，美国司法部和联邦贸易委员会在1995年联合发布的《知识产权许可的反托拉斯指南》，就是规制交叉许可垄断行为的重要法律依据之一。尽管该《指南》也肯定交叉许可在一定条件下可能有利于竞争，但主要还是指出了交叉许可对公平竞争可能产生的负面影响，如联合定价、限制产量、划分市场、限制研发等情形。欧盟关于交叉许可的监管主要体现在《欧共体条约第81条关于技术转让合同适用指南》中，该《指南》认为交叉许可可能被利用来结合替代性技术从而变成操纵价格的卡特尔，而且不仅可能减少成员间的竞争，当它们支持某项技术标准或自建一个事实标准时，将会排斥替代性技术而阻碍创新。日本对交叉许可的反垄断规制主要是《反垄断法》和公正交易委员会于1999年发布的《反垄断法下专利和 Know－how 许可合同指南》以及2005年发布的《技术标准和专利池合同指南》，这两部《指南》配合《反垄断法》构成了当前日本规制交叉许可的主要法律规则和指导意见。② 我国对交叉许可的规制首先是在《合同法》中定下"非法垄断技术、妨碍技术进步或者侵害他人技术成果的技术合同无效"的原则，随后在相关司法解释和《反垄断法》中坚持对因交叉许可带来的垄断行为的否定评价。

---

　　① 曾德明、彭盾：《专利联盟的效率边界》，载《科技进步与对策》2009年第17期，第127页。

　　② 詹映：《专利池的形成：理论与实证研究》，华中科技大学2007年博士学位论文，第49—62页。

第二节　专利实施许可的合同分析

一　专利实施许可合同的订立

（一）专利实施许可合同的形式

为了规范专利权交易行为，法律在充分尊重当事人意思自治的前提下，对专利实施许可合同的内容和形式都做出了要求。虽然我国《合同法》第342条要求包括专利实施许可合同在内的技术转让合同采用书面形式，但《专利法》第12条却没有要求实施许可合同必须采用书面形式。按照特别法优于普通法的原则，我国的专利实施许可合同的形式实际上可以不受书面形式的限制。只是当事人需要将所订立的实施许可合同提交国家知识产权局备案时，根据《专利实施许可合同备案办法》的要求，所申请备案的合同必须以书面形式订立。①

（二）专利实施许可合同的主要内容

专利实施许可合同的内容需满足《合同法》的一般规定以及《合同法》第324条对技术合同内容的规定，申请备案的书面合同还需要明确记载专利权项数以及每项专利权的名称、专利号、申请日、授权公告日；实施许可的种类和期限等内容。② 概括而言，专利实施许可合同的内容一般应包括如下几项：专利许可的方式与范围（包括实施许可的种类和期限等）、专利的技术内容（包括专利权的名称、专利号、申请日、授权公告日等）、技术资料的交付、使用费及支付方式、验收的标准与方法、对技术秘密的保密事项、技术服务与培训、后续改进的提供与分享、违约及索赔、侵权的处理、专利权被撤销和被宣告无效的处理、不可抗力、税费、争议解决方案等。

专利实施许可是许可方将专利权中的实施权分解出来，许可他人行使的情形，许可方凭借法律赋予并保证的垄断特权在许可合同谈判

---

① 参见《专利实施许可合同备案办法》第4条。
② 参见《专利实施许可合同备案办法》第9条。

过程中往往处于优势地位，因而有机会在许可合同中对许可范围、许可条件等附加若干限制性内容。相较于专利权转让、专利权质押或专利权投资入股等交易行为，专利实施许可的许可方对被许可方的钳制手段更多，方式更为隐蔽，更容易出现专利权滥用。尽管"合同自由"是私法领域的重要原则之一，但法律还是不允许出现将对市场公平竞争、公众利益产生侵害的合同条款。因此，法律明确规定，禁止将可能产生限制竞争效果的内容列入专利实施许可合同，否则将导致合同或相关内容无效，甚至承担反垄断责任。

（三）专利实施许可使用费的确定

专利实施许可使用费（以下简称"许可使用费"），是指被许可方为了获得专利实施权，而支付给许可方的金钱对价。许可使用费是专利实施许可关系中的重要内容，不仅直接关系许可方和被许可方的利益，还将影响专利实施许可价值目标的实现。如果许可使用费过低，则无法充分实现许可方的利益，无法激励其继续进行创造；如果许可使用费太高，则会增加被许可方实施专利的成本，影响市场效益，进而影响被许可方投资实施专利的动力。许可使用费在许可方和被许可方之间是此消彼长的关系，难以调和。因此许可使用费的内容、计算都需要特别的机制，否则许可方和被许可方的利益难以平衡，专利实施许可关系也就难以为继。

许可使用费不仅是许可方和被许可方利益的杠杆，在专利侵权案件中，还有重要的证据功能。根据最高人民法院发布的《关于审理专利纠纷案件适用法律问题的若干问题规定》第21条的规定，被侵权人的损失或者侵权人的获利难以确定的，有许可使用费可以参照的，人民法院可以参照该许可费的1倍至3倍来确定赔偿数额。国家知识产权局出台的《专利实施许可合同备案办法》第19条也规定，经备案的许可使用费计算方法或者数额等，可以作为管理专利工作的部门对侵权赔偿数额进行调解的参照依据。所以，有必要对专利实施许可使用费进行解析。

1. 许可使用费的评估

许可使用费的特点表现为：许可使用费的高低不由其价值决定，

而是由其未来可预期的经济效益决定，而且许可使用费与技术的需求关系不大，[①] 虽然每一项合同中的许可使用费都是合同双方博弈、谈判的结果，但无论是许可方还是被许可方，都需要一个具体的许可使用费金额作为谈判参考。只是根据一般的商品定价规则难以获得许可使用费合理的参考数据，[②] 所以许可方和被许可方还需要一套能够提供合理的许可使用费数据的评判方法。借鉴成熟的有形资产评估理论和方法，目前已经形成了包括专利专有权和专利使用权的专利资产价值评估的固定方法。[③] 按这些方法评估出来的专利资产价值，可以为许可合同当事人双方在确定许可使用费时提供有益的参考。

　　2008 年 11 月，中国资产评估协会下发了可以约束所有注册资产评估师具体评估行为的《资产评估准则——无形资产》和《专利资产评估指导意见》，明确规定收益法、市场法和成本法三种资产评估是专利权价值评估的基本方法，[④] 注册资产评估师应当根据评估目的、评估对象、价值类型、资料收集情况等相关条件，分析收益法、市场法和成本法三种资产评估基本方法的适用性，恰当选择一种或者多种资产评估方法。[⑤] 每一种评估方法在评估专利资产价值时，各有优势，但也有各自难以克服的缺陷。以市场法为例，虽然市场法较成本法和收益而言，能够直接反映专利权的市场价值，但"由于专利的定义是唯一的，除非专利评估之前存在该专利的销售或者许可等方面的市场

---

　　① 　徐红菊：《专利许可法律问题研究》，法律出版社 2007 年版，第 137—138 页。

　　② 　通常而言，商品的价格受生产成本、供求关系、流通环节等因素的影响，但这些因素与专利许可使用费的关联性不强。

　　③ 　根据中国资产评估协会制定的《专利资产评估指导意见》，专利资产权益包括专利专有权和专利使用权。

　　④ 　参见《资产评估准则——无形资产》第 24 条和《专利资产评估指导意见》第 26 条。

　　⑤ 　收益法，是指通过估算被评估资产未来收益并折成现值，以确定资产价值的方法。成本法，是指在评估资产时按被评估资产的现时重置成本扣减各项贬值来确定资产价值的方法。市场法，是指在市场上选择若干相同或近似的资产作为参照物，针对各项价值影响因素，将被评估资产分别与参照物进行比较调整，再综合分析各项调整结果，确定资产价值的方法。参见刘伍堂《专利资产评估》，知识产权出版社 2011 年版，第 65—70 页。

交易信息，否则不能通过市场获得有益的信息。"① 因此，"使用市场法必须具备以下两个前提条件：第一，需要有一个充分发育、活跃的资产市场；第二，参照物及其被评估资产可比较的指标、技术参数等资料是可收集到的。"② 所以，最能反映准确交易参考价值的市场法在实践中也有困难。目前理论界和实务界都在积极探索关于专利权或无形资产评估的其他方法，如结合收益法和市场法的许可费免除法、③实物期权法等。④ 但专利技术领域太广，行业跨度大，无法以一种方法应对所有的专利权评估。正如技术价值评估领域的开拓者 Russell 先生所说："我不知道什么是技术价值评估的最好方法，但是我知道在特定的情形下，我可以发现并使用对于某个具体的技术最好的方法。"⑤ 随着对专利权认识的深入，以及评估技术的发展，对专利权价值评估的方法也将随之日趋完善。

2. 影响专利实施许可使用费的因素

影响普通商品价格的成本、供求关系等因素对分析专利实施许可使用费而言意义不大。目前已有很多针对专利权价值影响因素的研究成果，这对探析专利实施许可使用费的影响因素较有启发意义。许可使用费是专利资产价值的主要表征形式之一，但许可使用费并不能完全等同于专利权的价值。在超过 40 年的实践中，许可使用费往往只占专利技术所带来利润的 25% 左右，⑥ 许可使用费的构成应该有其自

---

① 李秀娟：《不同背景下的专利评价》，载《科技创新导报》2010 年第 34 期，第251 页。

② 刘伍堂：《专利资产评估》，知识产权出版社 2011 年版，第 141 页。

③ 许可费免除法，是指评估某项专利权时，假设企业不拥有专利权，而以必须支付的许可使用费作为评估价值的方法。参见［美］韦斯顿·安森编著《知识产权价值评估基础》，李艳译，知识产权出版社 2009 年版，第 37 页。

④ 实物期权方法，是指将企业购买专利看作一项投资决策，由于专利自身的风险和收益的不确定性特点，专利权被看作是一种类似金融看涨期权的实物期权，因而可以用期权定价的方法对其价值进行评估。

⑤ ［美］韦斯顿·安森编著：《知识产权价值评估基础》，李艳译，知识产权出版社2009 年版，第 87 页。

⑥ Russell L. Parr, *Royalty Rates for Licensing Intellectual Property*. John Wiley & Sons, in, 2007, pp. 31 – 32.

身特点。我国的司法实践中法院可以"根据有关技术成果的研究开发成本、先进性、实施转化和应用的程度，当事人享有的权益和承担的责任，以及技术成果的经济效益等"① 等因素决定确定许可使用费。概括而言，对许可使用费产生影响的因素通常包括以下三类。

（1）技术因素

首先，是技术的先进性。领先现有技术程度高、创新性强、剩余有效期限长、经济寿命长、② 难于被仿制或超越的技术，常常能够为被许可人带来更多的超额利润，因而许可使用费也就越高。其次，是专利技术的应用面及在专利族中的位置。如果许可方持有的是应用面较广或者在专利族中居于核心位置的专利，那么他在许可交易中的谈判力就比较强，自然可以要求更高的许可使用费。再次，是专利技术的更替周期。对于更新换代周期短的技术，许可人自然倾向于要求较高的许可使用费以尽快实现收益。最后，是专利技术的保护范围。一般来说，保护范围越大，能够获得超额利润的机会就越多，同时专利技术被规避的难度也就越大，③ 甚至还有学者对专利申请文件研究后发现，许可使用费与专利的权利要求项数、说明书及附图页数等有正相关关系。④ 专利技术的保护范围是被许可方的投资获得回报的基础，也将与许可使用费呈正相关关系。

（2）经济因素

首先，是专利技术的赢利能力，即实施专利而带来的收益增加或成本降低的空间，这是被许可方之所以支付许可使用费的根本原因之一，赢利能力强的专利技术，许可使用费自然就会高。其次，是与专利技术相关的产品的市场规模和市场未来前景，良好的市场前景是被

---

① 参见《最高人民法院关于审理技术合同纠纷案件适用法律若干问题的解释》第14条。

② 专利权的有效期，是指法律赋予专利技术以法律保护的有效期限，一般由法律直接规定，非因法定原因不会终止，可以准确预测。专利权的经济寿命指的是，使用专利技术带来收益的持续时间，这个时间受经济环境、竞争技术发展的影响，较难预期。

③ 刘伍堂：《专利资产评估》，知识产权出版社2011年版，第52页。

④ 梁军：《中国发明专利许可价值衡量指标研究》，载《电子知识产权》2011年第5期，第54—55页。

许可方支付许可使用费的信心来源，因此市场状况与许可使用费也呈正相关关系。最后，是宏观经济环境，活跃而健康的经济环境能够激发生产企业更多的专利需求，而没有研发能力的企业自然要在市场上寻求专利实施许可，当市场需求旺盛的时候，许可使用费自然将会高。当然，如果宏观经济环境不够理想时，也必将对许可使用费产生负面影响。

（3）法律因素

首先，最主要的法律因素是专利权的稳定性，只有那些取得国家明确授权，不存在诸如职务发明纠纷或合作开发纠纷等权属纠纷，未侵犯他人合法权益，且经得起他人无效申请考验的专利技术，被许可方才愿意支付许可使用费。任何影响专利权稳定性的状况都将直接映射至许可使用费，甚至影响专利实施许可交易。其次，是许可合同所约定的许可类型，被许可方在独占实施许可中获得的权益最多，许可使用费自然也最高，排他实施许可的权益和使用费次之，普通实施许可的权益和使用费最低。最后，是专利权的其他法律风险，除了被申请无效外，对独占实施许可和排他实施许可而言，如果该项专利权被施以强制许可的风险较大，被许可方的收益自然也将受到影响，这种影响同样会映射到许可实施费上。

（四）专利实施许可使用费的支付方式

1. 一次总付

一次总付，是指在实施许可合同中约定的一个固定金额，被许可方一次或分期支付给许可方。一次总付的许可使用费是一个明确约定的固定金额，无论实施该专利是否获得收益，也无论获得多大的收益，被许可方都按约定的数额向许可方支付许可使用费。当然，该笔许可使用费可以在合同生效时支付，也可以在生效后的约定时点支付，甚至可以分期支付。这种支付方式让许可方可以尽快获得专利权交易的收益，无须分担专利技术市场化开发的任何风险，但许可使用费数额一般不会太高，而且无法分享专利技术市场化开发成功后的巨大收益。对被许可方而言，一次总付不仅增加了市场化开发的成本，还要独自承担市场化开发过程中的各种风险，但在市场开发成功后也无须与其他人分享收益。总体而言，一次总付对许可方风险小，但收益也少；与此同时，被许可方几乎承担了所有的风险，但收益也可以独享。此外，一次总付的付款及许可义务基本在合同生效后即可兑现，无须许可方太多的配合。因此，特别适合技术相对简单、易于实施的专利，如简单的实用新型或外观设计等专利。

2. 提成支付

提成支付，是指在合同中不明确约定许可使用费的金额，而是设定一种计算许可使用费的方法，被许可按照此种方法向许可方支付许可使用费。设定许可使用费计算方法常用的参数是使用专利技术后的产品销售额、利润等可量化的数据。一般是在具体实施专利并取得实际效果后，被许可方才定期向许可方支付。提成支付将许可方和被许可方的利益密切关联在一起。从许可方的角度观察，许可方的收益需在专利得到预期的实施后才产生，许可方将与被许可方共同面对市场化开发的风险，当然也可以充分分享市场开发成功的收益。因此，当许可方对专利技术的盈利前景充满信心，但自己又缺乏市场化开发的能力时，必然愿意以提成支付的方式与被许可方共享市场化开发的风险，同时也会要求被许可方勤勉地实施专利，追求尽可能多的收益。对被许可方而言，一方面，提成支付是在专利实施产生效益之后才结算许可使用费，可以大大缓解专利技术市场化开发前期的成本压力；另一方面，绑定许可方的利益必然能调动其配合实施的主动性，许可方将毫无保留地给予技术指导，这样就能更好地消化、吸收较为复杂的专利技术，获得更好的实施效果。

总体而言，提成支付对许可方的风险大于被许可方的风险。这种风险表现在提成支付的两个操作环节上，一个是确定提成率，另一个是确定计费基数。实践中尚未形成关于提成率的统一规则，甚至"没有一种计算专利使用费率的方法是绝对正确的"[1]。提成率常常因技术领域、行业特征等发生变化，即使实践中总结出了常用的"25% 规

则"，但实际上具体合同中的提成率还是由许可方和被许可方协商达成的，提成率主要取决于协商双方的谈判力量。计费基数的确定对许可方的利益影响更大。常见的计费基数是产量、销售量或利润等几项指标，是否能够获得这几项指标的准确数据，就成为许可方的风险所在。这些数据全部来源于被许可方，而且与被许可方将要剥离的利益密切相关，数据的真实性、全面性很容易受到影响。因此，如果没有一套提取及查验计费基数的良好工作机制，许可方的利益就难以保障。

3. 入门费加提成

入门费加提成，是指许可使用费由固定金额和提成费两部分组成。固定金额一般在许可方交付技术资料时就支付，也即合同开始执行时，因此被称为入门费；提成费与上述提成支付的核算支付方式一样，先设定费用计算公式，待有实际产出或收到实际收益时再支付。入门费加提成融合了一次总付和提成支付的特点，对许可方和被许可方而言，都兼有两种支付方式的优点和风险，因而在实践中最常被采用。支付入门费弥补了许可方对专利技术的部分投入，实现了部分收益；而以提成支付的方式结算后续部分的许可使用费，也减轻了被许可方的压力。把许可使用费拆分为入门费和后续提成两部分，可以"平衡和兼顾了技术许可与被许可双方的利益，体现了风险共担和利益共享的原则，有助于双方形成合力加快项目上马和技术移交。"①

（五）专利实施许可合同的备案或登记

公示和公信原则是物权法的三大基本原则之一，该原则存在的必要性主要来源于对交易安全的保护。② 专利权不是一种有形有体的物权，所以在交易时更加追求交易安全的效果。物权交易时的公示和公信原则无疑就为专利权交易提供了成熟的参考。"物权公示，是指物权的得失变动，应依法律的规定采用能够为公众所知晓的外部表现形式。"③ 对动产物权而言，这种外部表现形式是交付；对不动产物权而

---

① 刘伍堂：《专利资产评估》，知识产权出版社 2011 年版，第 160 页。
② 尹田：《物权法理论评析与思考》，中国人民大学出版社 2004 年版，第 238 页。
③ 同上书，第 251 页。

言，这种外部表现形式是登记。专利权在交易时既无可直接交付的具体实物，又有更高的交易安全需求，因此更适于采用类似不动产物权变动时"登记"的这种公示方式。以登记进行公示时有两个不同的适用原则，一个是"登记生效"原则，即法律行为以登记为生效要件之一，没有完成登记的法律行为，不产生法律效力；另一个是"登记对抗"原则，即法律行为的生效与否不以登记为要件，登记只是起到证明或确认的作用，未经登记的法律行为不能对抗善意第三人。① 专利实施许可处分的是专利权中的部分权能，甚至有时只是实施权中的一部分，专利许可当事人双方自行协商达成的合同并不会对由国家授予的市场垄断特权造成太多减损，而许可方滥用专利权的行为也有相应的法律进行规制，因此，出于降低交易成本、提高交易效率的考虑，对专利实施许可常采用"登记对抗"原则进行公示。

　　我国专利实施许可合同登记在实践中被分为备案和登记两类。备案，是指专利实施许可方根据国务院下发的《专利法实施细则》和国家知识产权局出台的《专利实施许可合同备案办法》，将专利实施许可合同及相关文件提交国家知识产权局备案的行为；登记，是指技术进出口经营者根据国务院下发的《技术进出口管理条例》和商务部出台的《技术进出口合同登记管理办法》，将包括专利技术实施许可在内的技术进出口合同及相关文件提交相应商务主管部门进行登记的行为。尽管称谓不同，但对专利实施许可合同的监管内涵都是一样的，都是由专利实施许可合同当事人将所签署的许可合同向相关行政主管部门提交留存，并对外公开的过程。备案或登记不仅"满足行政管理机关管理专利的需要，了解和掌握专利许可领域的信息和总体状况，为管理决策提供信息支持"②。而且由相应行政主管机关对许可方的身

---

　　① 在实践中，专利实施许可合同的备案效果可以参照最高人民法院《关于审理商标民事纠纷案件适用法律若干问题解释》第19条规定："商标许可合同未经备案的，不影响合同的效力，但当事人另有约定的除外。商标使用许可合同未在商标局备案的，不得对抗善意第三人。"

　　② 邱永清：《专利许可合同登记制度之型构　以登记功能为基点的分析》，载《法律适用》2007年第9期，第28页。

份和许可合同的内容进行审查，还能够起到有效规范交易行为的
作用。

根据《专利实施许可合同备案办法》的规定，许可方或其委托的
代理机构应在许可合同生效后三个月之内向国家知识产权局提出备案
申请，随申请附上许可合同、双方当事人的身份证明等材料；国家知
识产权局将在 7 个工作日内对备案申请进行审查，审查通过后向当事
人颁发《专利实施许可合同备案证明》；当专利实施许可合同的内容
发生变更或提前解除许可合同时，当事人都应该及时办理备案变更或
注销手续。国家知识产权局在审查通过备案申请后，还应在专利公报
上将许可人、被许可人、主分类号、专利号、申请日、授权公告日、
实施许可的种类和期限、备案日期等相关信息公开。① 这些由国家知
识产权局公开的备案信息除了可以降低交易信息搜寻成本，提高交易
安全外，备案本身还具有证据的效力。这个证据不仅是被许可方作为
利害关系人据以提起诉前禁令，以保护自己合法权益时的身份证明，②
而且当发生专利侵权时，经备案的专利实施许可合同的种类、期限、
许可使用费计算方法或者数额等，往往还可以作为专利管理部门对侵
权赔偿数额进行调解的参照依据。③

二　专利实施许可合同主体及其权利和义务

（一）许可方及其权利义务

专利实施许可的许可方，是指有权授予他人许可的主体。根据我
国《专利实施许可合同备案办法》的界定，许可方包括合法的专利权
人或者其他权利人这两类。专利权人拥有对专利的全部权利，当然享
有许可他人实施专利的权利。如专利权由数人共有时，共有人之间可
以约定许可权的行使；如无约定时，任何共有人都可以普通许可的方
式许可他人实施专利，收取的许可使用费应当在共有人之间分配。其

---

① 参见《专利实施许可合同备案办法》第 8 条、第 11 条、第 14 条、第 16 条、第 17
条、第 18 条。

② 参见《关于对诉前停止侵犯专利权行为适用法律问题的若干规定》第 4 条。

③ 参见《专利实施许可合同备案办法》第 19 条。

他权利人主要是指在允许分许可的情况下，有权再授予他人许可的第一被许可方，以及获得分许可授权的独占许可的被许可方。由此可见，有资格成为许可方的主体要么就是法律直接规定的专利权人，要么就是获得专利权人授权的被许可方，许可权来自法律的直接规定或者专利权人的授权这两个渊源。

1. 许可方的主要权利

首先，许可方是平等的许可合同关系中的一方，根据自由、平等协商的合同原则，许可方有权选择被许可方。其次，许可方有权与被许可方就专利实施许可的交易条件进行谈判，提出自己的要求，包括设置合理的限制性条件。因专利权固有的无形性特征，在专利实施许可合同中设立一些限制性条件防止当事人越权实施专利技术，不仅具有一定的合理性和正当性，而且也具有某种必要性。[①] 如约束专利实施的地域、方式或者限制被许可人的权限范围等。最后，许可方有收取许可使用费的权利。

2. 许可方的主要义务

首先，许可方有义务维持专利权的有效性，包括依法缴纳专利年费和积极应对他人提出的宣告专利权无效的请求（除非当事人另有约定），[②] 而且许可方必须具有做出许可的相应权限，无论这个权限是来自法律的直接规定，抑或来自其他有权主体的授权。其次，许可方要按约定许可被许可方实施专利，交付与实施专利有关的技术资料、提供必要的技术指导。再次，许可方在专利权被宣告无效后，对已经履行的专利实施许可合同所造成的损害承担过错赔偿责任。尽管"基于维护社会经济秩序的稳定性、减轻当事人的诉累和人民法院及专利管理机关负担"[③] 的考虑，《专利法》第 47 条就许可方对专利权的瑕疵

---

① 曹新明：《专利许可协议中的有色条款功能研究》，载《法商研究》2007 年第 1 期，第 90 页。

② 参见《最高人民法院关于审理技术合同纠纷案件适用法律若干问题的解释》第 26 条。

③ 蒋逊明、朱雪忠：《中国专利实施许可制度存在的问题及对策》，载《科研管理》2009 年第 5 期，第 49 页。

担保义务做出了有条件的豁免，但如果许可方对被许可方的损失存在恶意，仍需要对其造成的损害承担赔偿责任。最后，许可方不得滥用专利权附加限制自由竞争的不合理条件，如限制被许可方继续研发、限制被许可方从其他来源吸取技术、限制被许可方充分实施专利、限定被许可方采购原材料、零部件或设备的来源、要求技术回授，等等。许可方的这项义务是实现专利实施许可利益平衡的重要措施，各国在强化专利权保护的同时也都立法限制许可方滥用专利权的行为，如美国 1995 年发布的《知识产权许可的反托拉斯指南》、日本 1999 年颁布的《专利和技术秘密许可合同中的反垄断法指南》、欧盟于 2004 年通过的《技术转让合同集体豁免的 772/2004 号条例》等。我国此方面的规范最先出现在《合同法》中，《合同法》第 329 条提出原则性的禁止规定："非法垄断技术、妨碍技术进步或者侵害他人技术成果的技术合同无效。"随后还在司法解释中对"非法垄断技术、妨碍技术进步"做出了界定。[①] 对专利实施许可方的这项义务不仅是各国国内法的要求，在国际专利技术贸易日益活跃的环境下，国际法也要求各国对许可方滥用专利权的行为进行限制，如"TRIPs 协议"就包含"对合同许可中限制竞争行为的控制"的相关内容。[②]

（二）被许可方及其权利义务

被许可方，是指获得专利权人或者相关权利人许可授权的合同对方。被许可获得专利实施权时需要按许可合同的约定向许可方支付许可使用费，因此，被许可方取得专利实施权后一般不会让专利技术沉睡。实际上，当许可方与被许可方约定按提成方式收取许可使用费时，还会在许可合同中要求被许可方充分实施专利。由此可以将被许可方的行为归纳为：支付许可使用费和实施专利。法律未对发明创造的主体进行限制，自然人（包括未成年人）、法人或非法人组织都有可能成为专利权人，即都可能成为许可方。但根据前述分析，被许可

---

① 参见《最高人民法院关于印发全国法院知识产权审判工作会议关于审理技术合同纠纷案件若干问题的纪要的通知》第 11 条、《最高人民法院关于审理技术合同纠纷案件适用法律若干问题的解释》第 10 条。

② 参见"TRIPs 协议"第 40 条第 2 款。

方需要支付许可使用费并实施专利。即使法律没有直接做出规定，但我们也可以推断出，被许可方应当是具备完全民事行为能力的民事主体，具有实施专利、支付许可使用费的能力。

1. 被许可方的主要权利

首先，被许可方取得专利实施权后当然可以按约定实施专利技术，这些实施行为既能为被许可方带来预期的经济利益，在特定情况下还可以成为被许可方的资产。① 如当被许可方被兼并时，专利实施许可权往往作为被兼并企业的一项资产一并核算。其次，被许可方获得专利权人同意后，可以在其专利产品、依照专利方法直接获得的产品、该产品的包装或者该产品的说明书等材料上标注专利标识，② 以凸显产品的技术优势，增加产品的市场吸引力。再次，被许可方谋求专利实施利益的基础是专利权的有效性和完整性，当专利权受到侵犯时，被许可方的利益必然将受到冲击，所以，法律赋予被许可方作为"利害关系人"追究侵权人责任的诉权。③ 最后，即使在专利实施许可合同生效之后，被许可方依然可以保留对专利权的有效性，以及对许可方的不当行为提出异议的权利。法律并不限制被许可方对专利权提出无效审查请求，更不限制其对专利权人的垄断行为进行举报。

2. 被许可方的主要义务

首先，是遵守许可合同的约束，按合同确定的时间、地域、范围

---

① 虽然法律没有直接规定专利实施许可权可以转移，也未承认专利实施许可权是一项独立的财产权，但依据《企业会计准则第 6 号——无形资产》和《附录：会计科目和主要账务处理（1）》等规范，专利实施许可权在会计处理规则中被视为一项资产（例证：被许可方所支付的专利许可使用费在会计账簿中被列为"长期待摊费用"，这个科目属于资产类）。在企业并购操作实践中，被兼并企业所拥有的专利实施许可权就作为资产之一随企业一并发生了转移。

② 参见《专利标识标注办法》第 4 条。

③ 《专利法》第 60 条赋予"利害关系人"诉权，《最高人民法院关于对诉前停止侵犯专利权行为适用法律问题的若干规定》第 1 条第 2 款说明了"利害关系人"的范围及权限："提出申请的利害关系人，包括专利实施许可合同的被许可人……专利实施许可合同被许可人中，独占实施许可合同的被许可人可以单独向人民法院提出申请；排他实施许可合同的被许可人在专利权人不申请的情况下，可以提出申请。"

和方式实施专利；其次，是按约定的方式和金额支付许可使用费，当许可使用费是按提成支付或入门费加提成支付时，不得隐匿或伪造涉及提成计算的基础数据。

三　专利实施许可合同订立和履行过程中的法律风险及其防范

专利实施许可合同的订立和履行过程中，除了许可方和被许可方都可能产生的道德风险外，[①] 双方还将面临不同的法律风险，下面以江苏省高级人民法院判决的无锡先迪德宝电子有限公司（以下简称"先迪公司"）与金德成专利实施许可合同纠纷案为例，[②] 对专利实施许可合同订立和履行过程中的各种风险及其防范进行分析。

（一）案情简介

金德成与先迪公司于 2006 年 1 月 9 日订立了专利实施独占许可合同，约定金德成许可先迪公司使用无线遥控燃气切断器专利技术（专利号：ZL99252157.2），先迪公司按照利用上述专利生产的切断器产品（JDQ 型球阀自动切断器）及金德成供给的切断器产品的数量按人民币 10 元/个支付专利许可使用费。若先迪公司虚报或漏报许可产品的数量，金德成有权解除合同，并要求先迪公司按虚报或漏报产品的价值双倍承担违约责任。

2008 年 6 月，金德成认为先迪公司在履约过程中所提供的安装及进货清单上的数量与实际发生的安装量和销售量有明显的出入，而且经多次催告，先迪公司仍拒绝支付应支付的专利使用费。因此，金德成以先迪公司违约为由起诉至无锡市中级人民法院，请求法院判令解除双方订立的专利独占实施许可使用合同及补充合同；先迪公司支付专利使用费 145370 元，并赔偿迟延支付的利息损失；承担虚报或漏报产品的双倍价值的违约责任。先迪公司则辩称，金德成与先迪公司

[①] Choi J. P, *Technology Transfer with Moral Hazard*, International Journal of Industrial Organization, 2001, 19: 249 - 266.

[②] 案例来源为中国知识产权裁判文书网，判决书编号为"（2008）苏民三终字第0136 号"，载 http://ipr. chinacourt. org/public/detail_ sfws. php? id = 25438，最后访问日期为 2016 年 1 月。

订立合同时故意隐瞒了其已将涉案专利作为投资投入到上海九鼎燃气安全设备有限公司（以下简称"九鼎公司"）的事实，金德成已不再是专利权人，无权订立专利实施许可使用合同，涉案合同应为无效合同，请求法院驳回金德成的诉讼请求。

一审法院在审理中调查得知，九鼎公司于 2001 年 2 月 6 日注册成立，股东之一金德成将涉案专利 10 年的使用权作价 50 万元入股。2004 年 7 月 4 日，九鼎公司召开股东会，决定解散公司。2006 年 2 月 27 日，九鼎公司被工商部门吊销营业执照，至案件审理时尚未注销，也未成立清算组进行清算。结合各种证据，一审法院认为：金德成作价入股投入九鼎公司的是涉案专利十年的使用权，并非向九鼎公司转让涉案专利，也并没有给予九鼎公司独占或排他使用涉案专利的权利，上述投资行为应依法认定为金德成以普通许可九鼎公司实施涉案专利的方式出资，金德成仍为涉案专利的专利权人。在普通许可的情况下，专利权人有权再许可他人实施专利。故金德成与先迪公司订立专利实施许可使用合同有效。先迪公司未按约支付相应的专利许可使用费构成违约。因此，一审法院判决：解除专利实施许可合同、先迪公司向金德成支付专利许可使用费及利息。关于先迪公司按虚报或漏报产品价值双倍承担违约责任的请求，因金德成未能提供相应证据，法院未予支持。

先迪公司不服一审判决，向江苏省高级人民法院提起上诉，请求撤销原判，驳回金德成的起诉。理由包括：专利实施许可不能出资，金德成对九鼎公司的出资应认定为是专利权的转移，金德成不是适格的许可方；金德成并未向先迪公司交付约定专利技术，只是让先迪公司按照九鼎公司的成品进行生产，而九鼎公司使用的技术不是专利实施许可合同中约定的专利技术，九鼎公司使用的技术缺少涉案专利独立权利要求的技术特征，因此先迪公司没有实际使用金德成的专利技术，无须支付任何费用。

江苏省高级人民法院审理后认为：首先，九鼎公司只是涉案专利的被许可方，金德成仍可以许可他人实施涉案专利，金德成与先迪公司的合同有效。其次，先迪公司获得的技术已经落入涉案专利的独立权利要求，金德成履行了交付技术的义务，因此，先迪公司应该向金德成支付专利许可使用费。综上，二审法院判决维持原判。

（二）专利实施许可合同订立过程中的法律风险其防范措施

无论对专利权交易中的风险如何进行分类，首先需要明确的理念是，风险是与知识产权交易活动相伴相生的，只能尽力消减，不能完全消灭。为此，要秉承"有限理性"的思维。① 因此，当事人对专利实施许可合同订立过程中的法律风险，也不可能完全回避，但如果尽到足够的谨慎，也可以最大限度地风险事件发生的可能。

1. 许可方的许可权限风险

在本案中，先迪公司认为金德成已经将专利权作为投资投入到九鼎公司，金德成不再是涉案专利的所有人，无权与他人订立专利实施许可合同，因此，约束先迪公司向金德成支付许可使用费的合同无效。案件一审法院和二审法院都没有支持先迪公司的观点，他们认为金德成出资的是专利使用权，而非专利权专有权，金德成依然是有权做出许可权的适格许可方，因此，许可合同有效。

弄清许可方是否有权具备做出许可的权限是许可合同订立过程中首先要关注的风险点，这是确认许可合同主体身份是否适格的关键因素，直接影响专利实施许可合同的效力。根据如前所述，有权做出许可的许可方是专利权人或取得专利权人授权的第一被许可方。第一被许可方的许可权来自专利权人的明确授权，唯一依据就是专利权人签署的同意其进行分许可的合同或授权书，较为容易辨别。而影响专利权人许可权的因素相对就要复杂一些。如专利权共有人对许可的态度、专利权是否已经被授予了排他许可或独占许可、专利权是否已经被投资、被质押或被赠予他人等情形都是影响专利权人许可权限的因素。许可方在签署许可合同前应该本着诚信的原则确保其许可权没有瑕疵，但被许可也需要尽到足够的谨慎义务，对许可方的许可权限进行调查了解。查验专利权证书原件是一个有效方法，但最可靠的方法

---

① Herbert A. *Simon*: *rationality as process and as product of thought*, . American Economic Review, 1983: 596 – 605.

还是申请查询国家知识产权局的专利登记簿，因为上述列举的可能影响专利权人许可权限的行为一般都会在专利登记簿中有记载。所以，从风险防范的角度出发，被许可方应该在专利实施许可合同订立过程中应该要求许可方出具专利登记簿副本。

2. 专利权的权利有效性风险

许可方具有做出许可的权限只说明许可方是订立专利实施许可合同的适格主体，如果所许可的专利权有瑕疵，同样会损害被许可方的利益。影响专利权有效性的常见因素包括：因未按时缴纳专利年费而提前终止、被专利复审委宣告无效等。这些事项都是被许可方无法控制的，而且专利复审委对专利权无效宣告的决定对已经履行的专利实施许可合同还没有追溯力。除非许可方出于恶意造成被许可方损失才承担赔偿责任，又或者除非不返还专利许可使用费明显违反公平原则的，才全部或部分返还。这实际上就是只要求许可方对做出许可的专利权的有效性只承担有限的瑕疵担保义务。该规定主要是出于对专利权这种无形资产的特殊保护，受制于专利审查的客观条件，无法确保专利权的绝对有效，因此，也就不能要求许可方承担专利权绝对有效的瑕疵担保义务。这就造成了被许可方的风险隐患。所以，被许可方在订立专利实施许可合同时，一方面需要在合同中明确约定专利年费的缴纳义务、专利权无效后的利益保障等内容，更为重要的另一方面还应该尽量从技术角度评估被许可实施技术的有效性。

当然，法律也并非只照顾许可方的利益，以利益平衡为价值导向的专利法律制度也必然会赋予被许可方相应抵御手段，以保持许可方有限瑕疵担保义务与被许可方利益保障之间的平衡。如法律并不禁止被许可方请求专利复审委宣告专许可合同所涉及的专利权无效。如果一旦获得无效宣告，被许可方即无须再支付许可使用费，只是宣告前已经支付的许可使用费一般不能要求返还。

（三）专利实施许可合同履行过程中的违约行为及其补救措施

一般来说，专利实施许可合同当事人写入合同中的所有权利义务，只要不违反国家的禁止性规定都应该严格遵守，否则就构成违约。但如果存在不可抗力、约定免责事由等免除违约方责任的情况时，就不需要承担违约责任。违约的表现形式一般包括不履行、不适当履行、履行迟延等几种情形。因此，在专利实施许可合同履行过程中出现违约行为时，还需要结合合同的具体约定才能判断违约方的责任。当明确违约方需要承担违约责任时，在一般情况下，守约方可以要求违约方以继续履行、采取补救措施或者赔偿损失等形式承担违约责任；如果合同双方在合同中还约定了违约金，守约方可以要求违约方支付违约金。① 专利实施许可合同履行过程中的违约行为通常包括以下几项。

1. 许可方未按约定转移技术

许可方在许可合同履行过程中经常被指控的违约行为之一就是未按约定转移技术。在前述案件的二审中，先迪公司主张金德成未向其提交约定的专利技术，先迪公司没有实际使用金德成的专利技术，因此无须向其支付许可使用费。上述争议揭示了专利实施许可合同履行过程中技术移交的一个困境。因专利技术的无形性，专利实施许可无法像有形物品移交一样存在清晰的交割界限。因此，很难判断许可方移交技术的责任是否按照约定完成，这就给许可方和被许可方带来了合同履行的风险。对许可方而言，如果没有可靠的证据证明自己已经履行了技术移交的义务，则会陷入违约的指责。对被许可方而言，一项专利技术的实施，除了专利申请文件中的内容外，常常还需要其他技术资料，如与实施该专利有关的技术秘密及设计图纸、工艺图纸、工艺配方、工艺流程及制造专利产品所需的装置、设备清单，等等。如果缺乏这些资料的支持，被许可方也难以开展专利实施活动。因此，明确的技术移交界限，对许可方和被许可方都很重要，但在实践中要准确界定技术移交的责任界限，却不是很容易。

专利技术申请被公开后，技术方案即面向所有人开放，包括被许可方在内的任何人都可以合法地获知专利技术方案的详细内容。但获知专利申请文件的内容，并不能等同于移交了专利技术。专利技术的移交不仅是被许可方知悉了技术方案的内容，被许可方还应该对技

---

① 参见《合同法》第 107 条、第 114 条。

方案到达可以独立或在许可方的指导下完成实施的程度。而要达到这个程度，有时候除了专利申请文件之外，还需要其他技术资料的支撑。因此，专利实施许可合同当事双方要在合同中明确约定技术移交的界限，就应该对所需要移交的技术资料或需要提供的技术服务做详尽的列举，即使被许可方凭专利申请文件即可掌握专利实施的全部信息资料，双方也应该在合同中对被许可方获知技术方案的途径和时间点做准确的描述。清晰的技术移交界限是判断许可方是否违约的最直接依据，因此，对许可方和被许可方都同样重要。此外，在具体履行这项约定时，如许可方需要移交实物资料，就应该履行完善的移交签收手续；即使不需要移交实物资料，也需要被许可方出具已知悉掌握专利技术方案的函件。

2. 被许可方未按约支付许可使用费

支付许可使用费是被许可方的主要义务，任何违反支付时间、数额或方式的情形，都会构成被许可方违约的事实。前述案件中，金德成与先迪公司约定，以许可产品产量为基数，以人民币 10 元/个的提成率计算许可使用费，这是典型的提成支付方式。在提成支付时，提成率一般都是合同双方在实施许可合同中事先约定好的，且不论这个约定是否合理，双方都必须遵守，关键的风险点在于提成核算的基数。如果被许可方提供的基数不真实、不完整，许可方收取足额许可使用费的利益就得不到保障。本案中，金德成就认为先迪公司提供的产量数据不真实，导致他合法利益受损，因此诉至法院。

许可方应在合同内容中明确如何核查被许可方提交计费基数的工作流程，以及未执行相关工作流程导致的责任，并注意保留被许可方未按约履行的证据材料。前述案件中，尽管合同当事人也曾约定如果虚报或漏报产品数量，将承担双倍价值的违约金。但因金德成未能提出证据证明先迪公司的产量，因此违约金的主张未能得到支持。否则许可方可以理直气壮地依法要求被许可方补交使用费并按照约定支付违约金。

3. 独占许可或排他许可的许可方违约扩大许可范围

被许可方根据许可合同所取得的专利实施权范围，往往与其支付的许可使用费相关。一般而言，独占实施许可和排他实施许可的实施权范围较广，所支付的许可使用费也较普通实施许可更高。独占实施许可或排他实施许可的被许可方愿意支付高额许可使用费的原因在于，被许可方可以掌控由独占实施许可或排他实施许可所带来的市场垄断权。而如果许可方擅自扩大许可范围，让其他第三人实施专利的话，就削弱了被许可方的市场垄断权，实际上就影响了被许可方的潜在收益。但专利权的无形性及专利技术的外部效应性又让被许可方很难及时察觉许可方擅自扩大了许可范围，因此，在独占实施许可或排他实施许可中，当出现许可方违反约定擅自许可第三人实施专利时，被许可方只能要求许可方应当停止违约行为，承担违约责任。

在前述案件中，先迪公司认为金德成未履行以独占实施许可的方式排除其他人实施专利的义务，违约在先。而二审法院审理后认为，金德成先以普通许可的方式许可九鼎公司实施涉案专利，在九鼎公司停产后，才对先迪公司发出独占实施许可，并未损害先迪公司的独占实施权。

4. 被许可方违约扩大实施范围

许可方做出专利实施许可，实质上是将法律赋予的市场垄断权带来的潜在利益分割出一部分让被许可方享有，同时收取许可使用费以弥补其利益损失。如果被许可方擅自扩大实施范围，如超过许可实施期限继续实施、突破实施许可方式限定进行实施等；又或被许可方擅自分许可他人实施，诸如此类违约扩大实施范围的行为都会使许可方失去了相应的收益机会，损害许可方的合法利益。所以，当被许可方出现这些违约情况时，许可方可以要求被许可方停止违约行为，承担违约责任。

第三节　我国专利实施许可制度的完善

一　我国专利实施许可现状分析

对我国专利实施许可现状的实证分析主要是基于国家知识产权局

公布的统计数据，但因法律并不强制要求专利实施许可合同当事人办理登记或备案手续，所以即使是国家知识产权局的统计数据也不能完整地反映我国专利实施许可现状的全部情况。但这些经备案的数据还是具有相当的代表性，对这些数据加以分析，依然可以窥见我国专利实施许可发展现状的几个特点。

（一）科技政策能够影响专利实施许可

根据国家知识产权局的统计数据，在 2010 年备案的 9772 份专利实施许可合同中，独占许可合同为 9248 份，占总数的 94.63%；排他许可合同为 121 份，占总数的 1.24%；普通许可合同为 399 份，占总数的 4.08%；其他许可合同为 5 份，占总数的 0.05%。[①]

根据上述数据，虽然不能断言我国的专利实施许可以独占许可为主要形式，但至少可以看出独占许可合同的当事人对备案的积极性比较高。这固然是因为独占实施许可对当事人双方的利益影响较大，合同双方都愿意通过备案手续完善合同形式、明晰界定双方权利义务。不过更为重要的另一个背景是，国家科学技术部、财政部、国家税务总局于 2008 年联合发布《高新技术企业认定管理办法》（以下简称"《认定办法》"），明确高新企业认定标准，并以此为判断一个企业是否能获得税收优惠政策的依据。根据该《认定办法》，能获得高新企业认定的必要条件之一是："近三年内通过自主研发、受让、受赠、并购等方式，或通过 5 年以上的独占许可方式，对其主要产品（服务）的核心技术拥有自主知识产权。"[②] 而备案无疑就是取得独占实施许可的最直接证明。

2016 年 1 月，国家科学技术部、财政部、国家税务总局对《高新技术企业认定管理办法》进行了修订，删除了认定高新技术企业时"通过 5 年以上的独占许可方式"这一条件。也即，要获得高新技术企业认定，必须进行自主研发，或者以较高代价的受让、并购等方式获得知识产权。这一修订旨在鼓励自主创新，虽然会在一定程度上抑

① 数据来源：国家知识产权局发布的《专利统计简报》2011 年第 9 期。其他许可指交叉许可和分许可。

② 参见《高新技术企业认定管理办法》第 10 条。

制专利实施许可活动，但从长远来看，有利于国家创新能力的建设和发展。

（二）实施许可需求量与专利权的技术含量存在关联关系

在 2010 年备案的 15762 件专利中，发明专利为 5108 件，占32.4%；实用新型专利为 8336 件，占 52.9%；外观设计专利为 2318件，占 14.7%。① 对比同期我国有效专利权数据，截至 2010 年年底，我国有效专利共计 2216082 件，其中有效发明专利 564760 件，占25.48%；有效实用新型专利 857968 件，占 38.72%；有效外观设计专利 793354 件，占 35.80%。②

对上述数据进行分析可以看出，三种专利的实施许可发生数与三种专利的有效数基本呈正相关关系。这种关联关系有其必然性，有效数量多的专利，可提供实施许可的空间自然也就大。只是外观设计的实施许可发生数与其有效专利数相比，所占比重较低，外观设计在有效专利总数中占比为 35.8%，而在许可总数中占比仅为 14.7%。这与外观设计专利的特性密切相关，外观设计专利并不涉及会影响产品核心的技术方案，对产品的市场影响力相对不强，所以外观设计实施许可的市场需求量不大。由此可以看出，技术含量高的专利权比对技术含量低的专利权的市场需求要大，创新成果的技术含量与其收益呈正相关关系，这种关联关系可以引导创新资源向技术含量高的创新领域流动。

就我国目前的创新状况而言，这种引导力量是非常必要的。表面上专利权等知识产权的产出量可观，但实际上我国国内的创新能力却无法让人那么乐观。根据华尔街日报一篇评论文章的观点，我国还远不能成为世界领先的创新中心。该文章以 2010 年的数据为例，我国占世界人口的 20%、世界 GDP 的 9%、世界研发费用支出的 12%，但只有 1% 的专利申请获得了来自美国、欧洲和日本这几个世界领先的专利授权机构的授权。而且，中国原创专利中还有一半由外国跨国

---

① 数据来源：国家知识产权局发布的《专利统计简报》2011 年第 9 期。

② 数据来源：国家知识产权局发布的《专利统计简报》2011 年第 6 期。

公司的在华子公司申请取得。① 可以看出，我国创新资源投入总量不算太低，但创新成果水平却不甚理想，这正是未能对创新资源的合理分配予以有效引导的表现。因此，在意识到专利技术含量与实施许可需求量之间存在正相关关系时，就应该将这些专利权交易信息及时反馈给创新资源的上游，促进创新资源的优化配置。

（三）　国内许可方的收益率不高

按照实施许可方的来源地区，国家知识产权局公布的 2010 年专利实施许可合同共计 9859 份，其中许可方是我国国内居民的 9594 份，占 97.31%；许可方是国外居民的 265 份，占 2.69%。上述许可合同的许可使用费金额累计为 775730 万元，其中我国国内许可方获得的许可使用费为 463848 万元，占 59.8%；国外许可方获得的许可使用费为 311882 万元，占 40.2%。②

上述数据反映出我国国内许可方在收取许可使用费方面与国外许可方的巨大差距。当然，也不排除我国国内许可方出于战略合作的考虑以免费或其他收费方式收取许可使用费的可能。③ 但即使只分析国外许可方收取许可使用费的情况也可以看出，国外许可方许可他人使用其专利权时的收益率非常高，2010 年备案的 265 份实施许可合同共计收取了 311882 万元的许可使用费，平均每份合同的收益达 1176.9 万元。而我国国内许可方的平均收益仅为 48.34 万元。以我国国内专利实施许可业务翘楚的深圳市朗科科技股份有限公司（以下简称"朗科公司"）为例，根据朗科公司所公布的 2010 年年度报告，④ 截至 2010 年 12 月，朗科公司拥有有效专利权 143 项，2010 年专利许可使用费收入合计为 1138.87 万元，比同期国外许可方在我国平均一项专

---

① 参见 Anil K. Gupta, Haiyan Wang: *China as an Innovation Center? Not So Fast.* available at http://online. wsj. com/article/SB10001424053111903591104576469670146238648. html? KEYWORDS = China + as + an + Innovation + Center + Not + So + Fast。

② 数据来源：国家知识产权局发布的《专利统计简报》2011 年第 9 期。

③ 根据《专利统计简报》2011 年第 9 期的统计，2010 年经备案的专利实施许可合同中，无偿许可的比例超过一半。

④ 参见深圳市朗科科技股份有限公司发布的 2010 年年度报告第 8 页，载 http://www. netac. com. cn/news. asp? typeid=006&page=3，最后访问日期为 2016 年 1 月。

利权所收取的许可使用费还略逊一筹。

如前所述，影响许可使用费的因素有技术因素、经济因素和法律因素，国外许可方之所以在专利实施许可谈判中有那么强的定价权，无不与他们持有的专利权状况有关，面对那些绕不开甚至形成技术标准的核心技术，且产权市场可观、权利又稳定的专利权，被许可方没有太多讨价还价的余地。因此，我国的专利权人作为许可方想要获得专利实施许可定价的主动权，必须先从完善专利技术本身入手，只有提高了专利权的质量，才能在专利实施许可市场上获得理想的收益。

二　专利实施许可域外立法经验借鉴

在"TRIPs 协议"的规范下，专利实施许可在各国的规定都基本趋于一致，都是专利权人将特定的专利技术许可给被许可方使用，被许可方按约定向许可方支付许可使用费。不过仔细研读各国关于专利实施许可的法律规定，还是可以探析出其中的些许差异，这些差异正为深入解读专利实施许可提供了线索。

（一）许可权规制角度比较

许可他人实施专利，几乎已经成为现代专利制度中专利权人的一项普遍权利，"TRIPs 协议"也明确要求各成员国要赋予专利权人许可他人实施专利的权利。[①] 不过各国法律在规定专利权人的这项权利时，所采用的规范角度有所差别，这个细微差别反应出各国对专利权本质认识的差距。

德国、日本、法国和美国的专利法律制度中，都是将许可权作为一项处分权授予专利权人。德国《专利法》第 15 条规定：专利权人有权以独占或非独占方式许可他人实施专利；日本《专利法》第 77 条和第 78 条规定：专利权人有权设定独占实施许可和普通实施许可；法国《知识产权法典》第 L. 613—8 条规定：专利权可以被全部或部分地独占或非独占的许可使用。美国《专利法》第 261 条开宗明义地

---

① "TRIPs 协议"第 28 条规定："专利权专有权人还有权转让或以继承方式转移其专利并订立许可合同。"

规定：专利权是个人财产，与专利权有关的权益可以书面形式转让，也即可以授权他人行使。而我国对许可权的规定角度有所不同，我国法律并不是从赋予专利权人许可权的角度出发，而是从规范被许可方行为的角度出发，强调："任何单位或者个人实施他人专利的，应当与专利权人订立实施许可合同，向专利权人支付专利使用费。"①

虽然无论是从授予专利权人许可权的角度，还是从规范被许可方行为的角度，法律都表达了专利权人得以许可他人实施专利的权利，但我国法律的规范角度却显露出我国专利制度的不尽成熟之处。当然，这与我国专利制度构建时间不长，对专利权的本质认识还有待加强有关。历史上我国还曾经"错误地将它（专利制度）看成是与社会主义不能相容的资本主义货色，"② 即使在承认技术的商品属性、建立专利制度之后，很长时间以来也未正面确认专利权的私权属性，即使我国订立了"TRIPs 协议"，并在配套制度中给予了专利权私权的身份，③ 也未能像美国《专利法》或英国《专利法》那样，④ 明确宣称专利权就是个人财产。因此，在规制许可权的角度方面，我国专利法就未能与其他那些专利制度建立时间较长、发展较为成熟的国家一样，直接授予专利权人许可权，而是从规范被许可方行为的角度间接赋予专利权人许可权。

（二）专利实施许可方式比较

本文前述，按照不同的分类标准，专利实施许可可以被分为不同的类型。其中根据参与专利实施许可法律关系的当事人的情况，可以被分为一般许可和当然许可。一般许可的合同订立方式遵循普通合同的订立规则，而当然许可的合同订立方式则有所不同。当然许可，是指专利权人在专利行政主管部门的公告中做出书面声明，同意任何人在支付一定许可使用费的条件下实施其专利。如英国在其《专利法》第 46 条中规定，在专利被授权后的任何时间，专利权人都可以向专

---

① 参见《专利法》第 12 条。
② 赵元果编著：《中国专利法的孕育与诞生》，知识产权出版社 2003 年版，第 12 页。
③ 如我国《公司法》允许专利权出资、《担保法》和《物权法》允许专利权出质等。
④ 参见美国《专利法》第 261 条、英国《专利法》第 30 条。

利局局长请求登记，同意签发当然许可证；德国《专利法》第 23 条规定，当专利权人在专利局做出书面声明允许他人实施其专利时，专利年费可以减半收取；法国《知识产权法典》第 L.612—10 条规定，只要专利权人未授予任何人独占许可，即可申请发布当然许可证。

在《专利法》的第四次修订草案中已经增加了当然许可的内容，① 希望该新增内容得以顺利通过。

（三）专利实施许可合同形式、内容限制及备案要求比较

1. 专利实施许可合同形式比较

专利实施许可合同是证明许可方和被许可方之间权利义务关系及内容的法律文件，各国对这个法律文件的形式要求各异。法国《知识产权法典》第 L.613—8 条明确要求专利实施许可合同应以书面形式为之，否则将导致合同无效。美国关于规范专利实施许可合同的法律具有双重性：一方面，作为合同，它们受州合同法的原则的支配，合同并不要求一定以书面形式；另一方面，因专利权受联邦成文法的约束，因此专利实施许可合同也需要遵守联邦法确立的特殊规则。② 所以，美国的专利实施许可合同既要遵守各州合同法的一般约束，也要符合美国《专利法》的要求，而美国《专利法》明确要求实施许可合同为书面形式。③ 与美国规定相反，我国《合同法》第 342 条要求包括专利实施许可合同在内的技术转让合同采用书面形式，但我国在 2008 年修订《专利法》时，却删除了原第 12 条要求被许可方"应当与专利权人订立书面实施许可合同"中的"书面"二字，仅要求被许可方与专利权人订立合同。按照特别法优于普通法的原则，我国的专利实施许可合同的形式可以不受书面形式的限制，只是如果当事人在提请备案时，按照《专利实施许可合同备案办法》第 4 条的要求，需要提供书面形式订立实施许可合同。可见，我国关于专利实施许可合同的形式要求，低于美国、法国或日本这些国家，从原来的书面形式

---

① 参见《专利法修订草案（送审稿）》第 82 条、第 83 条、第 84 条。

② ［美］Jay Dratler Jr. 著：《知识产权许可》（上），王春燕等译，清华大学出版社 2003 年版，第 35 页。

③ 参见美国《专利法》第 261 条。

要求放宽至非书面形式合同也认可。

2. 专利实施许可合同的禁止性内容比较

专利权人在许可他人实施专利时，可对被许可方的实施行为附加一定的要求和限制，但这些要求和限制不能突破法律的规范。法律对此方面的规范既为专利实施许可合同中的禁止性内容。

美国、日本和欧盟对专利实施许可合同中禁止性内容的规定较为细致，首先他们将许可合同中的限制条款分类或分级，然后对不同类别的限制性条款给予不同的法律规制。如将许可合同中的限制条款分为白色条款、黑色条款和灰色条款。白色条款是法律允许的正当限制；黑色条款是可能对竞争产生严重影响的条款，如果实施许可合同中写有其中的任何一项，许可方将承担反垄断法的法律责任；灰色条款则是介于白色条款和黑色条款之间，给予当事人自由选择权的限制性条款。① 可见，黑色条款就是专利实施许可合同中的禁止性内容。

我国立法中没有区分许可方设立限制性许可的豁免区间，而是直接通过《合同法》《反垄断法》及相关司法解释明确规定禁止列入实施许可合同中的限制性内容。② 根据《最高人民法院关于审理技术合同纠纷案件适用法律若干问题的解释》第 10 条的规定，我国明确禁止列入专利实施许可合同的内容包括：限制被许可方进行技术开发，或不对等地要求技术回授；限制被许可方从其他来源获得技术；限制被许可方按照合理方式充分实施专利；要求被许可方接受并非实施技术必不可少的附带条件；不合理地限制被许可方购买原材料、零部件等；禁止被许可方对专利权有效性提出异议。

因为各国对限制竞争行为的法律调整手段存在区别，所以目前

---

① 曹新明：《专利许可协议中的有色条款功能研究》，载《法商研究》2007 年第 1 期，第 91—93 页。

② 参见《合同法》第 329 条、《反垄断法》第 13 条、第 18 条、第 27 条；《最高人民法院关于印发全国法院知识产权审判工作会议关于审理技术合同纠纷案件若干问题的纪要的通知》第 11 条；《最高人民法院关于审理技术合同纠纷案件适用法律若干问题的解释》第 10 条。

还未形成获得广泛接受的判断限制性许可是否合法的统一原则。①《联合国国际技术转让行动守则》（以下简称"《守则》"）曾明确列举了若干限制性商业惯例，如单方面回授、对效力不表示异议、独家经营、研制研究、对使用人员的限制、限定价格、限制修改技术、包销或独家代理、附带条件安排、出口限制、共享或互授许可、限制宣传、工业产权期满后的义务以及限制使用合同期满后的使用，等等。② 但该《守则》未能正式生效，上述判断标准不能直接约束各国。目前受到普遍遵守的是"TRIPs 协议"对其成员国提出的与知识产权有关的公平交易规制。根据"TRIPs 协议"第 40 条的规定，各国都应该立法禁止出现在许可合同中的内容至少要包括：排他性返授条件、阻止对许可效力提出质疑的条件和强制性一揽子许可等三项。

3. 专利实施许可合同的备案要求比较

各国关于专利实施许可合同备案规则的要求不太一样。我国《专利法》并未要求所有的专利实施许可合同都必须办理备案或登记的手续，是否备案由实施许可合同当事人自主决定，备案主要有证明许可合同及许可使用费、对抗善意第三人及提高交易安全性的效果。与我国规定类似的是美国《专利法》和法国《知识产权法典》，③ 专利实施许可合同的备案或登记与否均不影响合同本身的效力，主要作用是对抗善意第三人，是典型的对抗主义。而日本《专利法》在此方面的规定较为细致，在进行备案时区分了独占实施许可和普通实施许可，对独占实施许可采用"登记生效"原则，未经登记不发生效力；而对普通实施许可依然采用"登记对抗"进行公示，未经登记不得对抗第三人。④ 实际上，对专利实施许可合同的形式及备案做出严谨要求是有助于提升交易安全的。如前所述，专利实施许可交易的风险较多，

---

① ［美］Jay Dratler Jr.：《知识产权许可》（上），王春燕等译，清华大学出版社 2003 年版，第 396 页。

② 徐红菊：《专利许可法律问题研究》，法律出版社 2007 年版，第 210—211 页。

③ 参见美国《专利法》第 261 条、法国《知识产权法典》第 L. 613—9 条。

④ 参见《日本专利法》第 98 条、第 99 条。

以书面形式记载合同内容能够清晰界定合同约定的权利义务界限，而办理备案手续无疑能够进一步规范合同的形式和内容。在信息网络日渐普及的背景下，通过网络平台办理备案登记的成本也可以得到有效控制。因此，在备案或登记的成本可控，而备案或登记带来的积极效果突出的情况下，要求采用较高的备案或登记要求，是有利于包括专利实施许可在内的专利权交易发展的。

（四）专利实施权的可转移性比较

专利实施权是被许可方基于专利实施许可合同所取得的，在约定时间、范围内按既定方式实施专利的权利。这种权利能为被许可方带来一定范围内的市场垄断效力，也即意味着能为被许可方带来经济收益。这种获得经济收益的机会在有些国家法律明确规定是可以转让的。如英国《专利法》第30条第（4）款就规定："对任何一件专利或申请案均可签发许可证，允许别人实施该专利或申请案的主题发明：（a）如许可证中有这样规定，还可根据此许可证签发分售许可证，而这样的许可证或分售许可证皆可转让或抵押……"英国《专利法》明确规定许可实施权可以转让并宣称"任何这样的许可证或分售许可证皆可通过法律的行为像任何其他个人财产一样授予他人"。日本《专利法》将可转让的专利实施权限定为独占实施权，并且要求与企业一并转让。日本《专利法》第77条第（3）款规定："独占实施权仅与经营一起，并得到专利权人许可、继承或其他概括继承之时，方得转移。"

我国未在《专利法》中明确专利实施权是否可以转让，在实践中转让专利实施权似乎也没有什么法律障碍，但法律没有对专利实施权的可转让性明确表态，就给实践带来很多困扰。如专利实施权是否可以成为质押标的物？《担保法》或《物权法》都规定可以转让的专利权中财产权可以设质，并未排除专利实施权成为质押标的物。专利实施权具有财产权，实践中也可以被转让，理应成为质押标的物，但《专利权质押登记办法》第12条却排除了专利实施权作为质押标的物的可能。又如，《公司法》规定知识产权是可以用货币评估并可以转让的适格出资财产，专利实施权可以评估出货币价值，实践中也可以被转让，但专利实施权能否成为出资入股的资产仍有截然不同的两种意见。可见，我国法律对专利实施权的可转让性予以明确。

三　完善我国专利实施许可制度的建议

从上述专利实施许可的现实分析中可以发现，我国政策对专利实施许可活动的影响非常显著；同时与美、日或欧盟发达国家相比，我国还处于创新水平总体不高、专利实施许可收益率偏低的状况。造成这个现状的原因是多方面的，但对专利实施许可法律制度本身进行检讨，发现还存在若干有待改进的空间。以下结合我国专利实施许可实践及国外的相关经验，提出四点关于完善我国专利实施许可法律制度的建议。

（一）增加专利实施当然许可方式

专利实施当然许可，实质上是专利权人通过在专利局的登记发出要约，潜在被许可方一旦做出承诺专利实施权合同即成立的合同订立方式。这种合同订立方式一方面能够大大降低被许可人申请许可的交易成本，提高了专利技术的转化率；另一方面，专利权人虽然失去了专利实施许可交易的谈判机会，但也获得了更多的交易机会，经济利益同样有保障。而对社会公众而言，专利权实施成本降低就意味着市场可以提供更多物美价廉的新产品或新技术，社会公众也能从中获益。这种既可以降低交易成本，又能兼顾专利权人、被许可方以及社会公众三方利益平衡的许可方式，应该被引入到我国的专利制度中。因此，我国应该借鉴其他国家成熟的立法和实践经验，在专利制度中增加专利实施当然许可方式，这对于实现我国《专利法》的宗旨和国家知识产权战略目标都有促进作用。

在我国专利实施当然许可方式规范设计、构建过程中，有两个方面的细节需要注意：一方面是对许可声明的形式和内容务必做出规范的指引，以确保许可声明对许可方和被许可方的约束力，弥补这种合同订立方式因缺乏谈判而可能会产生的缺失。另一方面是要给予专利权人明确的鼓励政策优惠，如英国《专利法》就规定，专利权人签发当然许可证后，专利年费为签发当然许可证前的一半。[①] 我国也应该协调各方面的政策采取专利年费的优惠、收取许可使用费后的相关税收优惠等政策，以促成专利实施当然许可方式的实现。

（二）赋予专利实施权明确的可转让性

专利实施权人在支付了实施许可合同约定的许可使用费后即可分享由专利权带来的垄断利益，这种利益虽不能直接与财产权画上等号，但却有明确的财产权属性，适合于流通转让。首先，专利实施权的外延和内涵可以得到清晰的界定，特别是经过备案的专利实施许可合同还因恰当的公示获得相当的证明力，被许可方所持有的专利实施权的范围是明确的；其次，因专利实施权而带来经济利益可通过一定的方法评估出确定的价值；最后，专利实施权并不包含任何人格属性的权利，无须与特定主体的身份绑定。因此，赋予专利实施权可转让性具有可行性。

实际上，在实践中专利实施权已经被当做一项资产处理了。如前所述，被许可方所支付的许可使用费在其会计账簿中被列为资产类的长期待摊费用，如果持有专利实施权的企业被并购，该专利实施权就将作为资产随被并购企业一起转移。虽然法律没有明确肯定，但至少企业财务会计实践中已经给予专利实施许可权以可转让的属性。因此，我国专利制度应借鉴英国、日本等国家的立法经验，结合实践的需要，赋予专利实施权明确的可转让性。

（三）完善专利实施许可合同备案管理制度

如前所述，我国对专利实施许可采用"登记对抗"原则进行公示，专利实施许可合同的备案并非是强制性的，是否备案由合同当事人自主决定，备案对合同当事人的主要作用是对抗善意第三人、证明许可合同及许可使用费及提高交易安全性。实际上，专利实施许可合同备案还有其他积极的社会效应，例如，备案行为可以促进专利实施许可信息公开，有利于构建健康的专利权交易市场；备案能够为行政监管提供有效的信息，为科技政策的制定准备充足的分析数据。鉴于

---

① 参见英国《专利法》第 46 条第 1 款第（d）项。

许可合同备案工作的积极影响，我国还可以从以下两个方面入手加强许可合同备案工作。

1. 对专利独占实施许可采用登记生效原则进行管理

独占实施许可权有强于排他实施许可权及普通实施许可权的显著财产权特性，在一定意义上可以成为独立的财产权。而专利权本身固有的无形性让独占实施许可权需要借助特殊的公示手段才能表现出来，备案或登记就是这样一种适合于独占实施许可权的公示手段。如仍按登记对抗原则仅要求独占实施许可合同备案，则不利于独占实施许可权的权利稳定。因此，法律应该要求所有的独占实施许可都要办理登记手续，并以登记作为独占专利实施权成立的条件，这才能规范地确立独占实施许可权的财产权效力。

对独占实施许可权的登记生效要求，国外也有立法例可供借鉴。日本《专利法》第 98 条就规定：独占实施权的设定、移转（依继承及其他概括继承进行移转者除外）、变更、消灭（依混同或者专利权的消灭而消灭者除外）或者处罚的限制，未经登记不发生效力。实际上，要求所有的独占实施许可必须办理登记手续也具有现实可以操作性。目前专利实施许可合同备案主要是通过邮寄和直接送交两种方式，但随着信息网络运用的进一步发展，通过互联网完成各种备案或登记工作，不仅具有可行性，而且是大势所趋。可见，即使要求独占实施许可权以登记为生效要件，也不会增加太多的交易成本。

2. 完善专利实施许可合同备案信息公开工作

法律虽不强制要求所有的专利实施许可合同办理备案手续，但凡主动办理合同备案的当事人，都是希望通过备案这种公示手段，寻求合同约定的权利义务的稳定性。专利实施许可合同备案除了满足合同当事人的这种诉求之外，更为重要的一个效应是提高了整个专利实施许可市场的信息透明度，有助于降低交易成本，减少不必要的交易摩擦。因此，完善的专利实施许可合同备案信息公开，对健康的专利实施许可市场而言是非常必要的。

根据我国《专利实施许可合同备案办法》第 14 条规定，专利实施许可合同备案的有关内容将由国家知识产权局在专利登记簿上登记，并在专利公报上公告以下内容：许可人、被许可人、主分类号、专利号、申请日、授权公告日、实施许可的种类和期限、备案日期。专利实施许可合同备案后变更、注销以及撤销的，国家知识产权局也将予以相应登记和公告。尽管《专利实施许可合同备案办法》已经罗列了若干公开信息，但尚未能达到市场信息透明公开的程度。如许可实施的具体方式未列入公开信息范围，而制造、使用、销售、许诺销售或进口许可之间的差异是很大的。因此，在国家知识产权局公开的信息里，还应该增加"实施方式"一项。法律并不限制许可方将制造、使用、销售、许诺销售或进口等这些不同的实施方式分拆开分别许可不同的被许可方，而这些不同实施方式带给被许可方的市场垄断特权是完全不同的，因此，有必要将许可方所许可的实施方式也加以公布，才能确保竞争者或消费者的知情权，实现公平竞争及社会公众利益维护。

此外，国家知识产权局在接受备案申请后，应在多长时间内将备案信息公开，也无明确规定，这也不利于备案信息的及时更新。因此，还有必要从程序方面进一步完善专利实施许可合同备案信息的公开工作，以便为专利实施许可市场的健康发展服务。

（四）完善许可方专利权瑕疵担保责任的规定

我国《专利法》第47条规定，当专利权被宣告无效后，对在宣告无效前已经履行的专利实施许可合同不具有追溯力。但是因专利权人的恶意给他人造成的损失，应当给予赔偿。此外，如果不返还或补偿专利侵权赔偿金、专利使用费、专利权转让费，明显违反公平原则的，许可方应当全部或者部分返还。这实际上就在一定程度上免除了许可方对专利权的瑕疵担保责任，除非是存在恶意或显失公平的情况，否则许可方已经收到的许可使用费不用返还给被许可方。许可方对专利权瑕疵担保责任的豁免是专利权交易与其他类型财产交易的重要区别。按一般的买卖合同规则，转让方应保证交易标的符合约定的质量要求，如因交易标的不符合质量要求，致使合同目的不能实现时，受让方可以拒绝接受交易标的或解除合同，且由此产生的风险由转让方承担。① 在专利实施许可交易中，专利权被宣告无效就意味着许可方提供的专利不符合质量要求，直接导致合同目的落空。但被许可方却不能如其他合同的当事人那样，要求恢复原状、采取其他补救措施、并有权要求赔偿损失。尽管可以不再支付许可使用费，但也不能主张要回已经支付的许可使用费，除非许可方出于恶意给被许可方造成损失，才能要求赔偿；又除非许可方不返回已经收到的许可使用费明显违反公平原则，才全部或部分返还。

《专利法》第47条免除许可方的瑕疵担保责任，许可方只需在存在恶意的情况下承担对被许可方的赔偿责任，但该法却没有明确对许可方是否存在恶意的举证责任。即法律没有明确到底是由许可方举证自己没有恶意即可免责，还是在被许可方无法证明许可方有恶意才能免责。这两种不同的举证责任分配方式给许可方和被许可方带来的风险不一样。如果由许可方举证的话，只需证明自己在做出专利实施许可时确信自己的专利权是无瑕疵的，即证明自己的善意即可；但如果是被许可方举证的话，就需要证明许可方已经知晓专利权的瑕疵，并且故意有所隐瞒。这对被许可方而言，举证责任明显过大，他很难证明许可方在做出许可时的心理状态。对此，有学者就提出，将该举证责任明确为界定为由许可方自证自己的善意更为合理，即"只要许可人不能证明其专利权的取得为善意，便推定其对专利权的无效具有恶意，应承担瑕疵担保责任。"② 因此，可将《专利法》第47条第二款修改为："宣告专利权无效的决定，对在宣告专利权无效前人民法院作出并已执行的专利侵权的判决、调解书，已经履行或者强制执行的专利侵权纠纷处理决定，以及已经履行的专利实施许可合同和专利权转让合同，不具有追溯力。但是专利权人无法证明自己对他人造成的损失不存在恶意的，应当给予赔偿。"

---

① 参见《合同法》第148条。

② 蒋逊明、朱雪忠：《中国专利实施许可制度存在的问题及对策》，载《科研管理》2009年第5期；第51页。

第四章

专利权和专利申请权转让

第一节　专利权和专利申请权转让概述

一　专利权和专利申请权转让的概念

（一）专利权转让

如前所述，作为财产权之一的专利权有明确的可交易性，具备成为交易对象的根本条件和客观条件，可以作为转让的标的。概括而言，专利权转让，是指专利权人将专利权按市场交易规则让与受让方，受让方支付对价以换取专利权的交易活动。这与其他有形或无形财产的所有权交易关系一样，让与人获得交易对价，失去专利权的所有权；受让方支付交易对价后获得专利权的所有权，成为专利权人，独占地享有专利权带来的一切垄断利益。

在专利权交易类型中，与专利权转让相类似的是专利独占实施许可。如果专利独占实施许可关系中的被许可方获得实施许可期限是专利权的全部剩余年限，而且实施方式是包括制造、使用、销售、许诺销售和进口在内的全部实施方式，那么该被许可方可享受的专利权垄断利益范围似乎与专利权转让交易中受让方可享受的利益范围一致，但实际上，独占实施许可的被许可方获得的权利性质与专利权转让的受让方获得的权利性质却完全不同。

首先，受让方享有的是专利权的所有权，有权行使作为所有权人享有的一切权能，可以自己实施、禁止或许可他人实施、转让、放弃，等等。而独占实施许可的被许可方取得的只是专利实施权，虽然能够排除包括专利权人在内的其他人实施专利，专利权受到侵害时也可以独自提起侵权赔偿之诉，但却不能随意让渡自己的实施权，是否可以许可他人实施专利技术也取决于与专利权人在许可合同中的约定。由此可见，受让方享有的权能范围远大于独占被许可方享有的范围。

其次，受让方取得的专利权可以直接作为其财产构成内容之一，是受让方的有效资产，可以自由地进行质押、投资，在其民事权利主体身份终止时，专利权当然地被纳入继承或清算财产范围。而独占实施许可的被许可方所取得的专利实施权，尽管在实践中可能已经被当成一项资产处理了，如被许可方所支付的许可使用费在其会计账簿中被列为资产类的长期待摊费用，但这些处理方式并未得到法律的正面确认。而且在独占被许可方申请破产清算时，专利实施权也是有条件地被列入清算财产范围，① 独占实施权的财产独立性尚存争议。

最后，取得专利权的目的与取得专利实施权的目的不尽相同。专利权转让交易的标的是国家授予的垄断性特权，转让方向受让方转移的是法定利益，而非技术方案。虽然在专利权转让和合同内容里可能也会涉及技术资料移交、技术培训等与技术转移相关的内容，但受让方的目的绝不仅仅是掌握技术，控制技术所有权才是受让方的目的。这是专利权转让专利实施许可的区别之一。专利实施许可的被许可方订立合同的目的主要是为了实施专利技术，因此特别强调技术转移，而专利权转让的受让方除了获得实施权外，常常还出于技术储备、垄断竞争市场或避免侵权等多种原因订立合同，只要取得专利垄断特权就能达成受让方的签约目的。与此同时，转让方的交易目的也不是促进专利转化，其根本目的是将其垄断特权置换为现金或其他可兑换的利益。为了尽快达成这一目的，转让方一般在专利权转让合同中约定一个确定数额的转让费，并不与专利实施的效果建立关联，也不承担

---

① 国内学者蒋逊明、朱雪忠认为：被许可方破产时，如果被许可方选择继续履行合同，那么被许可人依据该合同所享有的剩余年限的专利许可实施权才能被视为破产财产。参见蒋逊明、朱雪忠：《被许可人破产时专利实施许可合同的处理探析》，载《知识产权》2006 年第 5 期，第 75 页。

专利实施的风险。可见，转让方订立转让合同的目的也不在于向受让方转移技术，专利权转让的交易标的不是技术，而是对技术的控制权。

实际上，在认知层面上的专利技术转移也不需要通过专利权交易活动来完成。《专利法》要求，申请专利时所提交的说明书需要对技术方案作出清楚、完整的说明，并以所属技术领域的技术人员能够实现为准。这就使得专利技术方案在专利申请被公开时就已经被充分公布了，所属技术领域的技术人员能够轻易按照已经被公布的资料获知专利技术，这就实现了认知层面的技术转移。当然，获知专利技术并不等于就可以通过专利获得利益，要想以实施、许可或其他方式运用专利获得收益，关键还必须得取得对专利技术的控制权。综上，专利权转让的标的不是技术方案，而是对技术的控制权。

（二）专利申请权转让

专利申请权，是指发明人、设计人或其他有权提出专利申请的主体，在取得国家知识产权局下达的专利申请受理通知书后，并在获得专利授权之前这段时间内，获得专利授权的机会或资格。专利申请权基于申请人的申请行为以及国家知识产权局的受理行为而产生，是由法律行为产生的权利。但这项权利不是典型意义上的民事权利，其蕴含的利益主要体现为享有未来专利权的机会，因此，可以说专利申请权实质上是以期待权为特质表现出来的一种民事权利。[①] 专利申请权的利益是获得未来专利权授权的机会，而这个机会不体现人格属性，即使从一个民事主体流转向另一个民事主体，也不会影响国家知识产权局是否做出专利授权的判断。因此，这项既具有利益性又无人格属性的民事权利，就应该具有可交易性，可以成为转让交易活动的标的，所以，专利申请权可以转让。

---

① 一般认为期待权（expectant right）是一种附条件的权利，该权利取决于现有条件继续存在直到将来特定事件的发生才可确认其效力。国内学者申卫星将期待权的构成要件归纳为：对未来取得某种完整权利的期待、已经具备取得权利的部分要件、是一种受法律保护的地位三项。参见申卫星《期待权研究导论》，载《清华法学》2002 年第 1 期，第169—171 页。

专利申请权转让，是指专利申请人将专利申请的资格按市场交易规则让渡给交易对方，受让方支付交易对价后获得专利申请人身份的交易活动。这里论及的专利申请权仅指从申请人获得专利申请受理通知书之日起，至专利申请被授权、被驳回或者被撤回之日这个期间内的权利，并不包括在申请日之前提起专利申请的权利。

提起专利申请的权利，也可称之为申请专利的权利，具体是指发明人、设计人或职务发明的单位在发明创造完成后，向国家知识产权局申请专利的权利。虽然"申请专利的权利"也被冠以"权利"二字，但此权利却不是一般意义上的民事权利。首先，申请专利的权利并不具备民事权利的构成要件。民事权利的构成要素一般要包括：主体的意愿、取得权利的行为、所体现的利益以及法律的承认与保护四项。[1] 申请专利的权利诞生于发明创造完成之日，由发明创造这个事实行为引起的，并不受完成发明创造主体的意志左右；其次，申请专利的权利并没有确定的利益，该权利实际上是一种选择申请专利或者不申请专利的自由，这个自由并不会给权利主体带来什么利益内容。除非他提起了专利申请，而这时就可能构成专利申请权。最后，法律并未对申请专利的权利予以保障，法律保护的是与发明创造成果相关的技术秘密。因此，申请专利的权利并不能转让，能转让的只能是某项技术秘密。

二　专利权和专利申请权转让的法律特点

（一）转让行为的要式性

专利权和专利申请权都具有突出的无形性，在转让交易时无法如有形财产交易那样交割具体的实物，而且交易条件及交易关系中的权利义务内容也较普通商品交易更为复杂。因此，法律对专利权和专利申请权转让的形式提出了较为严谨的要求，不仅《合同法》规定："技术转让合同应当采用书面形式。"而且《专利法》也规定："转让专利申请权或者专利权的，当事人应当订立书面合同，并向国务院专

---

[1]　申卫星：《期待权研究导论》，载《清华法学》2002 年第 1 期，第 168 页。

利行政部门登记,由国务院专利行政部门予以公告。专利申请权或者专利权的转让自登记之日起生效。"① 这就表明法律既要求专利权转让要以书面合同的形式表现,又要求转让行为以登记为生效要件。登记意味着国家公权力对专利权和专利申请权转让这些民事活动的管理和干预,从表面上看,登记将增加专利权和专利申请权转让的交易成本、降低民事活动的效益,但这种登记活动对专利权交易活动的积极意义是很突出的,实际上甚至可以认为是必需的,具体原因包括:

1. 促进交易安全

专利权固有的无形性使专利权交易活动不得不面临诸多风险,如果这些交易风险无法得到有效管控,专利权交易活动就无从顺利开展。当法律规定专利权和专利申请权转让必须经国家知识产权局登记才能生效时,国家知识产权局必然会对专利权或专利申请权的有效性、转让方的身份等信息审核后才会予以登记,这在一定程度上就管控住了专利权交易活动中的风险,增加了交易的安全性。

2. 明晰交易标的的风险转移界限

但凡交易都需要明确交易标的的风险转移界限,以区分交易过程中的风险负担,"所谓风险负担,是指合同因不可归责于双方当事人的原因致使不能履行时,该损失由谁负担。"② 根据《合同法》第 142 条的规定,在买卖合同中,除非法律另有规定或者当事人另有约定,交易标的物毁损、灭失的风险,在标的物交付之前由出卖人承担,交付之后由买受人承担。专利权和专利申请权虽然不是物质性的交易标的,但如同物质性交易标的的毁损、灭失一样,也会因特定原因发生权利丧失的后果,给当事人造成损失。引起专利权失效的原因包括专利权人不缴纳专利年费、申明放弃以及被国家知识产权局宣告无效等几类;引起专利申请权失效的原因包括:专利申请人主动撤回申请或被

---

① 参见《合同法》第 342 条、《专利法》第 10 条。

② 王利明、崔建远:《合同法新论·总则》,中国政法大学出版社 2000 年版,第 365 页。

视为撤回申请、① 专利申请被驳回等几种情况。因此，专利权和专利申请权转让也需要界定交易标的的风险转移界限。转让方在国家知识产权局对转让事宜进行公告之前，负责维持专利的有效性，在这一期间，承担缴纳年费、支付实质审查请求费、对专利无效申请进行答辩等责任；在转让公告之后，则由受让方负责维持专利的有效性，缴纳专利年费、应对行政撤销或无效请求的答辩等事宜。

可见，登记和公告是划分转让方和受让方对专利权或专利申请权有效性风险转移的界限，在登记、公告之前，专利权或专利申请权有效性的风险由转让方承担；在登记、公告之后，风险由受让方承担。

3. 实现国家对市场垄断特权的管控

专利权是国家对权利人授予的对某项专利技术可禁止他人实施的特权，专利申请权是国家授予符合条件的申请人排他地获得专利权的资格，这两项权利都是由国家授予的，既有垄断性也有合法性。一般而言，尤其是在专利申请规则中适用"先申请"原则的国家，国家在授予专利权或下发专利受理通知书时，不对专利权人或申请人的身份进行审查，即不审核权利主体的身份是否适格，但国家必然需要保留专利权人或申请人的个人信息档案。具体原因包括两方面：首先，既然专利权和专利申请权是合法的特权，那么作为授权人的国家必然对持有人的行为会有一定的监管，甚至对持有人附加一定的义务，如强制许可、国家征用等，因此，国家需要掌握包括权利流向情况在内的专利权人及专利申请权人的具体详细信息。其次，有些专利技术会涉及国防利益或国防利益以外的国家安全或者其他重大利益，国家特别需要掌握此类专利的权利人及专利权流向等情况。

国家一方面需要及时掌握专利权人和专利申请权人的具体情况，另一方面对专利权这样的民事权利，国家又不宜对其日常状况做太多

① 根据《专利法》第35条、第36条、第37条之规定，当申请人无正当理由逾期不请求实质审查的、对在外国提出过的申请逾期不提交外国检索的资料或者审查结果的资料、逾期不陈述意见或修改申请的，都视为申请被撤回。

干涉。如以年检或年报的方式要求报告权利人的情况不仅难以保证及时性，而且管理成本过高。因此，法律仅要求当权利人发生变动时必须进行登记，既可以实现国家对权利人的管理，又具有时效性，而且操作成本不高。可见，登记可以成为国家对所授予的垄断特权进行管理的有效手段。

（二）转让标的不可分割性

专利权的转让标的是一个权利束，集合了实施权、许可权、质押权、投资权等多项权利，实施权中又包含制造、使用、销售、许诺销售及进口等多项权利，这些权利在以转让的方式进行交易时是不能被拆分的，转让方既不能将这些权利分售多人，也不能只转让一部分权利而保留其余权利，必须一次性完整地将权利转让给受让方。这是因为转让这种交易行为处置的是专利权所有权，所有权就包含了财产中的一切内容，缺失其中任何一部分，都不是完整意义上的所有权。因此专利权转让的标的具有不可分割性。具体而言就是，当专利权被转让时，转让方必须将专利实施许可权、实施权、投资权、质押权等一并让渡给受让方；当专利申请权被转让时，转让方必须将获得专利授权的机会、修改专利申请文件的权利、放弃专利申请的权利等一并让渡给受让方。

这与专利实施许可、投资或质押这几种交易方式都不一样，在这些交易活动中，专利权人有权将完整的专利权分拆开，分别交易。如，专利权人可以在保留实施权的情况下，将专利权用于质押融资，这实际上就是同时行使了实施权和质押权。而在以转让方式进行交易时，就必须将完整的专利权一次性让渡给受让方，专利权人不得分拆或保留。这是因为，转让处置的是专利权的所有权，只有集合每一项权利时，才构成所有权。其他交易方式处置的只是专利权的部分权能，当这些权利内容未发生冲突时，甚至可以分别处置。

当然，在以转让方式交易时专利权的权利内容虽不可分割，但享有权利的主体却是可以化整为零的，即转让方可以分割出一部分专利权的份额，实现与其他人共同享专利权。

第二节　专利权和专利申请权转让的合同分析

一　专利权和专利申请权转让合同的订立

（一）合同的主要内容

1. 专利权转让合同的主要内容

专利权转让的权利义务关系与其他有形商品转让的权利义务关系类似，都是一方让渡交易标的的所有权，另一方支付对价，都需要满足《合同法》第12条的一般规定以及《合同法》第324条对技术合同内容的规定。同时，基于专利权自身的特点，专利权转让合同在对交易标的的瑕疵担保、交易标的的交割等方面也有特殊约定。概括而言，专利权转让合同的主要内容一般包括：专利权的基本信息（包括专利权的名称、专利号、申请日等）、转让方应移交的技术资料（包括说明书、权利要求书、附图、摘要及摘要附图、请求书、意见陈述书以及著录事项变更、权利丧失后恢复权利的审批决定，代理委托书等，若申请的是PCT，还要包括所有PCT申请文件；中国专利局下发的所有文件，包括受理通知书，中间文件，授权决定，专利证书及副本，以及中国专利局出具的专利权有效的证明文件，即最近一次专利年费缴费凭证或专利局的专利登记簿；在专利权撤销或无效请求中，中国专利局或专利复审委员会或人民法院做出的维持专利权有效的决定等）以及移交的时间、地方和方式、专利实施和实施许可的情况及处置办法、转让费及支付方式、专利权被撤销和被宣告无效的处理、专利权转移的登记手续办理责任、违约及索赔、不可抗力、税费、争议解决方案等。

2. 专利申请权转让合同的主要内容

专利申请权转让合同也需要满足《合同法》的一般规定及对技术合同内容的规定，结合专利申请权转让活动的特点，专利申请权转让合同的主要内容一般包括：专利申请的基本信息（包括专利申请名称、专利申请号、申请日、公开日等）、转让方应移交的技术资料（包括说明书、权利要求书、附图、摘要及摘要附图、请求书、意见陈述书以及著录事项变更、权利丧失后恢复权利的审批决定，代理委托书等。若申请的是 PCT，还要包括所有 PCT 申请文件，即中国专利局下发的受理通知书、中间文件等，以及中国专利局出具的专利申请权有效的证明文件，即最近一次专利申请维持费缴费凭证或专利局的专利法律状况登记簿）以及移交的时间、地方和方式、专利申请的实施和实施许可的情况及处置办法、转让费及支付方式、优先权的处理办法（本国优先权必须一并转让，转让时提供有关优先权的证明文件；国外优先权可以选择转让或不转让，如选择转让则与专利申请权转让同时生效）、专利申请被驳回时的责任、[①] 专利申请权转移的登记手续办理责任、违约及索赔、不可抗力、税费、争议解决方案等。如被转让的专利申请权还尚未被公开时，"当事人应当订立更为严格的保密条款，将申请中的专利技术严格保密起来"。[②]

（二）转让费的确定

转让费事关转让交易双方的切身利益，与其他商品的交易关系一样，转让方和受让方对交易费有不同的期待：转让方希望交易价格尽可能地高，而受让方则希望尽可能地压低交易价格。他们对转让费的不同期待最终还会按照市场规则统一到一个实际的交易价格上。

专利权转让所转移的是专利权的所有权，因此，转让费应该就是专有权的全部资产价值。如前所述，专利权和专利实施权作为专利资产权益可以运用收益法、市场法或成本法等资产评估方法评估出一个价值结论，只是这个评估结论与确定专利实施许可使用费时的作用一样，往往只作为专利权转让交易谈判双方的参考依据，具体的转让费还是合同双方通过谈判得出的结果。这个结果除了受合同双方谈判地

---

① 如因出让方不是专利申请的合法申请人或侵害他人专利权或专利申请权而导致专利申请被专利局驳回的，出让方应返还全部转让费并承担违约责任；如因出让方未充分公开专利申请请求保护的申请主题而导致专利申请被专利局驳回，转让方返还全部或部分转让费；如因其他情况专利申请被驳回的，转让方不返还转让费。

② 来小鹏主编：《专利合同理论与实务研究》，法律出版社 2007 年版，第 155 页。

位和谈判能力的影响外，还与专利技术性能、相关技术领域经济环境以及专利权法律状态有关。专利申请权的财产价值虽然与专利权的价值不同，但也受制于技术、经济和法律状况等因素的影响，尽管也可以参考专利权的价值评估方法对专利申请权评估出一个价值，但这个评估结论同样也只能作为确定专利申请权转让费的参考，具体的转让费也是由合同双方协商确定的，并无统一的规则可适用。影响专利申请权转让费的因素一般包括：获得专利授权的前景、专利权的市场前景、专利权的稳定性、专利技术的先进性等几项。

因专利权转让和专利申请权在转让时所体现出来的不可拆分性，转让方在专利权或专利申请权发生转移后就失去所有权，不再享有专利权或专利申请权的任何利益，不得对受让方的权利做任何限制或保留，也不再承担与专利权或专利申请权相关的任何风险或成本；同时受让方获得的专利权或专利申请权也无须与其他人分享，可以完全独自享有由专利权或专利申请权带来的垄断利益。因此，交易双方在转让费谈判时协商确定的转让费数额一般是一个具体而明确的数额。

（三）转让费的支付方式

当转让费被确定后，转让费的支付方式就成为交易双方的关注焦点所在。

如前所述，专利实施许可使用费的支付方式包括一次总付、提成支付、入门费加提成等三种方式。但转让费一般是在转让合同中就被确定的一个具体而明确的金额，与受让方获得专利权或专利申请权后的收益无关，转让方既不分担专利权或专利申请权经营的风险，也无权分享由专利权或专利申请权带来的其他的利益。因此，专利权或专利申请权的转让费支付方式一般都是一次总付。当然，一次总付并不要求受让方必须一次性将全部转让费支付给转让方，实际上，交易双方也可以约定分期多次支付，以缓解受让方的资金压力。所以，转让费的支付就有一次性全额支付和分期多次支付两种支付方式。

一次性支付全部转让费可以使转让方及时收回其研发投入或弥补其利益损失，尽可能充分地实现转让方的利益。因而从转让方的角度看，必然倾向于一次性收到转让费的全款。但如果一次性支付全部转让费的要求给受让方造成太大压力的话，必然也会降低受让方的交易意愿，所以转让方常常也接受分期多次支付转让费的方式。分期多次支付转让费使得转让方需要面对这么几个问题：首先，转让方要承担分期多次支付的履约成本，这至少就包括督促受让方按约支付转让费，以及防止受让方违约或及时纠正其违约行为的支出。其次，转让方还将面临专利权在转让后被宣告无效时无法收取未支付的转让费的风险。如果专利权被宣告无效，专利权转让合同就失效了，转让方也就失去了继续收取转让费的依据。① 而转让方又无法阻止包括受让方在内的任何人对专利权提出无效审查请求。可见，分期多次支付无法如一次性全部支付那样充分实现转让方的利益。

二　专利权和专利申请权转让合同主体及其权利和义务

（一）转让方及其主要权利和义务

1. 转让方的主体资格

专利权转让关系中的转让方，是指拥有专利权，并在国家知识产权局的专利登记簿上被记载为专利权人的主体；专利申请权转让关系中的转让方，是指向国家知识产权局提交了专利申请并获得受理通知书的主体。两类转让方的主体资格一般都需要以国家知识产权局的确认为依据，只有在法律上及事实上成为专利权人或专利申请权人时，才可以成为专利权转让或专利申请权转让的转让方（如无特别说明，下文所提及的"转让方"概指专利权转让的转让方和专利申请权转让的转让方）。

关于转让方的资格确认有两种特殊情况需要注意，一是当专利权或专利申请权由多人共有时，转让方包括全体共有人，转让决议须经全体共有人的一致同意。专利权或专利申请权的共有人身份确认一般也以国家知识产权局的记载为准。但如发生继承等情况时，还会出现事实上的共有权人，在这种情形下，专利权转让或专利申请权转让也

---

① 根据《专利法》第47条的规定，宣告无效的专利权视为自始即不存在，但宣告专利权无效的决定对宣告前已经履行的专利权转让合同不具有追溯力。可见，对尚未履行完毕的专利权转让合同而言，专利权无效宣告将影响转让合同的效力。

必须取得全体共有权人的一致同意。另一个特殊情况是，如果专利权人以技术入股的方式与他人订立联营合同，但该专利权人不参与联营体的经营管理并且以保底条款约定收益的，该入股关系被认定为技术转让合同关系，因此，该专利权人实际上是专利权转让的转让方，而非专利权入股的股东。①

2. 转让方的主要权利

转让方的主要权利是收取转让费。如前所述，转让费可以一次性全额收取，也可以分期多次收取。当受让方未按约定的数额或时限支付转让费时，转让方还可以依据合同的约定要求受让方支付违约金。

3. 转让方的主要义务

首先，转让方需要确保自己对所转让的专利权或专利申请权的处置权，保证自己的专利权人身份或专利申请权人身份在订立专利权转让合同或专利申请权转让合同时无瑕疵。其次，转让方须保证所提供的技术完整、无误、有效，能够达到转让约定的目标，这是通常商品转让交易合同的转让方对转让标的必须承担的瑕疵担保义务。尽管《专利法》对专利权人承担转让标的的瑕疵担保义务在一定程度上做出了豁免，②但转让方在订立专利权转让合同时必须确保所转让的专利权没有被宣告无效，也不存在欠缴专利年费或声明放弃等会导致专利权终止的情况。专利申请权的转让方需要确保已经取得了专利申请受理通知书，并且没有做任何撤回行为。再次，转让方应该本着诚信原则披露自己实施专利的情况以及许可他人实施专利的情况。如果转让方还将继续实施专利，需取得受让方的同意；如果转让方已经许可他人实施专利的，需要将专利实施许可合同尚未履行完的权利义务移交给受让方，同时通知被许可方合同转移的情况。最后，转让方必须积极配合办理专利权或专利申请权的转移登记手续。专利权和专利申请权转让都是以登记为生效件的要式法律行为，转让合同生效并不

---

① 参见《最高人民法院关于审理技术合同纠纷案件适用法律若干问题的解释》第22条。

② 根据《专利法》第47条的规定，专利权被宣告无效时，对已经履行的专利权转让合同不具有追溯力。

意味着专利权或专利申请权就发生了转移，必须在国家知识产权局完成登记手续，专利权或专利申请权才发生转移。因此，转让方必须按照合同的约定积极配合受让方完成登记手续，才能确保合同目的的实现。

（二）受让方及其主要权利和义务

专利权和专利申请权转让关系中的受让方，是指与转让方订立转让合同，支付交易对价，取得专利权或专利申请权的主体。只要具备订立一般订立民事合同能力的主体，即具备完全民事行为能力者，都可以成为专利权转让或专利申请权转让的受让方，法律并不要求受让方具备特定资格。但外国人、外国企业或者其他组织拟受让我国专利权人或专利申请权人所转让的专利权或专利申请权的，需要办理有关的手续。

1. 受让方的主要权利

首先，受让方按约获得专利权或专利申请权，经国家知识产权局的登记后成为专利权人或专利申请权人，可以独自享有专利权或专利申请权带来的一切权益。其次，如果转让方在转让专利权之前许可其他人实施专利，受让方在成为专利权人后继受专利实施许可合同中的权利义务，收取专利许可使用费。

2. 受让方的主要义务

受让方的主要义务是按约支付转让费，如果合同约定一次性支付，受让方就必须在约定的时点一次性足额支付转让费；如果合同约定分期支付，受让方就应该按约定的时点和约定的支付比例，分期向转让方支付转让费。如果转让方所转让的专利权或专利申请权中包括尚未公开的技术秘密，受让方还必须按照约定的范围和期限承担保密责任。

三　专利权和专利申请权转让合同订立和履行过程法律风险及其防范

专利权转让合同和专利申请权转让合同在订立、履行过程中有诸多相似的情况，转让方和受让方面临的法律风险也类似。下面以长沙市中级人民法院判决的冯玉柱与湖南崇德工业科技有限公司专利权转让合同纠纷一案为例，① 对专利权转让合同订立、履行过程中的各种风险及可能出现的违约行为进行梳理，并提出相关防范措施。

（一）案情简介

原告冯玉柱是"齿形轴封"实用新型专利（专利号 ZL03201189.X）和"旋转轴油封"实用新型专利（专利号 ZL200520020540.2）的专利权人。2007 年 5 月 8 日冯玉柱与被告湖南崇德工业科技有限公司（以下简称为"崇德公司"）订立合同，将上述两项专利权转让给崇德公司。双方约定，转让费 10 万元，如一方违约应赔偿另一方因此发生的损失，还须赔偿违约金 100 万元，同时终止合同。2007 年 6 月 3 日，冯玉柱与崇德公司又订立一份对上述转让合同的补充协议，约定崇德公司再一次性支付 8 万元转让费给冯玉柱，且如果崇德公司实施所受让的专利，还须按其产品销售价值的一定比例向冯玉柱支付报酬。同时，冯玉柱应将对上述专利的后续改进技术以崇德公司的名义申请专利权。2007 年 6 月 14 日，崇德公司获得了"旋转轴油封"的发明专利申请（申请号为：200710035127.7）和实用新型专利申请（申请号为：200720063525.5）的受理通知书，上述两项专利申请的发明人为冯玉柱。2007 年 6 月 19 日崇德公司向冯玉柱支付了转让费 10 万元。2007 年 9 月 28 日、10 月 26 日，冯玉柱将齿形轴封（专利号 ZL03201189.X）和旋转轴油封（专利号 ZL200520020540.2）两项专利权变更登记至崇德公司名下。但因崇德公司未按时缴纳专利年费，2009 年 3 月 11 日和 2009 年 5 月 27 日，导致 ZL03201189.X 号和 L200520020540.2 号两项实用新型专利权分别于 2009 年 3 月 11 日和 2009 年 5 月 27 日被终止。之后崇德公司一直未向冯玉柱支付过任何费用，冯玉柱因此将崇德公司起诉至法院，请求法院判令解除其与崇德公司之间的合同；将 200720063525.5 号实用新型专利和 200710035127.7 号发明专利申请的权利人变更为冯玉柱；崇德公司

---

① 案例来源是中国知识产权裁判文书网，"（2009）长中民三初字第 0135 号"，载 http：//ipr. chinacourt. org/public/detail_ sfws. php？ id = 45855，最后访问日期为 2016 年 1 月。

向冯玉柱支付所拖欠的转让费 8 万元以及后续收益 28.8 万元、违约金 100 万元、ZL200520020540.2 号专利权失效损失赔偿金 400 万元以及冯玉柱为维权支付的合理费用 20 万元，共计 556.8 万元。

　　法院受理案件后，案外人湖南龙驰机械制造有限公司对涉案ZL03201189.X 和 ZL200520020540.2 这两项实用新型专利提出了无效宣告请求。2010 年 3 月 10 日和 11 日，国家知识产权局专利复审委审理后，宣告 ZL03201189.X 号实用新型专利全部无效、ZL200520020540.2 号实用新型专利有效。

　　崇德公司在审理中辩称，ZL03201189.X 号实用新型专利权已经被专利复审委员会宣告全部无效，利害关系人冯玉柱未在规定时间内提起诉讼，该无效宣告生效，因此，专利权自始无效，双方订立的合同的目的无法实现，合同效力无法确定，冯玉柱要求解除合同的诉讼请求不应支持；ZL200720063525.5 实用新型专利和 200710035127.7 发明专利申请权不属于涉案合同的标的，与本案没有关联性，应另案起诉；崇德公司在合同规定期限内已经向冯玉柱支付了转让费 10 万元，履行了合同义务，且合同明确约定了双方负有技术的维护、维持、维权的义务，造成涉案专利 ZL200520020540.2 失效双方均有过错。

　　长沙市中级人民法院审理后认为：冯玉柱与崇德公司之间的专利权转让合同及其补充协议合法有效，但崇德公司不履行义务应承担违约责任并赔偿损失。因此，法院判决支持冯玉柱解除合同的诉求，并责令崇德公司支付违约金 100 万元。合同解除后，因当事人要求恢复原状、采取补救措施，因此，法院判决确认冯玉柱为ZL200720063525.5 实用新型专利和 200710035127.7 发明专利申请权的权利人。

　　（二）主要法律风险及其防范措施

　　1. 转让方的身份确认

　　本案纠纷虽然未涉及转让方身份确认问题，但转让方身份确认却是专利权转让或专利申请权转让中较为常见的风险。专利权和专利申请权转让交易中的转让方必须是专利权人及或专利申请权人。如果专利权或专利申请权为多人共同享有时，需要征得所有共有人的一致同意。通常认为，专利证书或专利申请受理通知书上记载的权利人就是专利权人或专利申请权人。但实际上，这个记载无法准确反映专利权人或专利申请权人的信息，只有查询专利登记簿后才能准确判断转让交易的转让方身份。因为根据《专利审查指南》第五部分第九章第1.3.2 条的规定："专利权授予之后，专利的法律状态的变更仅在专利登记簿上记载，由此导致专利登记簿与专利证书上记载的内容不一致的，以专利登记簿上记载的法律状态为准。"由此可见，专利证书或专利申请受理通知书上记载的专利权人或专利申请权人只是专利权或专利申请权产生时的权利人，如果专利权或专利申请权发生过转移（可能因转让、投资或继承等原因），则专利证书或专利申请受理通知书上记载的权利人就不是有权处分专利权或专利申请权的转让方。因此，在交易时要准确鉴别转让方的身份，必须查询专利登记簿，且要以转让交易发生前最近期的查询为准，因为专利登记簿副本所反映的信息也并非是固定不变的，它也只对查询时之前的内容负责。

2. 专利权或专利申请权失效的风险

专利权或专利申请权的有效性是转让交易中受让方所面临的重大风险之一，因此，受让方在交易之前一般会通过查询专利登记簿、查验专利证书或专利受理通知书和专利年费缴纳凭证等方式确认专利权或专利申请权的效力。在办理专利权或专利申请权权利转移登记手续时，国家知识产权局实际上也会对专利权或专利申请权的有效性进行复核。可见，受让方有足够的措施防范在订立转让合同时所面临的专利权或专利申请权有效性风险。而且在转让合同履行过程中，甚至转让合同履行完毕之后，当专利权被宣告无效时，受让方还是有一定的救济手段，如以显失公平为由而要求转让方返还全部或部分的转让费。相较而言，专利权的有效性对转让方的影响常常被忽略。通常认为，转让方转移专利权的同时也就不再承担专利权的有效性风险，但实际上，即使专利权被转移之后，如果发生专利权无效的情况，该风险还是会被传递给原权利人，而且原权利人还缺乏相应的救济手段。

会影响专利权效力的原因一般可以分为两类，一类是因专利权人主观原因造成的专利权终止，如未按期缴纳专利年费或声明放弃；另一类是国家专利复审委的宣告而导致的专利权无效。在本案中，当冯玉柱向国家知识产权局申请办理了 ZL03201189.X 号专利权和 ZL200520020540.2 号专利权的转让登记手续后，崇德公司就成为上述两项专利权的权利人，需要独自承担维持专利权有效的义务，同时也独占承担专利权终止的后果。因此，崇德公司以专利权被终止即不再支付转让费的抗辩，必定不会被法院采纳。但专利权被专利复审委宣告无效时，受让方却可以将无效宣告的不利后果转嫁给转让方。如在本案中，崇德公司成为专利权人后，本来应该积极应对专利复审委的无效宣告，如提起行政诉讼，争取合理的权益。但是崇德公司却消极应对，导致 ZL03201189.X 号专利权被宣告全部无效。而根据《专利法》的规定，专利权被宣无效就视为自始不存在，对未履行的专利转让合同就不可以不再履行。表面上，崇德公司消极应对专利复审委的行为是放弃自己的权利，但实际上却损害了冯玉柱的合法利益。因为根据《专利法》第 47 条的规定，被宣告无效的专利权视为自始不存在，受让方未支付的转让费可以不再支付；如果受让方能够证明转让方存在恶意时，还可以要求转让方赔偿损失；如果受让方能够证明不返回转让费显失公平时，可以要求全部或部分返回转让费。冯玉柱在专利权被宣告无效后不仅不能再要求支付转让费，还将面临退还已经支付的转让费的风险，而且冯玉柱对这些风险毫无抵御措施。因为此时的他已经不再是专利权人，既没有对专利复审委的宣告提出申诉的机会，也不能主张崇德公司违约。① 最后法院判决既未支持冯玉柱继续收取转让费的诉求，也未支持冯玉柱的损失赔偿请求。可见，专利权转让后被宣告无效时对转让方的影响也很重大，而且转让方缺乏救济手段。为降低此项风险，转让方只能在合同生效后尽快收取转让费。

引起专利申请权失效的原因一般包括：被授予专利权、专利申请

---

① 根据《专利法》第 46 条的规定，能够对专利复审委的无效审查决定提起行政诉讼的主体只有无效宣告请求人和专利权人。专利权的原权利人转让专利权后，就失去专利权人的身份，同时也丧失提起行政诉讼的主体资格。

人主动撤回申请或视为被撤回申请、专利申请被驳回等几种情况。专利申请被驳回和视为撤回都会使专利申请权交易受让方的期待利益落空，是对受让方而言影响较大的风险。对此法律给予了受让方足够的风险抵御保障。① 首先，如果被驳回或视为被撤回是发生在专利申请权转让登记手续办理完毕之前，则受让方可以要求解除合同。其次，即使被驳回或视为被撤回发生在专利申请权转让登记手续办理完毕之后，受让方依然可以在转让合同中明确将其约定为解除的条件。最后，如果被驳回的理由是因为在专利申请权转让合同成立时即存在尚未公开的同样发明创造的在先专利申请，则受让方可以要求变更或撤销合同。

3. 权利限制信息披露风险

本案虽没有涉及专利权转让或专利申请权转让交易中信息披露义务方面的纠纷，但在专利权转让或专利申请权转让交易中，转让方和受让方对交易标的信息的了解天然存在不对称，如果转让方不能诚信地向受让方披露相关信息，就会影响受让方对可期待利益的判断，甚至直接影响受让方的合法利益。在转让方需要披露的各类信息中，关于专利权权利限制方面的信息尤为重要。专利权权利限制会造成专利技术的市场垄断特权缩水，如果受让方在订立转让合同时未意识到这一点，合法利益就会受到损害。要求转让方本着诚信原则完整披露相关信息是防控这类风险的手段之一，但如果受让方能够充分了解可能发生的风险情况，并在合同谈判时有针对性地挖掘相关信息，也是管控这类风险的有效手段。以下就对可能影响受让方利益的风险做一个归纳。一般而言，专利权的权利限制包括：权利用尽、临时过境、先用权、强制实施许可、合理使用等多种情况，具体到专利权转让交易中将对受让方产生影响的权利限制就包括如下几项：

（1）转让方是否已经发出过实施许可。根据我国《最高人民法院关于审理技术合同纠纷案件适用法律若干问题的解释》第 24 条的规

① 参见《最高人民法院关于审理技术合同纠纷案件适用法律若干问题的解释》第 23 条。

定："让与人与受让人订立的专利权、专利申请权转让合同，不影响在合同成立前让与人与他人订立的相关专利实施许可合同或者技术秘密转让合同的效力。"因此，如果转让方与其他人订立过专利实施许可合同或专利申请技术实施许可合同的，就必须订立转让合同之前明确告知受让方。

（2）是否存在先用权。"先用权，是指某项发明创造在申请人提出专利申请以前，任何人已经制造相同产品、使用相同方法或者已经做好制造、使用的必要准备，在该发明创造授予专利权后，仍有继续在原有的范围内制造或者使用该项发明创造的权利。"① 在采用先申请制授权原则的国家，为了平衡先申请人与发明创造者之间利益就设置了"先用权"来限制先申请人获得市场垄断特权。如果待转让的专利权上存在先用权的限制，势必缩减受让方期待利益，因此转让方应该诚信地告知受让方其所知晓的关于先用权的一切信息。

除了上述限制情况外，如果待转让专利权存在被强制实施许可的可能性，也会缩减受让方的市场垄断特权。但强制实施许可的实施人都需要支付合理的使用费给权利人，因此，受让方的利益在一定程度上有所弥补。所以，即使转让方不披露可能被强制实施许可的相关信息，对受让方影响也不大。此外，质押担保也会对专利权的权利有所限制，但专利权质押是必须记载入专利登记簿的事项之一，因此，当受让方在查询专利权有效性的信息时就会发现质押的信息，即使转让方未主动披露，受让方只要尽到合理的谨慎义务也能知晓。

4. 转让费支付风险

如前所述，转让费的确定是转让交易双方在参考专利权或专利申请权价值评估结论的基础上，主要通过谈判得出的一个确定金额，通常一次性全额支付和分期多次支付。转让费的确定和支付是任何一种商品转让交易中的关键风险点，其主要风险表现形式和风险防控措施也都一样，转让方期望尽快全额收到转让费以规避风险，而

---

① 程永顺：《关于先用权的几个问题》，载《知识产权》1993年第3期，第6页。

受让方希望尽可能延缓、分期支付转让费以降低资金成本。本案正是因为崇德公司未按期向冯玉柱支付后续的转让费而造成的纠纷。关于转让费支付的一般风险，此不赘述。但本案揭示的是专利权或专利申请权转让实践中另一个容易被忽视的风险，即当一项转让合同中包含了若干专利权或若干专利申请权时，交易双方常常以总金额的方式表示转让费，而未分别核定各项专利权或专利申请权的转让费。由此引发的风险是，如果转让的若干专利权或专利申请权中，有一项专利权被宣告无效时，将对转让费的总体金额产生的影响无法确定。在本案中，法院就认为转让合同没有单独列明每项专利权各自的转让费，因此在判决时就未支持冯玉柱要求支付剩余转让费的主张。实际上，不细分每项专利权的转让费对转让方和受让方都存在风险，尤其是当转让合同一方出现违约行为，或专利权被宣告无效时，就缺乏准确的计算依据。因此，交易双方应尽量细化转让合同的内容。

第三节 我国专利权和专利申请权转让制度的完善

一 我国专利权及专利申请权转让交易市场现状分析

根据《2015 中国科技统计年鉴》中"7 - 28 按技术合同构成分全国技术市场成交合同数"、"7 - 29 按技术合同构成分全国技术市场成交合同金额"、"7 - 30 按买卖方构成类别分全国技术市场成交合同数"以及"7 - 31 按买卖方构成类别分全国技术市场成交合同金额"四张表中的统计数据，参考同期专利权有效数等信息，可以发现我国专利权及专利申请权转让交易市场呈现如下几个特点。

（一）专利权转让交易尚不活跃

从 2010 年到 2014 年的 5 年间，与专利权有效数的增长趋势一致，专利权转让合同成交数也呈直线增长趋势，而且增幅明显，与2010 年相比，2014 年专利权转让合同数增长了 117%。

表 1　　　　　　　　**2010—2014 年专利权转让交易数据表**[①]

年份	有效专利权数（项）	专利权转让合同数（项）	专利权转让合同金额（万元）
2010 年	1825403	669	433217
2011 年	2303015	878	587601
2012 年	3005023	1007	431609
2013 年	3635929	1143	316292
2014 年	4032362	1454	577016

但在有效专利权数和专利权转让交易合同数迅速增长的期间内，以转让方式运营专利权的活动变化却不大。若从每万件有效专利权中专利权转让交易合同数的变化来看，从 2010 年到 2014 年，变化不大。

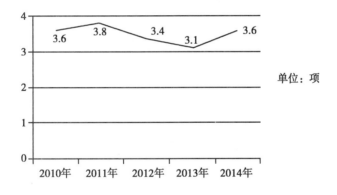

图 1　每万件有效专利权中专利权转让合同数

可以看出，随着专利权有效数量的增长，专利权转让交易的绝对数量也大幅增加，但从每万件有效专利权中用于转让交易的数量来看，从 2010 年到 2014 年几乎没有变化。这即说明专利权转让交易市场并未随着专利权数量的增长而升温，以转让方式运营专利权的活动还不够活跃。

---

①　数据来源：有效专利权数据取自国家知识产权局发布的《专利统计年报》（2010—2014 年）；专利权转让合同数及专利权转让合同金额数据取自《2015 中国科技统计年鉴》。

在此期间内，与专利权转让合同数的直线上升不同，专利权转让合同总金额的变化趋势却是曲折往复的，2011 年达到最高点，随后两年呈下降态势，2014 年又有明显增加。如果以专利权转让合同量作为基数计算专利权转让交易均价的话，还可以发现，专利权转让交易均价在 2011 年达到峰值后也出现下滑的趋势。

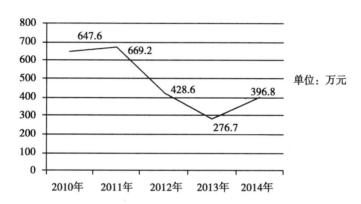

图 2   2010—2014 年专利权转让交易均价变化趋势图

笔者认为，专利权转让均价降低并不意味着市场对专利权价值的忽略或看低，仅从均价来看每一项专利权的转让价格仍是数百万元，专利权的市场价值依旧得到充分肯定。在专利权转让交易合同数大幅增加，而转让交易总金额上升不明显的情况还有可能是市场中容纳了更多技术含量略低，交易价格也较低的专利权，从而整体拉低了专利权转让交易的均价。这也就意味着，专利权转让交易不再限于那些尖端的高价值专利技术，也包括一些价值不高的专利技术。转让交易市场不再是高端技术才能进入的专场，所有类型的技术都在转让市场中流转起来了。这实际上是专利权转让交易普及化的一个好现象。市场中逐渐出现了各种层次专利技术的供、需资源，这是市场即将走向活跃的一个征兆。

（二）专利申请权转让规模较小

根据《2015 中国科技统计年鉴》中的数据，在 2010 年至 2014年的五年间，专利申请权转让的数据并不让人乐观。

表2　　　　　　　2010—2014年专利申请权转让交易数据表①

年份	专利申请权转让 合同数（项）	专利申请权转让 合同金额（万元）	专利申请权转让 合同均价（万元）
2010 年	90	64039	711.5
2011 年	162	41309	255.0
2012 年	120	42417	353.5
2013 年	160	31909	199.4
2014 年	162	46003	284.0

专利申请权转让交易合同数从 2010 年到 2014 年有明显增长，但因基数较小，交易数量与同期专利申请数量相比几乎是微不足道的。这说明专利申请权转让并非技术市场中主流的交易形态。

在此期间内，专利申请权转让交易的金额还出现了下滑。若再以专利申请权转让合同量为基数计算专利申请权转让交易均价的话，还会发现专利申请权转让交易的价格并不合理。如，2010 年专利申请权转让的均价居然超过了当年专利权转让的均价（2010 年专利权转让的均价是 647.6 万元）。

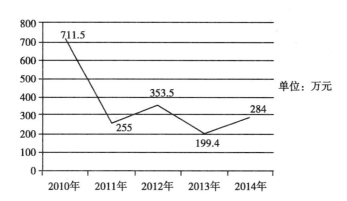

图3　2010—2014 年专利申请权转让交易均价变化趋势图

这种非正常的交易价格并非公允的市场价格，这也说明专利权申请权转让并非技术市场的常态，专利申请权转让交易规模较小，远未

① 数据来源：专利申请权转让合同数及专利申请权转让合同金额数据取自《2015 中国科技统计年鉴》。

对市场产生影响力。

(三) 非企业主体的技术交易效益不高

虽缺乏直接针对企业及非企业的专利权或专利申请权转让交易统计数据，但专利权和专利申请权转让是技术交易市场中的重要组成部分，因此，笔者拟对全国技术交易市场的数据进行分析，借以从侧面分析我国的企业法人及机关法人、事业法人、社团法人、自然人及其他组织等非企业机构，分别在技术转让交易中的不同表现。

表3　　　　　　　2010—2014 年全国技术市场成交数据表①

年份	企业卖方技术合同成交数（项）	非企业卖方技术合同成交数（项）	企业卖方技术合同成交金额（万元）	非企业卖方技术合同成交金额（万元）
2010 年	146526	83075	33417389	5648364
2011 年	161292	95136	41192914	6442675
2012 年	172249	109993	55705534	8665148
2013 年	183430	111499	64361831	10329424
2014 年	191654	105383	75162885	10608905

将前述数据分别按企业及非企业等不同主体在成交合同数和成交合同金额中的占比进行分析后，可以发现非企业在技术交易市场中的收益占比较低。

年份	企业及非企业成交合同数占比	企业及非企业成交合同金额占比
2010 年	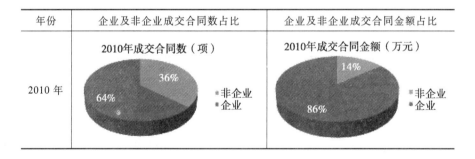	

① 数据来源：专利申请权转让合同数及专利申请权转让合同金额数据取自《2015 中国科技统计年鉴》。

续表

年份	企业及非企业成交合同数占比	企业及非企业成交合同金额占比
2011 年	**2011年成交合同数（项）** 37%　63% 非企业　企业	**2011年成交合同金额（万元）** 14%　86% 非企业　企业
2012 年	**2012年成交合同数（项）** 39%　61% 非企业　企业	**2012年成交合同金额（万元）** 13%　87% 非企业　企业
2013 年	**2013年成交合同数（项）** 38%　62% 非企业　企业	**2013年成交合同金额（万元）** 14%　86% 非企业　企业
2014 年	**2014年成交合同数（项）** 35%　65% 非企业　企业	**2014年成交合同金额（万元）** 12%　88% 非企业　企业

　　以上一组图表说明，我国非企业以转让交易的方式经营技术成果的能力还有待提高。从 2010 年至 2014 年，非企业主体作为卖方转让的成交合同数都接近 40%，但非企业主体作为卖方的成交合同金额均未超过 15%，也即非企业主体在技术交易市场中的收益效率并不高。实际上，非企业主体研发成果的价值不会低，但按我国目前的管理体制，向非企业主体，尤其是向科研院校等事业法人投入的科研经费多不从投入产出的角度做效益考核，这些主体并无转让、转化技术成果的实际压力，因而主动在技术市场中寻求高价的动力并不足。加之还

缺乏交易谈判的技巧和能力，就使得非企业主体的科研技术成果价值未能在市场中得到充分承认。

综上，虽然我国专利权转让的成交合同数和成交合同金额虽然有了显著增加，但与同期专利权数量的增长相比，专利权转让交易的占比几乎没有变化。足以见得，我国目前以转让方式运营专利权资产的活动还不够活跃。专利申请权转让的交易数量更是微乎其微，不合理的交易价格更说明不是市场的理性活动。同时期非企业主体交易技术成果的效益也不佳。可见，我国对专利权资产的运营能力还有待提升。

二　专利权和专利申请权转让域外立法经验借鉴

各国都赋予专利权和专利申请权以可以转让的权能，但在具体的规制方面还是有若干区别，以下就这些区别进行分析比较。

（一）转让的形式要求比较

专利权和专利申请权转让的风险较多，权利义务内容也较为复杂。为了提升交易的安全性，常常不得不牺牲部分交易效率。因此，各国都在相关法律中对专利权和专利申请权转让的形式都提出了要求。

美国《专利法》第261条规定："专利申请案、专利权或其有关的利益，法律上均可以书面字体转授。……一项转授、赠送或转移行为，如不在成立后三个月内，或在以后的转售或抵押之先在专利与商标局登记，尚未经通知不得对抗其后支付相当代价指买受人，或抵押人，或受让人。"法国《知识产权法典》第L.613—8条规定："……前两款所指转让或许可文件应以书面为之，否则无效。"同时，该法第L.613—9条还规定："所有系于专利申请或专利的权利的转让或变动行为，非经在国家工业产权局设立的全国专利注册簿上登记，不得对抗第三人。"美国和法国的专利法都要求专利权和专利申请权转让要以书面合同的形式表现。一般而言，转让合同生效之后就发生专利权或专利申请权转移的效果，但基于合同的相对性，专利权或专利申请权转移的效果仅能约束合同当事人双方。要使专利权转让或专利申请权转让具有对抗第三人的效果，还必须到美国专利与商标局或者法国全国工业产权局办理专利权转让或专利申请权转让的登记手续。可见，美国和法国对专利权转让及专利申请权转让要采用书面合同的形式，且经登记的转让行为可以对抗第三人。日本《专利法》虽没有要求专利权转让或专利申请转让必须要订立书面合同，但该法第98 条规定专利权转让若不进行登记就不发生效力，也即专利权转让是必须登记才能生效的行为，采用的是典型的登记生效原则。德国《专利法》中对专利权转让或专利申请权转让的合同形式并未作出具体的要求，而是适用民法典中买卖、赠予及合伙的一般规定。①

　　我国对专利权和专利申请权转让的程序性规定兼采美国、法国和日本各国规定的特点，不仅在《合同法》和《专利法》中要求以书面合同的形式表现转让法律关系，同时还要求专利权及专利申请权的转移都要以登记为生效要件。相较而言，我国对专利权转让及专利申请权转让的形式要求最为严谨。虽然书面合同和登记生效这两项要求在一定程度上增加了专利权转让及专利申请权转让的交易成本，但书面合同能够清晰界定转让交易双方的权利义务、而登记在促进交易安全、明晰交易标的的风险转移界限、实现国家对市场垄断特权管控方面的作用非常突出。而在数字化信息技术和网络信息技术日益发达和日渐普及的情况下，书面合同和登记的成本都可以有效降低，因此要求专利权转让及专利申请权转让采用书面合同，并以登记为生效原则，并不算过于严苛。

　　（二）可转让标的范围比较

　　"Trips 协议"在声明专利权是一种私权后，通过不断强调权利人对专利权的自主性以巩固其私权地位，其中最重要的一个强调方式就是赋予专利权的可独立转让性。"Trips 协议"第 28 条规定"专利所有权人还有权转让或以继承方式转移其专利并订立许可合同"，但该条款并未直接宣称专利申请权也是可转让的标的之一。

　　专利申请权人在专利申请获得授权后所获得的垄断特权是不容忽

---

① 范长军：《德国专利法研究》，科学出版社 2010 年版，第 152 页。

视的，但专利申请是一个专业性强、风险大，需要耗费一定成本的过程。如果法律允许专利申请权按商业交易规则流通，专利申请的风险或成本就可以被配置给最具风险承担力的主体，受让方以承担高风险的方式获得高回报。与此同时，专利申请权转让方也能够及时获得经济回报，分散风险。转让方和受让方都有受益的空间，所以各国在专利制度中承认专利申请权是可交易的标的。例如：美国《专利法》第261条规定："专利申请案、专利权或其有关的利益，法律上均可以书面字体转授"；德国《专利法》第15条规定："要求专利的权利、专利授予请求权以及专利权转移于继承人。这些权利也可以受限制或不受限制地转让于他人。"法国《知识产权法典》第L.613—8条规定："系于专利申请或专利的权利可以全部或部分转让。"我国与美国、德国和法国等国家的规定一样，在《专利法》里直接而明确地规定："专利申请权和专利权可以转让。"

（三）转让标的的可分性比较

大多数国家的专利法中都没有论及被转让的专利权是否可以被分割的问题，按通常的理解，转让专利权时应将专利权完整地让渡给受让方，不能对专利权做分割。但法国对此问题的规定与其他国家不同。法国原《专利法》第43条及《知识产权法典》第L.613—8条的描述明确地表达了专利权和专利申请权可以全部或部分转让的意思。也即，在法国转让专利权时，如果发明有几种应用时，可以只转让涉及其中某个确定的应用；或者将转让行为限定在法国的某一部分。[1]

实际上，在转让专利权或专利申请权时做这种分割的意义并不大。如果是出于给予专利权人较多自主权的角度考虑，那么专利实施许可已经确保专利权人有足够的权限对拟转让的权利做分割或限定。许可方大可对专利权的实施方式、实施范围或实施时间做限定，又或同时许可若干人实施等，这实质上就是对专利权的权能进行了分割。

---

① 王维藩、黄红英编译：《法国发明专利法》，中国对外翻译出版公司1985年版，第151页。

因此，我国在专利权转让或专利申请权转让中，不必增加类似的规定，专利权和专利申请权转让依旧保持完整转让原则。

（四）转让标的瑕疵担保责任比较

在普通的买卖交易中，转让方需要对交易标的物承担瑕疵担保的法定义务，即无须交易双方特殊约定，转让方都应该保证所让渡的标的物的质量符合要求，不存在瑕疵。专利权转让及专利申请权转让的转让方同样需要承担这项义务，转让方需要确保所转让的专利权或专利申请权都是合法有效，不存在瑕疵的。

专利申请权只是取得专利授权的机会，并不保证申请权人一定能够获得专利授权。因此，除非专利申请权转让交易双方有明确的约定，否则受让方不能因专利申请未获得授权而主张转让标的有瑕疵。专利权的不稳定性却是专利审查授权制度给专利权造就的不能克服的特点，"任何专利权人都没有绝对把握认为其获得的专利权能够始终被认定为有效专利。"① 当专利权被转让之后又被宣告无效时，受让方是否可以要求转让方承担瑕疵担保义务？各国法律对此规定有所不同。

德国《专利法》对专利权（及因发明而产生的其他权利）转让与许可合同没有作出专门规定，在实践中最常见的是将专利权的有偿转让作为买卖合同对待，其买卖的标的是专利权。② 对买卖合同进行约束的《德国民法典》在第459条和第462条中要求转让方保证：在标的物转移于买受人时，无灭失或者减少其价值，或者其通常效用或者合同预定的效用的瑕疵。否则买受人可以要求取消买卖合同，或者减少价金。③ 对专利权转让交易的转让方是否应当承担与普通货物交易一样的瑕疵担保责任，德国法律没有给出明确规定，还是一个尚存争议的问题。而在司法实践和某项学术观点中都认为，转让人只应有限制地承担瑕疵担保责任。④

---

① 尹新天：《中国专利法详解》，知识产权出版社2011年版，第487页。

② 范长军：《德国专利法研究》，科学出版社2010年版，第152页。

③ 郑冲、贾红梅，译：《德国民法典》（修订本），法律出版社2001年版，第89—90页。

④ 范长军：《德国专利法研究》，科学出版社2010年版，第155—157页。

我国《合同法》对专利权转让的转让方所承担的瑕疵担保义务有明确规定，该法第 349 条规定，转让方应保证自己是所提供的技术的合法拥有者，并保证所提供的技术完整、无误、有效，能够达到约定的目标。该规定对转让方提出了两项瑕疵担保义务，第一是要求转让方的处置权限无瑕疵，第二是要求所转让的技术无瑕疵。《合同法》对转让方的瑕疵担保责任要求未能体现专利权交易的特殊性。专利权交易的标的是国家授予专利权人的合法垄断特权，这个特权具有天然的不稳定性，这是专利权本身固有的特性。受让方不能要求转让方就专利权的这一特性而承担瑕疵担保责任。因此，《专利法》第 47 条对专利权转让交易中转让方的瑕疵担保义务做出了一定的豁免。我国《专利法》第 47 条的规定虽然还存在不够完善的地方，[①] 但相比直接套用民事交易法律来规范专利权交易的其他国家的法律规定而言，我国的法律规定更能满足专利权交易的特殊要求，更具合理性。

三 完善我国专利权和专利申请权转让制度的建议

专利权转让能否顺利开展对专利权交易活动，乃至整个专利权制度都具有重要的意义。首先，专利权转让是各类专利权交易的基础性活动，只有当专利权转让能够顺利进行时，其他类型的专利权交易活动才能顺利开展。对专利权质押而言，专利权的交换价值要通过转让才能实现，而专利权的交换价值就是专利权质权存在的基础，可以说，只有当专利权可以被转让时，专利权质押才能成立；对专利权投资入股而言，专利权转让是企业资本清算退出时的必要渠道，也是企业债权人最后实现债权时的必要路径，可以说，只有专利权转让市场存在时，专利权出资入股才是可行的。其次，专利权转让是专利权运用的重要方式，是专利权创造、运用、保护和管理四个环节中的重要内容之一。专利权转让能否成功进行，受许多基本设施条件的限制。其中一方面是技术市场的硬件设施，另一方面则是技术交易的政策、

---

① 如对专利权人恶意的举证责任、对公平原则的判断标准等还缺乏具体的操作规范。另，尹新天还提出该条文的逻辑结构应该再做调整等。参见尹新天《中国专利法详解》，知识产权出版社 2011 年版，第 489—490 页。

法律、服务等软件设施。① 因此，构建完善的专利权转让制度的意义非常重大。就我国目前的专利权转让交易制度现状而言，还可以从如下几个方面改进。

（一）降低转让交易成本的建议

1. 提升中介机构的服务

专利权转让交易与其他普通的商品交易不一样，不仅交易标的物的风险较多，而且还缺乏可供参考的价格标准，如果没有中介机构撮合服务，交易双方在搜寻交易信息、协商谈判、风险调查等方面都要先承担不小的开支，而这些交易费用常常都会成为专利权转让交易顺利进行的阻碍。所以，与其他普通商品交易相比，专利权转让交易更需要中介机构提供全面、可靠的服务来降低交易成本。实际上，中介机构可以为专利权转让交易当事人提供的服务范围很广，"技术转移服务机构的功能：第一层次的功能是技术中介，如搜集信息，进行技术登记、技术成果的统计与技术信息的及时发布，形成包括研究院所、大学、企业的技术转移信息体系；第二层次是技术的促进功能，如技术转移机构将所征集的技术交给开发性企业实施实用化；第三层次是推动科技成果的商品化，推动新技术、新工艺的扩散。"②

我国中介机构的运作普遍还不够成熟。如前所述，我国国家知识产权局于 2006 年其就已经开始实施"全国专利技术展示交易平台计划"，截止 2016 年已经在全国范围内建立了 41 个专利技术展示交易中心，此外地方政府和专利代理服务机构也积极筹建各类专利权交易场所，这些中介机构为促成专利权转让交易发挥了一定的作用，但尚不能成为专利权转让交易的核心市场，还不足以成为帮助交易当事人降低交易成本的有效途径。

2011 年，国务院办公厅下发《关于加快发展高技术服务业的指导意见》（国办发〔2011〕58 号），明确将"完善科技中介体系，大力

---

① Ashish Arora, Andrea Fosfuri and Alfonso Gambardella, *Markets for technology: the economics of innovation and corporate strategy*, MIT Press, 2001, at253.

② 魏玮：《我国促进中小企业技术转移的公共服务措施研究——基于欧盟 IRC 计划》，载《电子知识产权》2008 年第 10 期，第 39 页。

发展专业化、市场化的科技成果转化服务。"定为八项任务之一；2012 年中共中央、国务院印发《关于深化科技体制改革加快国家创新体系建设的意见》，也指出科技中介服务体系是国家科技创新体系建设的重要内容。科技中介服务机构的发展已经有了较好的政策条件。但也应该注意到，国家知识产权局目前认定的 41 家专利技术交易展示中心多为政府资助的机构，并非完全市场化运营的商业机构。在没有太多准入限制的领域，商业机构驻足不前其实也反应出科技中介服务领域的盈利模式尚不明确，科技中介服务机构的市场效益还有待开发。有必要从财政税收等政策层面予以更多的扶持，吸引更多的商业机构进入该领域。

2. 构建可靠的网络交易平台

专利权固有的无形性使得专利权交易特别适合通过网络平台来完成。实际上，专利权交易的很多环节已经在网络平台中实现，如交易信息发布、价格磋商、签约、履行转让合同，甚至专利权转让登记也可以通过电子化登记渠道完成。[1] 成功运作的专利权网络交易平台不仅可以有效地帮助交易当事人降低交易成本，而且还可以帮助他们实现收益最大化。创建于 1999 年的美国 "yet2. com"，一直致力于将技术交易的买方和卖方汇聚在一起，以帮助他们最大化地实现投资收益。目前该网站已经发展成为全球最大的网络技术交易平台，由其代理的客户的研发能力占全球研发能力的 40% 以上。[2] 网络技术平台作为一种传统有形技术市场在现代网络经济条件下的一种新发展，有着传统技术市场不可比拟的优越性，它不仅能改变、加快、改善技术交易的流程，缩短技术转移的周期，而且能为技术交易提供更为便利的

---

① 根据《专利审查指南 2010》第五部分第十一章 5.4 节的要求，申请办理专利权转让的著录项目变更手续应当以电子文件形式办理。

② 参见 "yet2. com's mission is to help you identify and capture the full value of your intellectual assets" 载 http：//www. yet2. com/app/about/about/aboutus，最后访问日期为 2016 年1 月。

市场增值服务，从而大大提高技术交易的效率。① 可见，构建一个权威可靠的交易网络平台，对降低专利权交易的成本大有益处。

（二）实施更为优惠的专利权转让交易税收政策

我国目前对专利权交易已经给予了不少财政税收方面的优惠政策，但从专利权转让交易对建设创新型国家的贡献来看，还可以进一步加大税收优惠减免的幅度，让专利权转让交易的参与方获得更多的利润空间。

1. 免收印花税

专利权转让交易中涉及的交易税主要包括营业税和印花税两类。根据财政部、国家税务总局1999年出台的《关于贯彻落实〈国务院关于加强技术创新，发展高科技，实现产业化的决定〉有关税收问题的通知》（财税字〔1999〕273号），目前对专利权转让免征营业税，② 但依然需要缴纳印花税。根据国家税务局下发的《关于对技术合同征收印花税问题的通知》（国税地〔1989〕34号）的规定，专利权转让、专利实施许可所书立的合同、书据，适用"产权转移书据"税目，税率为0.3‰；专利申请权转让，非专利技术转让所书立的合同，适用"技术合同"税目，税率为0.5‰。这个税率虽然不算高，但也是专利权转让交易的成本。目前，我国正处于建设创新型国家的关键时期，对促进创新技术成果转化、流通的专利权转让应该予以最大幅度的政策优惠。因此，可以也免去专利权转让交易的印花税。

2. 降低转让专利权的所得税

对转让专利权的企业而言，最直接的优惠就是减免企业所得税。我国《企业所得税法》第27条规定"符合条件的技术转让所得可以减免企业所得税，"根据国家税务总局发布的《关于技术转让所得减免企业所得税有关问题的通知》（国税函〔2009〕212号）规定，可以减免企业所得税的条件是："（一）享受优惠的技术转让主体是企业

① Czarnitzki, D. and Rammer, C. *Technology Transfer via the Internet: A Way to Link Public Science and Enterprises?* Journal of Technology Transfer, 28, 2003.

② 参见《关于贯彻落实〈国务院关于加强技术创新，发展高科技，实现产业化的决定〉有关税收问题的通知》第2条。

所得税法规定的居民企业；（二）技术转让属于财政部、国家税务总局规定的范围；（三）境内技术转让经省级以上科技部门认定；（四）向境外转让技术经省级以上商务部门认定；（五）国务院税务主管部门规定的其他条件。"

2015 年，财政部和国家税务总局联合下发：《关于将国家自主创新示范区有关税收试点政策推广到全国范围实施的通知》（财税〔2015〕116 号），规定："自 2015 年 10 月 1 日起，全国范围内的居民企业转让 5 年以上非独占许可使用权取得的技术转让所得，纳入享受企业所得税优惠的技术转让所得范围。居民企业的年度技术转让所得不超过 500 万元的部分，免征企业所得税；超过 500 万元的部分，减半征收企业所得税。"这貌似相当大的优惠，但其适用面却很有限，仅限于非独占专利实施许可的收益所得，而不适用于专利权转让和收益更多的独占实施许可。从鼓励专利权交易，激发科技成果转化的角度看，其实还可以将优惠政策的适用门槛稍微降低一些，让更多的技术转让活动享受税收优惠。

当专利权转让方是个人时，根据《个人所得税法》相关规定，转让专利权的收入属于应征收个人所得税的"特许权使用费所得"，适用 20% 的比例税率。而适用该 20% 税率的其他情况是个人收取的利息、股息、红利、财产租赁所得等这些明显是投资性的收入，这与专利权人（尤其专利权人就是发明人本人时）对专利权的经营所得还是应该有所区分。因此，应该对个人转让专利权所得适用更低的税率，或给予减免的优惠政策，通过提高专利权人个人的收入以鼓励其发明创造行为。

（三）规范专利权评估机构的执业行为

专利权交易服务的中介机构分为两类：第一类中介机构是促成交易的代理、服务类机构，如专利权交易展示平台等，他们的功能主要为专利权交易供需双方沟通供需信息、促成买卖双方的交易。第二类中介机构是以专业技能为专利权交易提供专业服务的机构，如资产评估机构、律师事务所等。这类中介机构的工作职责不在于促成专利权交易，而是对专利权交易定价、风险管控等提供专业意见。他们的工作结论常常可以直接影响专利权转让交易当事人的收益，所以出现道德风险的可能性很大，有必要对后一类中介机构的行为加强约束。约束的手段一方面是加强执业道德教育，要求这些中介机构谨慎、勤勉地履行职责；另一方面可以强化对他们出现违规行为的处罚力度，让这些中介机构不冒违反法律、法规牟取不正当利益的风险。

第五章

专利权质押

第一节　专利权质押概述

一　专利权质押的概念

专利权质押，是指专利权人将自己的有效专利权作为质押物，出质给债权人，当专利权人不履行到期债务或者发生约定的实现质权的情形时，债权人有权就该专利权优先受偿的担保法律制度。从本质上看，专利权质押是一种担保机制，专利权质押的相关法律依据一般也体现在担保法、物权法等直接规范担保法律关系的法律制度中。担保的本质机能是："通过对一定的标的物交换价值的控制而确保当事人之间的债权债务关系能够得到确实的实现。"[①] 按照传统政治经济学的观点，交换价值是一种使用价值和另一种使用价值相交换的量的比例关系，不同的使用价值之所以能够相互交换是因为他们背后都有无差别的人类劳动——价值，而价值是商品的本质属性。[②] 如前所述，专利权是商品，这也正构成了专利权之所以能够成为担保质物的客观基础。作为商品的专利权不仅具有价值和使用价值，还具有交换价值，可以交易流转。因此，当专利权作为质物质押给债权人时，若专利权人未按约履行债务或发生其他约定情

---

① 王利明、尹飞、程啸：《中国物权法教程》，人民法院出版社 2007 年版，第 421 页。

② 逢锦聚、洪银兴、林岗等主编：《政治经济学》，高等教育出版社 2009 年版，第 32 页。

形，债权人就可以通过实现专利权的交换价值以满足其债权。可见，在专利权被质押后，尽管其所有权或者使用权未发生转移，但其交换价值已经流转至债权人手中，也即专利权的交换价值被债权人所控制，而且由专利权所带来的一切经济收益也可以被债权人所控制。[①] 当债权人的债权不能得到满足时，债权人就可以与专利权人协议以专利权折价，或者就专利权拍卖、变卖所得的价款优先受偿。实际上，当专利权的交换价值被债权人所控制时，专利权人享有的就不再是完整意义上的所有权，除非征得债权人的同意，否则专利权人不再能以转让或实施许可等方式自由行使自己的财产处分权。因此，尽管专利权质押本质上只是作为担保某一主债权债务法律关系的从属法律行为，但从专利权交换价值流转的角度观察，也可视为广义的专利权交易。

二　专利权质押的意义

（一）提升专利权的利用效能

根据新制度经济学的观点，私有产权都具有排他性、可分割性、可让渡性和清晰性。[②] 专利权作为一项财产性的私权，自然也具有私有产权的一般属性。在这若干属性中，"可分割性对产权的有效使用具有重要的意义……通过分立的个人和群体，财产的各种要素常常能得到最有效的利用。"[③] "私有产权的可分割性，是指对特定财产的各项产权可以分属于不同主体的性质。可分割性意味着产权能被'拆开'，一项资产的纯所有权能与其各种具体用途上的权利相分离。"[④] 这种分离带来的积极效能在专利权质押法律关系中尤为显著。

从专利法律制度来看，专利权对专利权人而言主要表现为财产性

---

① 法律并不限制债权人对质押专利权的合理控制，债权人可以与专利权人约定，经营专利权的收益，包括自己实施、使用许可或者转让的收益，都由债权人直接收取。

② 袁庆明：《新制度经济学教程》，中国发展出版社 2011 年版，第 130 页。

③ 同上书，第 132 页。

④ 同上书，第 131 页。

的权利，"是一种纯粹的财产权"①。如前所述，专利权的内容可以划分为普遍性的财产权内容和特殊性的财产权内容两类，其中普遍性的财产权内容包括实施、转让、继承、投资、质押等几项；特殊性的财产权内容包括标记、禁止、许可使用等几项。上述分类标准是专利权内容的具体行使方式。若将这些具体的权利内容再做抽象，也可提炼出类似物权的若干权能，如类似于所有权的占有、使用、收益和处分权等权能。实际上，将纯粹财产性的专利权按所有权的四项权能再做归类也并无不当。虽然也有学者认为专利权中不包含占用和收益的权能。② 但笔者认为，对无形财产而言，"占有"不能仅简单地理解为对物的持有，占有是指"对物的事实上的控制和支配"③，重点是对物的实际支配权。专利权人在专利登记簿上被登记为所有权人就表示他对专利权由完全的控制权和支配权，是其占有专利权的表现；专利权人实施专利技术、禁止他人使用专利技术、标记专利标记等都是其行使"使用"权能的表现；专利权人有偿许可他人实施专利技术是其"收益"的主要表现之一；专利权人还可以以转让或投资等方式"处分"专利权。既然专利权也具有占用、使用、收益和处分的完整权能，那么如同有形财产的产权分割一样，即使分离行使这些权能也不会影响专利权的效能，而且正因为这种分割，还提升了专利权的利用率。

此外，专利权人在专利权上设定质押担保丝毫不会影响专利技术的进步性或先进性，也不会减损专利权的使用价值。同时，专利权人通过设定质押而获得了与债权人签约的商业机会乃至直接的融资，未改变或扩大专利技术的实施范围或模式，只需维持专利权的有效性，即可获得担保价值，且此担保价值的获取并不会减损专利权或专利技术本身的任何效用，这无疑大大提升了专利权的资产效能。可见，专利权质押有助于提升专利权的利用效能。

① 刘春田主编《知识产权法》（第三版），中国人民大学出版社 2007 年版，第297 页。

② 同上书，第299—300 页。

③ 梁慧星主编：《中国物权法研究》，法律出版社 1998 年版，第1086 页。

（二）助力科技创新型中小企业融资

专利权质押制度的基本功能是担保债权，维护交易安全，促进市场交易。法律并未限定专利权质押所担保的债权类别，但从实践来看，专利权质押主要还是发生在融资贷款活动中。[①] 在 2012 年登记的 3367 份专利权质押合同中，从质权人的名称上判断，68% 的专利权质押合同与银行等金融机构签订，27% 的专利权质押合同与担保公司签订，将两者相加，有 95% 的专利权质押行为与融资贷款有关。可见，专利权质押能够起到促进资金融通的作用，实现"知本"与"资本"的有效结合。因此，可以说："知识产权质押贷款为中小企业解决资金匮乏问题开辟了一个新途径，这对于银行和中小企业来说都是一个有益的尝试。"[②] 对于专利权人而言，专利权人往往已经在专利技术研发阶段投入了不少资金，而在将专利技术进一步市场化开发的阶段往往需要更大量的资金投入，这对于资金短缺，常常还缺乏有形资产的个人专利权人或者中小企业而言，是制约其发展的主要问题。专利权质押可以打通专利权人获得专利转化推广资金的融资渠道，为科技创新型中小企业提供生存和发展的必要资金来源，在企业得到发展的同时提升科技研发的实力，最终将技术文明的福利反馈于整个社会。与此同时，对作为质权人的金融机构而言，不仅可以通过向专利权人发放专利权质押贷款拓宽了业务市场；而且根据目前的金融政策，金融机构对高新技术企业提供专利权质押贷款时可以根据质押风险情况实行差别利率，将贷款利率合理上浮，获得比其他类型的贷款更多的收益。[③] 虽然专利权质押贷款的风险比较高，但只要能够有效管控专利权质押的风险，金融机构就有机会获得可观的收益。可见，专利权质押融资能够帮助专利权人和金融机构实现双赢。

[①] 数据来源：国家知识产权局公布的《2012 年专利权质押合同登记相关信息》。

[②] 张伯友：《知识产权质押融资的风险分解与分步控制》，载《知识产权》2009 年第 2 期，第 34 页。

[③] 参见《中国银行业监督管理委员会关于商业银行改善和加强对高新技术企业金融服务的指导意见》（银监发〔2006〕94 号）第 15 条。

鉴于专利权质押对解决科技创新型中小企业融资困境的突出作用,我国也努力为专利权质押创造良好的政策环境,除了金融主管机关制定的政策外,在 2008 年颁布的《国家知识产权战略纲要》中也明确提出,要"促进自主创新成果的知识产权化、商品化、产业化,引导企业采取知识产权转让、许可、质押等方式实现知识产权的市场价值"。

2010 年,财政部、工业和信息化部、银行业监督管理委员会、国家知识产权局、国家工商行政管理总局、国家版权局联合下发《关于加强知识产权质押融资与评估管理支持中小企业发展的通知》(财企 [2010] 199 号),鼓励开展知识产权质押融资业务,要求各级政府的相关部门积极探索促进知识产权质押融资的工作模式和工作方法。2013 年,中国银监会、国家知识产权局、国家工商行政管理总局、国家版权局联合下发《关于商业银行知识产权质押贷款业务的指导意见》(银监法 [2013] 6 号),对商业银行办理知识产权质押融资业务提出详细的指引。

三 专利权质押的困境

尽管专利权质押为科技创新型中小企业提供了一条融资的新途径,但源于专利权自身的特殊性,专利权质押在实践中一直"叫好而不叫座"。以国家知识产权局公布的 2012 年专利权质押统计数据为例,我国全年用于质押的专利权数仅为 3000 多份,[①] 相较于同期有效专利权数几乎可以忽略不计。可见,我国专利权人利用有效专利权进行质押的比重在有效专利权中可以说是微乎其微。笔者相信,专利权人都有积极寻求专利权质押的意愿,但鉴于专利权本身的特性,债权人在接受专利权作为质物时的种种顾虑也不是毫无根据。专利权作为质物时有不能忽视的障碍,必须在开展质押活动的同时增强风险控制措施。概括而言,专利权质押的难点主要体现在以下

---

① 国家知识产权局公布《专利权质押合同登记相关信息》之《2012 年数据统计》,其数据按质押专利权的专利号排列,因此,全年用于质押的专利权数即为所披露的信息条目数。

几个方面：

（一）专利权权利不稳定

专利权质押是将专利权的交换价值置于债权人的控制之下以担保债务的履行，专利权的交换价值是债权人利益实现的保障。但专利权具有天然的不稳定性，这是由专利权审查授权制度本身造就的，无法克服、无法避免。专利审查机构在做出专利授权前无法穷尽所有的审查资料，因此法律规定任何人均可对专利权做出无效审查申请，也即专利权可能在有效期间内遭遇任何人的无效申请挑战。专利权的这种不稳定性会直接传递给专利权的交换价值，当专利权被宣告无效时任何人都可以免费使用专利技术，其交换价值就丧失殆尽，债权人也就失去了债权保障的基础。权利的不稳定性是专利权成为担保质物的首要困难，也是影响专利权质押发展的主要原因之一。

（二）专利权价值难评估

质押担保的债权一般以一个准确的财产金额表示，所以担保质物的价值也需要有一个准确的金额来计量，这是确定债权人债权保障范围的依据。因此，作为质物的专利权就需要评估出一个准确的财产价值金额。一个公允的专利权评估价值对专利权人和债权人双方都非常重要。对专利权人来说，准确的质押资产价值评估能够公正合理地确定其能够获得的贷款额度，保护其应有的权利，更好地从质押贷款中获得帮助；而对债权人而言，准确的质押资产价值评估能够为金融机构正确地确定质押物担保债权的范围，降低质押物处置风险，从而最大限度地保障贷款的安全。[①] 但专利权价值评估却是一个一直困扰实务界和理论界的难题，而且这个难题并非法律不健全的结果，无法通过修改法律而得以改进。[②] 专利权价值受法律因素、技术因素、经济因素等多种因素影响，要得出一个客观评估结论的难度较高，与传统资产或其他无形资产的价值评估相比，评估难度更大，而且至今也未形成一套能够得到广泛认可、行之有效的专利权价值评估方法。传统

---

① 刘伍堂：《专利资产评估》，知识产权出版社2011年版，第120页。

② Ronald. C. C. Cumingq. C：《中国法律下的知识产权质押》，王恒福、马明宇译，载《中国发明与专利》2006年第11期，第25页。

的收益法、市场法和成本法等三种资产评估方法得出的结论在专利权交易时往往只作为交易谈判的参考数据，但专利权质押时又需要对作为质物的专利权准确定价。因此，专利权价值评估的难题在专利权质押过程中尤为突出。

（三）专利权价值会波动

即使专利权的权利没有瑕疵、即使专利权质押时的价值得到了准确的评估，但专利权的价值仍无法在整个质权存续期间保持不变。专利权的价值可能随专利产品的市场开发而升值，也可能因某些原因而受到减损。这种价值的波动性也是由专利权本身固有的特性带来的，无法避免，这也是专利权作为质物的困扰之一。如果价值波动是趋向升值的，那么对债权人的债权保障无疑更为有利，但如果价值波动是趋于贬值的，就会危及债权人的合法利益。会造成专利权价值减损的影响因素特别多，且专利权人常常难以控制：如由于科学技术的发展，新技术、替代技术的出现可能使专利权的经济寿命短于其法律寿命，[1] 进而导致价值降低或完全灭失；又如质押专利权被侵权，而专利权人维权不及时或者不能充分维权；再如质押专利权被国家专利主管机关颁发强制实施许可证，打破其垄断特权，等等，诸如此类的情形出现，都将减损质押专利权的价值。虽然此时债权人可以依法要求专利权人提供相应担保，专利权人不提供时，债权人还可以拍卖、变卖专利权，并与专利权人通过协议将拍卖、变卖所得的价款提前清偿债务或者提存。[2] 但债权人需要证明专利权价值明显减少，并向专利权人提出补充担保或采取救济措施的成本也比较高，而且在专利权人不提供其他担保时，债权人也仅能采取上述保护措施，并不能强制专利权人提供其他担保。可见，专利

---

[1] Walter T. Harrison Jr. , Charles T. Horngren. *Financial Accounting*. Prentice Hal. l 2001.

[2] 根据《物权法》第 216 条规定：因不能归责于质权人的事由可能使质押财产毁损或者价值明显减少，足以危害质权人权利的，质权人有权要求出质人提供相应的担保；出质人不提供的，质权人可以拍卖、变卖质押财产，并与出质人通过协议将拍卖、变卖所得的价款提前清偿债务或者提存。

权价值波动性给债权人带来的风险比专利权权利不稳定带来的风险要大得多。[①]

（四）专利权变现渠道不成熟

在专利权质押中，担保债权人利益的是专利权的交换价值。当债权人要实现其质权时，需要将专利权的交换价值变现，也即将专利权协议折价或拍卖、变卖后以所得价款优先受偿。鉴于专利权质押多发生在融资借贷的债权债务关系中，作为债权人的金融机构愿意接受专利权折价的情形并不会太多见，所以债权人实现质权的主要方式是将专利权拍卖或变卖后以所得价款优先受偿。因此，专利权质押的顺利发展还需要一个成熟发达的专利权变现渠道来支撑。但目前专利权的变现渠道却还不够成熟。同样也是受到专利权权利不稳定、价值难以准确评估以及专利权价值会波动等因素的影响，较其他有形财产转让交易而言，专利权转让交易市场发育还不够成熟，造成专利权实现变现渠道也不是很通畅。尤其是当质权人急于将专利权变现以实现质权时，专利权交易的双边垄断特性会使转让方的地位更为被动。如前所述，虽然因专利权本身的新颖性、创造性和实用性等特征，使得专利权具有唯一性，市场上不可能出现两个提供同样专利权的卖方，但限于技术领域的桎梏，有意愿购买专利权作为竞争手段的潜在买方也不会太多，一般只会集中在特定的技术领域，而且"专利权的价值可能会依赖于其所有者或特许使用者的技能或者基于与他人所有或控制的其他专利产品或流程共同使用的效果"[②]。当专利权质押的质权人为实现质权而拍卖、变卖专利权时，专利权人的技能不一定能随之顺利转移，这在很大程度上又降低了买方的购买意愿，至少会影响买方的出价。可见，缺乏成熟的交易市场也是影响专利权质押发展的主要障碍之一。当然，也有不在乎专利技术转移，只通过侵权诉讼获得赔偿或收取许可使用费

[①] 宋伟、胡海洋：《知识产权质押贷款风险分散机制研究》，载《知识产权》2009年第4期，第74页。

[②] Ronald. C. C. Cumingq. C：《中国法律下的知识产权质押》，王恒福、马明宇译，载《中国发明与专利》2006年第11期，第25页。

为目的而专门购买专利权的机构，① 但这些纯粹出于要赚取专利权交换价值的差价为目的而购买专利权的机构，对作为质物的专利权变现市场并不会有太多帮助。

综上所述，尽管专利权作为可转让的财产性权利而成为质押担保物的身份无疑，尽管专利权质押对提升专利权的利用效能、对助力科技创新型中小企业融资的积极意义重大，但因专利权权利不稳定、价值难评估、价值会波动以及变现渠道不成熟等原因，专利权质押要实现顺利发展，还需要更多的配套制度来支持。

第二节　专利权质押的合同分析

一　专利权质押合同的订立

专利权质押虽然需要经过国家知识产权局的审核、登记才能生效，但这种登记实际上只是国家公权力对专利权质押这一民事活动的规范管理。归根结底，专利权质押还是专利权人与质权人平等民事主体之间的民事活动。这个民事活动是双方当事人合意的过程，合意的结果需要以协议的形式表示出来。而专利权质押合同就是记载专利权人（也即出质人）与质权人就质押的相关权利义务达成一致的法律文件，协议签署生效后，出质人与质权人都要接受专利权质押合同的约束。

（一）专利权质押合同的形式要件

我国《担保法》和《物权法》都明确要求专利权质押合同以书面形式表示。实际上，鉴于专利权自身的特殊性以及专利权交易法律关系的复杂性，法律基本上要求各种形式的专利权交易协议都应该以书

---

① 常被称为专利流氓（Patent Troll），也被称之为专利怪兽、专利蟑螂、专利海盗等，指的是那些本身并不制造专利产品或者提供专利服务，而是从其他公司、研究机构或个人发明者手上购买专利的所有权或使用权，然后专门通过专利诉讼赚取巨额利润的专业公司或团体。近来也被礼貌地称为"非实施实体"（Non - Practicing Entities，NPEs）。

面形式表示。① 虽然书面形式会增加具体交易的成本，但从社会总体效应来看，"采用书面形式具有降低社会成本、定分止争之作用。"②

专利权质押合同的复杂性和风险性更需要以书面形式记载来追求最大的交易安全性。而随着电子数据技术的日渐发展及普及，法律早已认可包括电子数据交换和电子邮件等形式在内的数据电文也是书面合同的法定形式。实际上，书面形式也并非刻板地要求以完整合同书的形式呈现，专利权质押合同既可以是单独的质押合同书，还可以是主债权债务合同中的质押条款。总之，以书面形式签署专利权质押合同的交易成本也不会太高。

（二）专利权质押合同的主要内容

专利权质押合同是记载双方当事人权利义务内容的法律文件，除了形式上要求表现为书面形式外，法律对协议的内容也提出了一些要求，根据《专利权质押登记办法》第九条的规定：当事人提交的专利权质押合同应当包括以下与质押登记相关的内容：当事人的姓名或者名称、地址；被担保债权的种类和数额；债务人履行债务的期限；专利权项数以及每项专利权的名称、专利号、申请日、授权公告日；质押担保的范围。结合法律对专利权质押合同内容的要求，以及实践中管控专利权质押风险的需要，专利权质押合同的主要内容应该包括以下两部分：

1. 描述质押法律关系的必要内容

首先，是所担保债权的种类和数额，专利权质押作为担保某一债权的从属法律关系，必须依附于特定的主债权债务关系，因此，需要尽可能地将主债权债务关系描述得清晰准确。其次，是债务履行的期限，这是指主债权债务关系中债务人承担债务的期限。如果债务人届期未按约承担债务，则质权人可在该时间点要求实现其优先有偿权。

---

① 虽然根据《专利法》的规定专利实施许可协议可以不以书面形式表示，但《合同法》仍要求专利实施许可协议以书面形式表示，只是按照特殊法优于普通法的原则，专利实施许可协议即使不以书面形式表示也不会影响其效力。

② 谢黎伟：《专利权质押设立制度之比较分析》，载《电子知识产权》2011年第7期，第26页。

在专利权质押合同中明确债务履行的期限，"可以准确确定债务人债务清偿期届满的时间，明确质权人实现质权的时间，保证债权人及时实现质权。"① 再次，是质押担保的范围，这是确定出质人承担的清偿债务的范围，换言之是质权人可以优先受偿的范围。质押担保的范围可以由当事人协商确定，在当事人对担保范围不作约定或者约定不明确时，可以参考《物权法》第173条的规定，将主债权及其利息、违约金、损害赔偿金、保管担保财产和实现担保物权的费用等纳入担保范围。最后，是关于质押权利义务的特殊约定，如是否允许转质、质权实现方式、是否设定最高额质押等。

2. 管控专利权特殊风险的必要内容

首先，是关于维持专利权有效性的责任界定，与其他动产质押的质权人需要承担法定的质物保管义务不同，专利权质押无法将质物移交给质权人，因此质物保管义务实际上应该由出质人来承担，所以有必要清晰地描述维护专利权有效性的责任。出质人有义务按时交纳专利年费、不得放弃专利权，当专利权被撤销或被宣告无效时，出质人应采取积极措施应诉并对质权人的损失予以补救。其次，是关于专利权交换价值的风险分担，如非因质权人的原因而导致专利权价值减损时，出质人应该提供相应的补充担保。如前所述，专利权价值的波动性是无法克服的质押风险之一，而会引发专利权贬值的因素又特别多，及时发现专利权价值变化就成为质权人防控质物交换价值贬值风险的重要措施。因此，质押协议双方还应该在协议中增加关于质权人监控专利权价值变化的工作规则的约定，以及应对专利权贬值的保护性措施。最后，是对专利权价值评估的确认。准确评估专利权价值的工作难度不言而喻，但在设定专利权质押时往往又需要确定一个专利权的准确价值，如果评估价值偏低会使出质人应该实现的利益无法实现，而如果评估价值偏高又会损害质权人的担保利益。因此，出质人和质权人还需要在协议中约定，通过怎样的方式，包括选择怎样的评估机构来确认所质押的专利权价值，以及如果出现评估价值有失公允

---

① 姚红主编：《中华人民共和国物权法精解》，人民出版社2007年版，第372页。

时的责任承担等内容。

（三）专利权质押的客体

一般认为能够成为权利质押客体的权利需符合以下要件：（1）该权利应是债务人或者第三人有权处分的权利；（2）该权利是财产性权利；（3）该权利是依法可以转让的财产权利；（4）在该权利上设定质权不违背法律的规定和权利质权的性质。①

专利权是能够满足权利质权要件的一种权利。专利权人具有对其专利权的处分权能，专利权的可转让性也毋庸置疑，且在专利权上设置质押担保并不会使质权的担保目的落空。因此，我国《担保法》和《物权法》在规定可以质押的权利类型时都包含专利权。这两部法律在列举可以质押的权利时将专利权表述为"可以转让的专利权中的财产权"，通常语义上的专利权也仅指专利所有权本身，专利实施权和专利申请权是否也可以成为质押标的物呢？

专利实施权在实践中常常也被视为一种可转让的财产权，如当持有专利实施权的企业被并购时，该专利实施权也将纳入被并购企业的资产清算范围，也将被视为一项独立的资产。在这个层面上看，专利实施权具有财产性、能够被转让、实施权人享有实施许可协议范围内各种处分权能，关键就得看在专利实施权上设定质押是否影响质押担保目的的实现。如前所述，专利实施权人获得权限是"一定范围内"的市场垄断特权，无论专利实施权人是否实施专利，这个市场垄断特权都将为其带来收益，而这个收益就成为质权人担保利益的保障。尤其是独占实施权还将专利权人的对实施权人的干预降到了最低限度。因此，在一定条件下将专利实施权纳入可质押的标的范围并无不当。实际上，国外已有承认在专利独占实施权上设质的立法例。例如，《日本专利法》第77条规定，独占实施人，在得到专利权人许可时，可以在独占实施权上设定质权。

任何一项专利申请都无法保证一定能够获得授权，但专利申请权

---

① 王利明、尹飞、程啸：《中国物权法教程》，人民法院出版社2007年版，第519—522页。

具有可评估的财产价值，而且可以被转让的性质却不容否定。也即专利申请权具有交换价值，在专利申请权上设置质押担保并不违反法律的任何规定。虽然我国专利行政主管机关认为："专利申请权虽然是获得专利权的前提，依法可以转让，但其明显的法律上的不确定性，使之不能作为一种具有法律效力的财产权，因而不能将专利申请权作为质物进行质押。"① 可见，国家知识产权不认可专利申请权作为质物的理由是风险过大，而并非法律上的障碍。笔者认为，商业风险可以交由市场主体自主选择，既然法律上没有障碍，就不该限制专利申请权成为质押担保物。

　　综上，专利权肯定能够作为质押标的物，专利实施权在一定条件下也可以成为质押标的物，专利申请权作为质押担保物的风险很大，但并不妨碍其成为质押标的物的身份。

　　此外，根据担保法律制度的规定，抵押人或动产出质人对担保物（包括动产或不动产）进行附合、混合或加工，形成对担保物的添附的，担保物权的效力及于添附物。② 该规则是否也适用于专利权质押法律关系呢？法律之所以将抵押或动产质押担保物的添附物纳入已成立的担保物权，是为了最大限度地保护债权人的利益，这些添附物的价值往往需要依附于担保物才能实现，单独存在时价值并不突出，所以一并纳入担保物权对抵押人或出质人利益影响也不大。但当添附物的价值特别大时，如建设用地使用权抵押后在该土地上新增的建筑物，法律就明确规定这样的添附物不属于抵押财产，抵押权人无权优先受偿。③ 对此，笔者认为，出质人在专利权质押期间对专利权后续研发所获得的成果应该区别对待，对是否纳入已成立的质权范围要视后续研发成果的价值而定。如果出质人后续研发形成的是完整的财产权利，如新的专利权或新的技术秘密等，就不得被纳入质权效力范围

---

　　① 郑成思主编：《知识产权价值评估中的法律问题》之《关于专利权质押合同登记的几点说明（中国专利局专利工作管理部专利市场处）》，法律出版社1999年版，第282页。

　　② 参见《最高人民法院关于适用〈中华人民共和国担保法〉若干问题的解释》第62条、第96条。

　　③ 参见《物权法》第200条。

内，在质权人实现质权时不得主张这部分新增的财产权利；但如果出质人对专利权后续研发的成果只是改进性、修补性的技术完善方案，并不构成独立完整的财产权利，就可以纳入质权的效力范围，否则会影响质权实现时的价值。

（四）专利权质权的设立

专利权质押本质上是一种担保法律关系，专利权质权本质上就是一种担保物权，因此专利权质权的成立也需遵守物权变动的公示原则。动产质押需要将作为质物的动产移交质权人占有，质权自质物交付时起成立，也即动产质权的设立以交付为公示。财产性权利一般具有无形性的特点，在财产性权利上设置质权时一般就不能以交付为公示。法律只要求那些可以交付权利凭证的汇票、支票、本票、债券、存款单、仓单、提单等财产性权利以交付为质权设立的公示方式，[①]这些权利凭证具有唯一性，如果丢失、毁损会直接影响财产性权力本身。而对于专利权等这类经由国家主管机关授权才产生的财产性权利，专利证书并不是控制专利权的唯一可靠权利凭证，专利证书只是证明专利权被授予之时权利状态的法律文件。根据我国《专利审查指南》第五部分第九章1.3.2的规定，在专利被授权之后，专利的法律状态的变更仅在专利登记簿上记载，由此导致专利登记簿与专利证书上记载的内容不一致的，以专利登记簿上记载的法律状态为准。据此可判断，仅交付专利证书无法确保质权人对专利权交换价值的有效控制，必须对专利权质权的成立提出更为严谨的形式要求。

如前所述，专利权在交易时既无可直接交付的具体实物，又有更高的交易安全需求，因此更适于采用类似不动产物权变动时"登记"的这种公示方式。在专利权质押交易中具体就体现为，专利权质押行为的生效以登记为前提，也即专利权质权的成立以登记为公示方式。对此，我国《物权法》第227条规定："以注册商标专用权、专利权、著作权等知识产权中的财产权出质的，当事人应当订立书面合同。质

---

① 根据《担保法》和《物权法》的规定，以汇票、支票、本票、债券、存款单、仓单、提单出质，质权自权利凭证交付之日起设立。

权自有关主管部门办理出质登记时设立。"可见，我国对专利权质权的成立要求以登记为公示方式。出质人与质权人签订的质押协议生效还不能产生设立专利权质权的效果，只有完成质押登记手续后，才能产生设立专利权质权的法律效果，质权人才能享有相应的担保利益。

虽然以登记为专利权质权设立的要件会增加交易的成本，但登记对专利权交易的积极意义却是无法替代的。如前所述，当登记成为专利权交易行为的生效原则时，可以促进交易安全、明晰交易标的的风险转移界限以及实现国家对市场垄断特权的管控。在专利权质押交易中，登记对保护质权人利益的意义就更为突出，这是因为：

第一，登记意味着国家知识产权局将对专利权的有效性以及质押行为的合法性进行一定的复核。虽然专利权质押是民事活动，但当登记成为其生效的前置条件时，负责登记的行政主管机关必然将对申请登记的专利权本身甚至质押活动的有效性进行审核，[①] 这就使得专利权质权比那些只经过质押当事人合意而就成立的质权在有效性方面更为有保障。

第二，专利权质押虽属于质押担保的一种，但却体现出抵押担保的若干特征，如质物无法实际移交给质权人、质权成立之后出质人仍享有对质物的使用权等，所以也有学者质疑在专利权等知识产权上设置质押担保制度的合理性，认为应该适用抵押担保制度。[②] 对此，笔者认为，专利权作为现代财产权的重要内容之一，在担保体系中被归类在权利质押中并无不当。质押担保的设立关键是考察质权人是否能够有效控制质物的交换价值，如果能够通过某些制度设计来实现对质物交换价值的控制，就不一定要将质物本身置于质权人控制之下。同时，从提高质物使用效率的角度来看，在质权人有效控制质物交换价值的同时，由出质人保留质物的使用权也符合经济效益。专利权的使

---

① 根据我国《专利权质押登记办法》第 12 条的规定，专利权质押登记申请需达到：专利权人与出质人身份一致、专利权效力无瑕疵、权属无争议、专利权有效期涵盖主债务履行期等条件，国家知识产权局才将对专利权质押登记申请予以登记。

② 吴晨曦、王莹：《权利质权？抑或权利抵押权？——论知识产权设定担保的体例选择》，载《广西政法管理干部学院学报》2005 年第 4 期。

用价值对专利权的交换价值影响较大，只有保持使用价值的专利权才具有交换价值，让出质人保留专利权的使用权对质权人的担保利益大有裨益。而"登记"就是这样一种能够实现质权人对质物交换价值有效控制，而又不会影响质物使用价值的措施。所以，在专利权质权成立时，通过登记而非转移质物的方式来实现质权人对质物交换价值的控制，更为有利于质权人的利益维护。

二　专利权质押合同主体及其权利和义务

（一）出质人及其主要权利义务

1. 出质人

在我国目前的法律框架中，只有对专利权享有完全所有权的主体，才能成为出质人。因此，能够成为专利权质押法律关系中出质人的只能是专利权人，对专利权有其他利益关系的主体，如专利申请权人、专利实施权人等都不能成为出质人。当专利权被数个主体共同拥有时，每一个共有人都有资格成为出质人，但前提是设定质押的行为取得所有共有人的一致同意。虽然我国《专利法》没有明确界定当专利权为数人共有时，共有人之间的关系是共同共有还是按份共有，但从《专利法》第15条第2款的字面意思解读，行使共同的专利权需要取得全体共有人的同意，"这大致接近共同共有的处分规则。"[①] 同时，我国《专利权质押登记办法》第4条也规定："以共有的专利权出质的，除全体共有人另有约定的以外，应当取得其他共有人的同意。"也即，除非专利权共有人有特别约定，否则至少在设定质押时，共有权人之间是共同共有关系。可见，能够成为出质人的主体就是包括专利权共有人在内的所有专利权人，但仅限于专利权人。

2. 出质人的权利

出质人的权利，是指出质人在质押法律关系中享有的利益范围，这是专利权人参与质押活动的原动力。出质人的第一项权利是获得担

---

① 崔国斌：《中国专利共有制度评述（上）》，载《电子知识产权》2010 年第 6 期，第 16 页。

保信用，无论这个信用是担保自己的债务（即出质人是主债权债务关系中的债务人），还是担保其他人的债务（即出质人是主债权债务关系之外的第三人），① 出质人获得的担保信用能够增强债权人签署主债权债务协议的信心，能够为债务人提供更多的商业合作机会，这当中也包括商业价值较高的融资机会。这对于缺乏房产、设备等有形资产而又急需发展资金的科技创新型企业而言，就特别重要。出质人的第二项权利是仍然保留自己实施专利的权利，这是与其他动产质押最大的区别。通常情况下，动产质押需要将动产移交给质权人，这也失去了对该动产使用或收益的可能。而专利权被质押时只是将专利权的交换价值让渡给质权人，质权人可以就专利权被转让或者被实施许可的所得价款中优先受偿，但体现专利权使用价值的实施权依然保留在出质人手中。出质人可以自己实施专利技术，在征得质权人同意的前提下，还可以许可他人实施或者转让专利权。可见，专利权质押并未影响专利权的使用价值。专利权人成为出质人后，在实现专利权使用价值的同时，还通过让渡专利权的交换价值获得了利益，大大提升了专利权的利用率。上述两项内容就是专利权人作为出质人时所获得的主要权利。

3. 出质人的义务

专利权人在专利权质押关系中的义务比较多，这也是受专利权权利不稳定、价值难评估、价值会波动、变现不容易等特性影响，所以只有对出质人设置较多的义务才能保证质权人的利益。出质人需要承担的义务至少包括以下几项：第一，出质人应该积极维持专利权的有效性，应该按时缴纳专利年费、不得做出放弃专利权的申明、在专利权被提起无效申请时应该积极应诉。第二，出质人应该尽力维护专利权的价值，当专利权价值明显减少时，应该向质权人提供相应担保；当专利权被他人侵权时，应该采取积极手段维权。第三，出质人应该全面遵守质押担保的义务，不得擅自转让或许可他人使用专利技术，

① 鉴于专利权质押的操作难度，虽然实践中专利权人凭自己的专利权为他人的债务提供质押担保的情况不多见，但实际上法律却不限制专利权人为他人的债务提供担保。

因为专利权"已作为质权的标的，如果允许出质人将其消灭或变更，势必损害质权人对该标的的交换价值的支配，使担保的设定毫无意义，因此法律应对出质人的权利加以一定的限制"[①]。第四，在质权人以折价或拍卖、变卖专利权实现质权时，出质人应该按照约定或法律规定配合，不得设置障碍。第五，以登记为公示原则的专利权质权还体现了公权力对专利权质押行为的介入管理，因此，出质人还需要遵守主管机关的管理要求。当专利权质押登记信息，如当事人的姓名或者名称、地址、被担保的主债权种类及数额或者质押担保的范围发生变更的，应该按期办理变更登记手续，[②] 以维护主管机关的管理秩序，实现专利权质押登记的公示效应。此外，鉴于《专利法》中有关我国单位或个人向外国人、外国企业或外国其他组织转让专利权时，需办理相关手续的要求，当我国单位或个人将专利权质押给外国法律主体时，也需符合有关法律的规定。

（二）质权人及其主要权利义务

1. 质权人

质权人，是指接受专利权作为质物以担保其债权的主债权人。质权人既是专利权质押关系中的当事人，同时也是主债权债务关系中的债权人。法律并未对质权人的身份做过多限制，只要他是合法债权债务关系中的债权人，只要他愿意接受以专利权为质物的担保，就可以成为专利权质押法律关系中的质权人。

2. 质权人的权利

首先，质权人的主要权利是获得担保利益，这个担保利益主要通过优先受偿权表现。质权人获得的优先受偿权，是指当主债权债务关

[①]　胡开忠：《权利质权制度研究》，中国政法大学出版社 2004 年版，第 280 页。

[②]　根据《专利权质押登记办法》第 17 条之规定："专利权质押期间，当事人的姓名或者名称、地址、被担保的主债权种类及数额或者质押担保的范围发生变更的，当事人应当自变更之日起 30 日内持变更协议、原《专利权质押登记通知书》和其他有关文件，向国家知识产权局办理专利权质押登记变更手续。"虽然该规定没有明确指明"当事人"是指出质人还是质权人，但从该办法约束对象的角度观察，由出质人主动办理变更登记手续更为适宜。

系中的债务人未按期履行债务或发生约定的实现担保物权的情形时，质权人有权就所质押的专利权变价并优先受偿的一种限制物权。其次，为了确保质权人的优先受偿权，担保法律制度赋予质权人对质押标的物交换价值的控制权，这些控制措施具体表现为：（1）当专利权质权成立之后，专利权人再许可他人实施或者转让专利权，需要取得质权人的同意；（2）当专利权人转让或者许可他人实施专利获得收益时，需要将收益向质权人提前清偿债务或提存。再次，担保法律制度规定，除非质押合同另有约定，否则质权人有权收取质押标的物的孳息。因此，质权人还有权对专利权的法定孳息主张权益。"孳息，是指原物（物及权利）所生的收益，可分为天然孳息和法定孳息……称法定孳息者，谓利息、租金及其他因法律关系所得之收益……收益，指以原本（物或权利）供他人利用而得之对价。"① 笔者认为，专利权的法定孳息就是在专利权质权成立之前，专利权人（也即出质人）许可他人实施专利而应收取的许可使用费。虽然由质权人直接收取该笔许可使用费不太易于操作，② 但如果法律确认了这笔许可使用费作为专利权法定孳息的身份，将更有利于质权人的利益保护。而出质人在质权成立后所做出的专利实施许可，就应该适用《物权法》第227条的规定，将所收取的许可使用费用于提前清偿债务或提存。当然，即使将质权成立前就约定的专利许可使用费视为孳息纳入质权人的担保利益，也需要将专利权质押与专利许可使用费质押做区分。许可使用费在法律性质上是一项债权，如果直接在许可使用费上设定质押，就应该适用应收账款质押的规则。③ 最后，专利权质权人能够享有的担保法律制度赋予担保物权人的代位权，具体到专利权质押法律关系中就表现为：当专利权被侵权或者被强制许可时，质权人可就侵权损

---

① 王泽鉴：《民法概要》，中国政法大学出版社 2003 年版，第75—76 页。

② 因专利权人与被许可方之间的许可合同只约束当事人双方，如果由质权人来收取许可使用费必然要增加若干操作环节，增加交易成本。

③ 应收账款，一般是指权利人因提供一定的货物、服务或者设施而获得的要求义务人付款的权利，本质上属于一般债权，且仅限于金钱债权。鉴于这种债权的财产性、可转让性和可设质性，我国《物权法》明确将应收账款列为可以质押的权利之一。

害赔偿金或强制许可使用费优先受偿。

3. 质权人的义务

如前所述，质权人的权利限于对专利权交换价值的控制，不能涉足专利权的使用价值。因此，质权人的主要义务就表现为对专利权使用价值的不干涉，具体包括：首先，质权人无权实施或许可他人实施所质押的专利，质权人如果需要实施专利，也必须取得专利权人的许可，并无特殊地位可言。其次，质权人必须尊重专利权人，也即出质人自己实施专利的自由。尽管出于控制专利权交换价值的考虑，法律规定出质人如果许可他人实施或转让专利权必须取得质权人的同意，但出质人自己实施专利权的行为却不受质权人的限制，出质人可以自由地实施自己的专利权。最后，是当债务人按期履行债务或者出质人提前清偿所担保的债务时，质权人需积极配合办理专利权质押登记的注销手续，以恢复出质人对专利权的完整控制权。

三　专利权质权的实现

专利权质权的实现，是指当主债权履行期间届满而债务人未按约履行债务时，质权人以专利权折价或者将专利权拍卖、变卖后优先受偿的具体行为，这是质权人实现其担保利益的具体表现。与其他类型的质权一样，专利权质权的实现要符合：质权合法有效存在、所担保的债权已届清偿期、债务人没有清偿债务且对于未清偿债务非因债权人的原因引起等几个条件。[①] 专利权质权实现的方式也是折价或者以拍卖或变卖所得价款优先受偿等两种方式。同样是受到专利权自身特性的影响，专利权质权的实现也存在如下特点：

（一）当事人以折价方式实现质权的意愿不强

首先，受限于专利权的技术领域界限，需要专利权的主体远不如需要其他动产质物或者其他权利质物的主体那么普遍，尤其是专利权质押多发生在融资借贷担保法律关系中，质权人愿意接受专利权折价以实现质权的情况更不多见。其次，鉴于专利权质押的高风险性，实

---

① 陈龙业、项先权：《质权·留置权》，中国法制出版社 2007 年版，第 73—74 页。

践中专利权质押的担保金额常常只占专利权评估价值的一定比例。①
当以折价方式实现质权时，出质人对专利权价值认定的要求难以得到
满足，因此，出质人也不愿意以折价方式实现质权。

（二）实施拍卖或变卖的期间过长，可能减损专利权的价值

尽管当事人以折价方式实现专利权质权的积极性不高，但以拍卖
或变卖方式实现质权对当事人其实也并非更好的选择。因为，按照现
行法律，对他人享有所有权的财产进行拍卖或者变卖的，本质上属于
强制执行，需要法院的公权力介入才能得以进行。而根据最高人民法
院《关于人民法院执行工作的若干问题的规定》（试行）第2条的规
定，法院执行机构并不直接受理质权人要求对质物进行拍卖或变卖的
请求，质权人需要先就质押协议未得到如期履行进行诉讼或者仲裁，
并获得胜诉的生效裁判文书后，才能提请法院启动拍卖或者变卖的执
行程序。可见，质权人要以拍卖、变卖后的价款优先受偿，还必须先
取得胜诉的判决或裁定。另外，专利权转让的市场不够成熟，无法如
普通商品转让那样迅速地找到卖方。综上，以拍卖或变卖的方式实现
专利权质权的时间非常漫长。尽管这样的质权实现程序是为了追求公
平、公正的法律价值目标，但却没有照顾到专利权的特殊性，这种漫
长的程序将损害质权人的担保利益。具体原因为：首先，专利权只在
有效期内才具有交换价值。尽管质权人在质权成立时会注意将主债务
履行期控制在专利权有效期内，②但质权实现的期限却无法受质权人
的掌控，尤其是法院对专利权拍卖或变卖要以对质押协议的裁判文书
为依据时，质权人要实现质权的时限就更难以控制。如在此期间内专
利权有效期届满，任何人均可自由免费地实施专利技术，专利权就无
法再被拍卖或者变卖，质权人也就无法在专利权上实现担保利益。其
次，专利权的价值还会受到替代技术或产业环境的影响。随着时间的

---

① 如《厦门市专利权质押贷款工作指导意见》规定，专利权质押率原则上不超过
45%；招商银行的"知本贷"业务规定，发明专利权质押融资金额不超过专利权评估价值
的35%。

② 根据《专利权质押登记办法》第12条的规定，债务人履行债务的期限超过专利权
有效期的，国家知识产权局也不予办理登记手续。

推移，被质押的专利权将失去技术层面的领先性，同时其交换价值也会受到减损。所以说，漫长的执行期间对专利权质权的损害是无法忽视的。

因此，有必要对专利权质权实现的程序作出调整，具体调整建议容下文再述。

第三节　我国专利权质押制度的完善

一　我国专利权质押现状分析

（一）对专利权质押活动的认可度较低

尽管我国在 1995 年起就正式确认专利权可以作为质押担保物的法律地位，但专利权质押的运用却并不普遍。根据国家知识产权局公布的《专利权质押合同登记相关信息》，2010 年用于质押的专利权是 1076 份；2011 年用于质押的专利权数是 1951 份；2012 年用于质押的专利权是 3367 份。[1] 相较于同期的有效专利权数，以质押方式运营的专利权数，微乎其微。尽管质押可以让专利权人获得较大的资产效能，但从全国的情况来看，质押远未成为专利权人运营其专利权资产的主要方式。笔者认为，专利权质押活动匮乏，既有债权人对接受专利权作为质押财产心存顾虑的原因，也有专利权人未积极开发质押这种资产运营方式的懈怠情形。

如前所述，专利权质押活动主要发生在融资贷款业务中。2012 年所登记的 3367 份质押专利权中，有 95% 用于融资贷款。[2] 这固然说明专利权质押为科技创新型中小企业融资开辟了一个渠道，但同时也

---

① 数据来源：国家知识产权局公布《专利权质押合同登记相关信息》。国家知识产权局在 2013 年第二季度后就未再发布此统计信息，因此分析数据截止 2012 年。

② 数据来源：国家知识产权局公布《专利权质押合同登记相关信息》之《2012 年数据统计》，根据质权人的名称进行的判断，当质权人名称为"银行"或"信用社"的，质押活动即与直接的贷款有关；质权人名称为"担保公司"的，质押活动也与融资贷款有关。

反映出专利权质押业务的适用面狭窄。实际上，质押是债权担保的常用方式，不限于融资贷款担保。其他普通的债权担保业务也可以将专利权用作质押物。目前基本围绕融资贷款而开展的专利权质押活动，说明将专利权用于债权担保尚未得到专利权人或债权人的充分认识，总体而言，对专利权质押活动的认可度还较低。

（二）专利权质押过于依赖政府的财政和政策支持

我国专利权质押在 2010 年以前的发展虽然不大，但也积累了一些成功案例。在北京、上海、成都、江苏等地区专利权质押融资活动还比较活跃，对这些地区的专利权质押融资进行分析后可以发现，这些地区的专利权质押活动无一能离开政府的特别支持。如上海浦东模式是依靠浦东科委向浦东生产力促进中心提供每年 2000 万元的专项资金，以此对科技企业向银行贷款提供担保，同时科技企业将其专利权作为反担保质押给浦东生产力促进中心。没有政府的财政资助，浦东模式不可能运行。[1] 北京模式则是由北京市财政部门安排专项资金，对办理了专利权质押融资的企业给予贷款贴息补助。[2] 这些依托政府的特殊政策或直接的财政支持运行起来的专利权质押能否形成长效机制？通过专利权质押融资的方式是否可以解决科技创新型中小企业的融资困局？就很值得反思。当然，与其他新兴事物的发展规律一样，一项新兴制度在运行初期的确需要一个良好的政策环境。但作为私权的专利权，在以质押担保这种典型的商事活动方式运行时，按市场规则开展活动才符合其内在的发展规律。当专利权质押的运行成为专利权人与债权人之间按正常市场规则开展的商事活动时，才能算是发展成熟。

（三）规范专利权质押的法律制度尚未成体系

我国目前规范专利权质押活动的主要法律依据是《担保法》和《物权法》，在专利法律制度中只有一个部门规章调整专利权质押活动

---

[1]　李瑜青、陈慧芳：《知识产权评估与质押——基于上海浦东模式的实证研究》，载《华东理工大学学报》（社会科学版）2009 年第 4 期，第 68—69 页。

[2]　李希义、蒋琇：《政府支持下的知识产权质押贷款模式及其特征分析》，载《科技与法律》2009 年第 5 期，第 11—12 页。

的登记程序，其他再无调整专利权质押活动的法律规范。反而因专利
权质押活动常常发生在融资担保领域，金融监管机构还出台了若干指
导意见规范专利权质押贷款行为。例如，2006 年中国银行业监督管理
委员会发布《关于商业银行改善和加强对高新技术企业金融服务的指
导意见》、2007 年中国银行业监督管理委员会发布《银行开展小企业
授信工作指导意见》、2009 年中国银行业监督管理委员会和科技部联
合发布《关于进一步加大对科技型中小企业信贷支持的指导意见》、
2010 年财政部、工业和信息化部、中国银行业监督管理委员会、国家
知识产权局、国家工商行政管理总局和国家版权局联合发布《关于加
强知识产权质押融资与评估管理支持中小企业发展的通知》、2013 年
中国银监会、国家知识产权局、国家工商行政管理总局、国家版权局
联合下发《关于商业银行知识产权质押贷款业务的指导意见》（银监
法〔2013〕6 号）等，这些部门规章从规范金融机构接受专利权作为
质押担保物的角度对专利权质押融资活动进行了指导。

　　这些出自不同部门的规章目前还尚未形成一套体系化的法律规
范。《担保法》及《物权法》是专利权质押制度的基本性实体规范，
但内容上过于原则，且缺乏对专利权质押的针对性，需要进一步的细
则以指导实际的操作。而目前散见于各类知识产权政策、金融政策中
的专利权质押法律规范未能协调融合地指导操作，因此，现在亟须整
合一个明确的法律文件，以适应国家对大力发展专利权质押的需求。

二　专利质押域外立法经验借鉴

（一）专利权质押立法模式比较

　　专利权质押既是一种担保方式，也是专利权运用的一种形式，因
此，规范专利权质押行为的法律制度既要体现担保法律制度的要求，
也要兼顾专利权的特性。在以专利权为代表的知识产权日渐成为知识
经济时代的重要财富内容时，任何国家的民事法律框架体系中都无法
忽视专利权担保这种法律关系，但不同国家在构建调整专利权担保法
律关系的具体制度时，采用的立法模式却并不相同，主要表现为以下
两类：

1. 只通过担保法律规范予以调整

大多数国家都未对专利权或者知识产权担保行为单独立法，只是在担保法律规范中将专利权或知识产权纳入可以设置担保的财产范围内，完全依据担保法的规则调整专利权担保行为。如我国就是在《担保法》和《物权法》中将专利权定位于可以设置质押担保的财产权利之一，完全适用担保法律规范调整专利权质押活动，而在专利法律制度中却鲜有规范专利权质押的内容。美国也没有专门调整专利权或知识产权担保的法律规范，目前适用于大多数州的《统一商法典》（UCC）将专利权等知识产权视为动产，因而有关知识产权的担保行为就主要受到该法有关动产抵押法律规范的调整。① 此外，美国只在其《专利法》中规定专利权的转授、赠予或转移以及抵押等行为应在三个月内办理登记手续，否则不足以对抗第三人，其他再无约束专利权担保的内容。

只通过担保法律规范调整专利权担保行为的立法模式，无法就专利权的特殊性而做出例外规定。坚持适用统一的担保规则虽然可以最大限度地维持担保法律制度的系统性和完整性，但却未能充分顾及专利权或知识产权的特殊性，因而在规范专利权质押活动时略显不适应。实际上，即使担保制度发达的美国，也觉察出现代担保法律制度对知识产权担保问题的不适应。② 因此，有必要结合现实情况，专门针对对专利权担保或知识产权担保行为完善立法。

2. 同时通过担保法律制度和专利法律制度予以调整

也有一些国家对专利权担保的价值以及专利权担保的特殊性有了较为深刻的认识，因此除了在担保法律制度中规范专利权担保的一般行为外，还通过专利法律制度对专利权担保进行特别调整。如日本除了在《日本民法典》第 362 条规定："质权，可以以财产权为其标

---

① 动产抵押与不动产抵押的区别在于抵押标的是动产，而与质押的区别在于动产抵押不以转移动产的占有为要件。参见祝宁波《美国知识产权抵押担保法律制度述评》，载《华东理工大学学报》（社会科学版）2009 年第 4 期，第 72—73 页。

② Ronald. C. C. Cumingq. C：《加拿大及美国的知识产权担保法发展概述》，王恒福、马明宇译，载《中国发明与专利》2006 年第 11 期，第 29 页。

的"外，主要还是通过《发明专利法》对可以设定质押的专利权范围、质权人的义务、专利权质权的生效等内容进行规范。[①] 与日本做法相同的还有我国台湾地区：先在《民法》中肯定可以在专利权上设定质押担保，然后再在《专利法》中对专利权质押行为进行规范。英国同样也是除了在担保法律制度中规范专利权担保外，还在其《专利法》中明确规定专利权和专利申请权担保等事宜。[②]

这种既在担保法中确定专利权担保法律地位，又在专利法中细化专利权担保规范的立法模式有突出的优势：一是符合民法（或担保法）与专利法之间一般法与特别法的关系；二是立法成本不会太大。[③]应为我国立法借鉴。

（二）专利权担保物权公示规则比较

专利权质权本质上是由质权人享有的一种担保物权，其成立也需要遵守物权设立的公示规则。物权公示的目的是使物权权属状况采用某种能够为社会公众所知晓的外部表现形式，以透明物权关系及保护交易安全。概括而言，动产物权设立的公示方式为占有，动产物权变动的公示方式为交付，不动产物权设立及变动的公示方式均为登记。[④]专利权是一种经国家知识产权局审查后授权才得以产生的特殊财产权，同时基于专利权本身的无形性，所以在专利权上设置担保物权以及这种担保物权变动时，都需要以较为程式化的方式表现出来才足以为公众所知悉，因此，专利权担保物权设立和变动时采用登记方式进行公示较为合适。只是各国对登记的效力持有不同的态度，有的坚持登记对抗原则，有的坚持登记生效原则。

1. 登记对抗原则

登记对抗原则，是指专利权担保登记不作为专利权担保物权生效的要件，登记只发生对抗第三人的效力，只要专利权担保协议当事人

---

① 参见日本《专利法》第 73 条、第 77 条、第 88 条、第 94—99 条。

② 参见英国《专利法》第 30 条。

③ 蔡祖国、付庆强：《我国专利权质权立法模式之检讨》，载《电子知识产权》2010年第 3 期，第 29 页。

④ 尹田：《物权法理论评析与思考》，中国人民大学出版社 2004 年版，第 253 页。

达成合意，专利权担保物权就成立生效了，是否办理专利权担保登记，完全取决于当事人的意思自治，但经过登记的专利权担保物权可以对抗第三人。美国、英国和法国以及我国台湾地区对专利权担保物权都采用登记对抗原则。美国《专利法》第 261 条规定，在专利权上设定担保的，应该在担保成立之后三个月内进行登记。英国《专利法》第 33 条规定，登记对于在专利权上的转授、许可、质押等行为具有对抗第三人的效力。法国《知识产权法典》第 L. 613—9 条规定，在专利权上转让或变动行为，非经在全国专利注册簿上登记不得对抗第三人。台湾《专利法》第 59 条规定："发明专利权人以其发明专利权让与、信托或授权他人实施，非经向专利专责机关登记，不得对抗第三人。"

有观点认为，登记对抗原则既蕴含了私法自治的精神，又维护了交易安全，兼顾了效益和公平，是比登记生效原则更优的制度设计。[①]但笔者认为，如果不强制要求当事人进行登记，那么当事人就有权自主决定是否登记、何时登记等这些会将对第三人利益产生影响的事项，导致专利权质押道德风险的加剧。因此，不如牺牲一部分效率而增强交易的安全性。虽然登记对抗原则在上述国家或地区也得到了良好的运行，但对我国专利权质押或专利权交易制度构建不久的现实情况而言，并不是最佳选择。

2. 登记生效原则

登记生效原则，是指专利权担保物权的设立以登记为要件，只有完成登记，专利权担保物权才发生效力，也即质权的成立不仅需要当事人达成合意，还必须办理符合法律规定的登记手续。我国和日本对专利权担保物权都采用登记生效原则，但具体规定也有所区别。我国主要是通过《担保法》和《物权法》调整专利权担保行为，所以没有对专利权质押的具体情形做区分，统一规定："专利权质权自有关主管部门办理出质登记时设立。"日本则在《发明专利法》中细分了

---

① 谢黎伟：《专利权质押设立制度之比较分析》，载《电子知识产权》2011 年第 7 期，第 29 页。

在专利权和独占实施权上设定质押担保，以及在普通实施权上设定质押担保的不同情形，日本《发明专利法》第98条规定：在专利权和独占实施权上设定质押担保时采用登记生效原则，第99条规定：在普通实施权上设定质押时采用登记对抗原则。

虽然以登记为生效要件将会增加交易成本，但登记对于提升交易安全性、保护质权人利益方面的效果却非常突出。实际上，随着数字技术及信息通信技术的发展，网络信息登记将在维持登记效果的同时大大降低登记的工作成本，因此，要求专利权担保物权以登记为生效要件，也不会影响专利权担保活动的顺利开展。

（三）专利权质押标的范围比较

建立了专利制度和担保制度的国家，一般都会将专利权纳入可以设立担保的财产范围之内，但对于可以设置担保的专利权的权利范围认定，在不同国家和地区却有不同的认识。有的国家仅承认专利权能够作为担保标的物，有的国家还将专利实施权、专利申请权等也纳入可以设置担保的权利范围之内。

1. 只允许专利权成为担保标的物

我国虽然在《物权法》中将可以设置担保的专利权界定为"可以转让的专利权中的财产权"，虽然也从未直接否定过专利申请权或专利实施权成为质押标的物的可能性，但我国专利权质押登记主管机关却在规范质押登记行为的行政规章中排除了专利申请权和专利实施权等可以转让的财产权作为质押标的物的可能，[①] 只允许专利权成为担保标的物。而实际上将专利实施权和专利申请权纳入可质押的标的范围并无不当。我国对于专利权质押的谨慎态度是为了更好地维护质权人的利益，但却没有充分地照顾到专利权其他相关权利人的利益，不利于充分挖掘专利权的经济价值，有必要借鉴其他国家或地区的做法予以改进。

2. 允许专利权中的多项财产权成为担保标的物

日本在《专利法》中明确可以设定质权的范围包括专利权、独占

---

① 根据《专利权质押登记办法》第12条的规定，出质人必须是专利登记簿上记载的专利权人才予以登记。

实施权和普通实施权。[①] 英国《专利法》也肯定专利许可实施权，甚至分许可实施权都是可以设定担保的财产权利，而且还认为："任何专利权或者专利申请权均是个人财产……皆可转授或抵押。"[②] 也即，英国不仅认可专利权和专利实施权都可以作为担保标的物，而且将专利申请权也纳入可设定担保的权利范围之内。

可见，将所有与专利权相关且具有可转让性的财产权利都纳入可设置担保的权利范围，在外国也有成功的运作先例。实际上，从逻辑关系来看，既然承认专利申请权和专利实施权的可转让性和财产属性，就不该限制其成为担保标的物。而且，担保从其属性上看是一种民事行为，理论上，只要满足设定担保条件的财产权都可以成为质押标的，法律不应做过多干涉，这是民法领域坚持尊重当事人意思自治的体现。至于愿意承担何种担保标的物的风险，是担保协议当事人自行选择的结果，法律可以给予当事人这样的选择权。在公平、有序的法律环境中，法律允许当事人选择符合担保条件的财产作为担保标的物，并不会必然导致担保风险的增加。

（四）专利权质权并存情况比较

专利权质押与不动产抵押有若干相似之处，如都需要登记，都不转移担保标的物的占有等。法律允许抵押人在其不动产上设置多项抵押权，只要所担保的债务之和不超过抵押物的交换价值即可。当数个抵押权人实现抵押权时，按登记的先后顺序清偿；顺序相同的，按照债权比例清偿。那么，与抵押表现出相同特征的专利权质押是否也允许出质人在同一个专利权上设置多个质权，并按上述规则满足质权人的质权？对此问题，各国有不同的规定。

1. 同一专利权上不允许设置多个质权

我国担保法律制度并未限制在一个专利权上设置多个质权，但国家知识产权局还是排除了在一个专利权上设置多个质权的可能性。根据《专利权质押登记办法》第 12 条的规定，对于专利权已被申请质

---

① 参见日本《发明专利法》第 95 条、第 96 条。

② 参见英国《专利法》第 30 条。

押登记且处于质押期间的，不再进行登记。也即，在一个专利权被解除质押之前，不得再次进行质押，无论专利权本身的价值是否超出前一次质押所担保的债务金额，都不得在剩余的交换价值上再设定担保。

我国法律之所以这样规定，诚然是为了保护质权人的利益，但却忽视了出质人（专利权人）的利益。在实践中，专利权质押的担保金额只占专利权评估价值的很少比例。通常情况下，专利权质押担保金额不超过专利权评估价值30％，目前允许质押贷款额度最高的地方政策是《贵州省专利权质押贷款管理暂行办法》，但贷款额度也不超过专利权评估价值的50％。专利权质押后的剩余交换价值仍然很大，法律直接限制专利权人再次利用这些交换价值有失公平。虽然专利权交换价值的稳定性差，担保风险较大，但是否愿意接受专利权质权设定后的剩余交换价值作为担保物，应该是交由市场主体自行决定的事宜，不应该由法律直接禁止。

2. 可以在同一专利权上设置多个质权

其他国家与我国的做法不尽相同，不仅没有回避，而且明确规定在同一质物上可以设置多个担保物权。如《瑞士民法典》第893条规定："（一）一物负担若干债权时，质权人按其顺序受清偿。（二）前款质权人顺序，以设定质权的先后日期为序。"《日本民法典》第355条："为担保数个债权，而就同一动产设定质权时，其质权的顺位，依设定的先后而定。"根据前述法律规定，只要专利权质权人愿意接受，出质人就可以在同一个专利权上设置多项质权。尽管专利权的价值不稳定是不争的事实，但很多情况下专利权体现出来的巨大经济价值也是不容否认的事实。实际上，在秩序良好的市场环境中，法律并不需要对市场主体的理性选择做过多限制，可以完全交由市场主体自行决定。"至于允许设定多个质权是否有损质权人利益的问题，在登记为专利质押生效要件的情况下，如质权人在查阅登记簿后，知道专利上已经存在质权而仍然同意设质，是自愿承担风险的表现，非但无损于质权人的利益，反而有利于实现其需要，因为质权人才是自身利益的最佳判断者，法律实无干涉之必要。"①

三　完善我国专利权质押制度的建议

我国目前虽然已经搭建起支撑专利权质押活动的基本法律规范，相关监管机构和地方政府也相继出台政策积极推进专利权质押活动，但结合我国专利权质押活动开展的现状，并比较其他国家规制专利权质押的立法经验，笔者认为还应该改进以下几个方面的工作，才能够确保实现国家知识产权战略中关于"引导企业采取知识产权转让、许可、质押等方式实现知识产权市场价值"的战略重点。

（一）增强专利权质押效率

1. 允许专利权在质押期间的转让和许可行为

《担保法》及其司法解释、《物权法》和《专利权质押登记办法》都规定：专利权出质后未经质权人同意，出质人不得转让专利权或许可他人使用；转让或许可他人使用的收益应用于提前清偿债务或者提存。② 法律之所以对出质人做出这些限制，是因为专利权质押的质权人无法像其他动产质押的质权人一样，控制了质押标的物的同时也就控制了质押标的物的交换价值。为了更好地保障质权人的利益，法律对出质人处置专利权的行为做出了较多的限制。这样的限制本无可厚非，但却忽视了专利权价值实现的基本规律。专利权在有限的有效期内，其价值一般都会随时间的推移而递减。因此，在有限的期限内应用越广泛，价值开发才能越充分。上述法律规定虽然没有排除出质人在专利权质押期间以转让或许可使用的方式处置专利权的权利，但以禁止处置为原则，以协商获得处置允许为例外的立法模式，实际上增加了专利权价值开发的成本。因此，笔者建议将上述法律规定调整为："出质人在专利权质押期间，可以转让或许可他人实施专利技术，但应将转让或许可他人实施后的收益提前清偿债务或提存。"这样的

---

① 谢黎伟：《论专利质押的法律效力》，载《福建金融管理干部学院学报》2010 年第5 期，第 47 页。

② 参见《担保法》第 80 条、《最高人民法院关于适用〈中华人民共和国担保法〉若干问题的解释》第 105 条、《物权法》第 227 条、《专利权质押登记办法》第 16 条。

调整，明确允许出质人可以在质押期间多渠道经营专利权，积极开发专利权的交换价值。同时，专利权转让必须经国家知识产权局登记并公告后才生效，许可他人实施需要在国家知识产权局办理备案登记，因此只要在国家知识产权局设置适当的监控环节，就能有效防止专利权人在质押期间擅自转让或许可他人使用的行为，确保质权人担保利益的实现。

2. 允许对专利实施权和专利申请权设定质押

虽然我国担保法律制度将可以设质的专利权笼统地描述为"专利权中的财产权"，但专利权质押登记行政主管机关却将可以设定质押的标的限定为专利权本身，并不包括专利实施权或专利申请权。本书前述，专利实施权和专利申请权成为质押担保标的物并无法律障碍，至于质押设定后的风险可交由市场主体自由选择。实践中，专利实施权人常常还是将专利技术进行市场转化的具体操作人，更需要以质押融资的方式获得发展资金。因此，我国应该借鉴日本等国家的立法经验，允许专利实施权和专利申请权上设定质押担保。

3. 允许在同一专利权上设置多个质权

与对专利实施权质押担保的否定一样，我国担保法律制度并未限制在一个专利权上设置多个质权，但专利权质押登记行政主管机关通过部门规章排除了在一个专利权上设置多个质权的可能性。《专利权质押登记办法》第 12 条规定，对于专利权已被申请质押登记且处于质押期间的，不再进行登记。也即，在一个专利权被解除质押之前，不得再次进行质押，无论专利权本身的价值是否超出前一次质押所担保的债务金额，都不得在剩余的交换价值上再设定担保。实际上，专利权质押与不动产抵押担保一样，以登记为生效要件，而非以移交质押标的物为生效要件。因此，只要一项专利权的交换价值足够大，就具有在同一项专利权上设置多个质押担保的可行性。同时，在实践中专利权质押担保的债权最多不超过专利权评估价值的50%，在此前提下，如果不允许在同一个专利权上设置多个质押，则对于专利权人而言有失公平。至于在同一项专利权上设置多个质押而产生的风险，应交由出质人与质权人自行选择，而不是在法律中直接排除。所以，法律不应该禁止在同一项专利权上设置多个质押担保。

（二）完善专利权质押登记

我国《担保法》1995 年确定专利权质押合同自登记之日起生效后，国家专利局就于 1996 年出台了《专利权质押合同登记管理暂行办法》（以下简称："《暂行办法》"），该《暂行办法》成为规范专利权质押合同登记程序的法律依据。随着《物权法》对《担保法》将专利权质押合同登记生效的内容修正为"专利权质权自登记时设立"，国家知识产权局于 2010 年出台《专利权质押登记办法》（以下简称："《登记办法》"），结合《物权法》的规定及《专利法》2008 年修正的精神，对专利权质押登记的程序和进一步做出优化和完善。新出台的《登记办法》对原《暂行办法》的修改体现在多个方面，首先，从名称开始，将"专利权质押合同登记"修正为"专利权质押登记"，明确国家知识产权局行政管理的规范对象是专利权质押行为，而非专利权质押合同。其次，在标题中删去了"管理"两字，体现了国家知识产权局对专利权质押这一市场活动的服务态度。此外，还在多个具体方面优化了专利权质押当事人办理质押登记的程序，如让质押合同当事人享有更多的关于质押合同内容的自由协商权、将审核登记时限由 15 日缩短为 7 个工作日、在登记事项发生变动时，办理变更登记手续的时限由"做出变更决定之日起七日内"延长为"自变更之日起 30 日内"。同时，《登记办法》还强化了对质权人权益的保障，如对不予以登记的情形规定得更为详细具体，而且还赋予国家知识产权局对不符合登记的专利权质权享有主动撤销登记的权利。

《登记办法》紧扣相关法律的调整，也关注到了专利权质押实践的一些现实需要，但笔者认为还有以下两方面的工作可以进一步完善：

第一，《登记办法》第六条："当事人可以通过邮寄、直接送交等方式办理专利权质押登记相关手续。"实际上，在数字技术及信息网络技术已经深入渗透社会生活各环节的背景下，其实可以允许通过网络平台办理质押登记手续，这样可以大大降低成本，提高工作效率。

第二，《登记办法》第十三条赋予国家知识产权局撤销不符合登记要求的专利权质权的权利，而且规定："专利权质押登记被撤销的，质押登记的效力自始无效。"这个规定的初衷是为了促进专利权质押市场的规范运作，但一旦撤销就意味着国家知识产权局通过行政管理行为消灭了一项担保物权，实际上将成为专利权质权不稳定的另一大隐患。因此，笔者建议，国家知识产权局应该通过设置严谨的登记审查工作环节来规范专利权质押市场，而不是强调专利权质权成立后的修正措施来实现这个目标。

（三）优化专利权质权实现的程序

如前所述，我国现行的专利权质权实现程序无法确保质权人的利益，有必要进行改革。在实践中，质权人以折价方式实现质权的意愿不强，所以通过拍卖或变卖后优先受偿是专利权质权实现的主要方式。按现行法律规定，当质权人申请法院拍卖或变卖专利权时，需要先取得质押担保协议的胜诉判决或裁定，也即质权人还须承担民事诉讼一审六个月、二审三个月的时间成本。当担保标的物是不动产、动产甚至是其他知识产权的时候，这个时间成本对担保标的物的价值影响不会太大，甚至还会有增值的可能，而当担保标的物是专利权的时候，质权人就不得不面对专利权无效、替代技术出现等会引起专利权价值减损的风险。因此，必须对现行专利权质权实现程序进行改革，否则不足以保护质权人的利益。

对质权人最为有利的程序设计是，一旦出现专利权所担保的债务到期或约定质权实现的情形时，质权人就可以直接申请法院对质押的专利权予以拍卖或变卖。但这样的程序安排有违公平原则，质权人申请执行的依据是出质人违反质押担保协议，如果直接进入执行程序，则剥夺了出质人就质押协议或者是所担保的主债权债务协议的有效性或违约情形进行申辩的机会。可见，让质权人直接申请拍卖或变卖专利权也不尽合理。

借鉴民事诉讼程序中先予执行制度的做法，笔者建议，当质权人认为出现质权实现的情形时，在向法院提供相应担保的前提下，可以申请法院先予拍卖或变卖所质押的专利权，并将所得价款提存；当质押担保协议获得生效判决后，再根据判决结果实现其优先受偿权。这样既可以避免专利权的交换价值因诉讼程序时间过长而有所减损，影响质权人的利益；又能确保出质人的合法权利不因质权人要求实现质权而受影响。而且，按照《民事诉讼法》第106条的规定，法院可以因情况紧急需要而根据当事人的申请，裁定先予执行。当可能出现专利权贬值不利于质权人的债权实现时，就应属于"紧急情况"，质权人（原告）可以依据该法的规定向法院申请先予执行。可见，对专利权质押标的物适用先予执行措施也有法律依据，无须单独立法即可找到公平、合理的运作规则。

（四）引导专利权质押商业模式创新

我国目前还主要依靠政府政策扶持的专利权质押，始终是要按市场规则开展活动，完全走向市场化的。市场化就意味着政府将回归市场监管者或服务者的角色，由出质人和质权人在平等的质押担保关系中寻求各自的收益。鉴于专利权质押操作中的各种现实困难，专利权出质人和质权人有必要探寻一些新的商业合作模式，以降低专利权质押的风险，增加各自的利益空间。针对目前专利权质押应用最为广泛的融资借款领域，笔者认为至少有以下两种模式值得作为质权人的金融机构进行尝试：

1. 在专利权质押融资贷款中引入贷款保险

专利权质押融资的发展一直受制于自身的高风险，因此可以借鉴住房抵押贷款保险的运行模式，在专利权质押融资中也引入贷款保险，通过保险的运行机制来分散专利权质押的高风险。住房抵押贷款保险，是指借款人作为被保险人，因意外或疾病导致死亡或残疾等自然原因，或因失业、经济收入下降等社会性原因致使无法继续全部或部分归还贷款本息时，由保险公司代借款人偿还全部或部分所欠贷款本息的行为。① 专利权质押融资时也可引入保险公司为银行分散风险。在签订专利权质押贷款协议时，专利权人就向保险公司投保，将银行设定为保险的受益人。当专利权人不能按期偿付银行贷款时，由保险公司偿还剩余的贷款本息，专利权质权则由保险公司代位取得。在专

---

① 邓宏乾主编：《房地产金融》，复旦大学出版社2006年版，第97页。

利权质押贷款中引入保险，一方面大大降低了银行的风险，激发了银行提供专利权质押贷款的热情；另一方面可以借助保险公司在风险管理方面的专业知识和专业人才，帮助专利权人提升风险管控的能力。

2. 组成银团提供贷款

尽管银监会允许银行提供专利权质押贷款时可以根据风险情况实行差别利率，也即允许银行对专利权质押贷款上浮利率，[1] 但银行仍然不敢轻易涉足专利权质押贷款这项高收益的业务。其中一个客观原因是银行单独抵御风险的能力有限。但如果能组成银团提供贷款，必能提高银行的抗风险能力。实际上，2010 年我国就已经出现了银团贷款的实践。交通银行股份有限公司苏州工业园区支行、汇丰银行（中国）有限公司苏州分行、华夏银行股份有限公司苏州分行、中国光大银行苏州分行、中国银行股份有限公司苏州工业园区支行等五家银行合作组成银团，与专利权人签署了 54 项专利权质押合同。以银团贷款的方式向专利权人提供质押贷款，是有效分散专利权质押风险的融资方式。相较于一家银行提供贷款而言，银团贷款不仅可以联合若干银行的资金实力扩大贷款规模，而且还能发挥各家银行在贷款跟踪管理方面的优势增加贷后监管能力，有效防控贷款风险。因此，对专利权质押贷款这项高风险，同时也有高收益的贷款业务，银团贷款不失为一种多方共赢的合作模式。

---

[1] 参见《中国银行业监督管理委员会关于商业银行改善和加强对高新技术企业金融服务的指导意见》（银监发〔2006〕94 号）第 15 条。

第六章

专利权出资入股

第一节　专利权出资入股概述

一　专利权出资入股的概念

专利权出资入股，是指出资人以专利权作为资产投入到某个以盈利为宗旨的目标企业[1]中，参与经营管理，分担经营风险，分享经营收益的活动。专利权出资入股的本质就是出资人将专利权置换为对目标企业的经营权，也即出资人以让渡专利权为对价换取对目标企业的经营权和盈利分红权。因此，专利权出资入股也是专利权交易的一种方式。

根据出资入股的资产的不同类型，一般可以将出资人的投资划分为现金出资、现物出资和信用出资三类。[2] 专利权既不是现金资产，也不是信用资产[3]，所以应被归为在现物出资一类中。根据日本学者志村治美的归纳，现物出资要求投入的资产具备确定性、价值性、可估价性和可独立转让性四个特性。[4] 如前所述，专利权的出现增加了财产的表现形式，且价值明确、可评估的，也具有独立的可转让性，

---

[1]　目标企业可以是公司、个人独资企业、合伙企业或其他性质的企业，但由于《个人独资企业法》和《合伙企业法》对出资形式并无特别限制，因此，本文主要讨论专利权在公司出资入股的情形。

[2]　施天涛：《公司法论》，法律出版社 2006 年版，第 169—171 页。

[3]　当信用成为资产时，一般是指民事主体所拥有的与偿债能力相匹配的人格利益和财产利益，或者指民事主体所获得的社会对其偿债能力的信赖和评价。

[4]　［日］志村治美：《现物出资研究》，于敏译，法律出版社 2001 年版，第 134 页。

因此，专利权与其他动产或不动产一样，可以成为投资入股的资产之一，专利权出资人享有与现金出资人或其他实物出资人一样的法律地位。

二　专利权出资入股的特点

专利权出资入股行为的法律性质与其他资产出资的法律性质并无差异，但因专利权的无形性、地域性及有限期限性等特点，使得专利权出资入股呈现如下特点：

（一）专利权出资人一般不能自主确定专利权价值的大小

在专利权转让、专利实施许可或专利权质押这些交易行为中，专利权的价值认定实际上主要取决于交易双方当事人。专利权评估价值往往只作为交易定价的一个参考，只要不存在欺诈、胁迫或有违国家法律的情形，专利权价值大小由交易当事人认可即可。但在专利权出资入股时，专利权往往要与其他有形资产或现金组合共同构成目标企业的资产，这是目标企业对外承担债务责任的基础。因此，专利权的价值大小，就不仅只关系到专利权投资协议当事人之间的利益，还关系目标企业债权人的利益。所以，专利权出资人不能自主确定专利权价值的大小。所出资入股的专利权价值除了得到当事人的认可外，还要符合国家的特殊监管要求，不得高估或低估。如我国《公司法》第27条就规定，当以专利权等非货币财产出资时，应对评估作价，核实财产，不得高估或者低估作价。

（二）专利权出资人的财产利益由有期限性延展至无期限性

专利权是有法定期限的财产权，即使专利权不因宣告无效、没有按期缴纳年费等因素失效，期限最长的发明专利权有效期也不过20年。换言之，专利权人享有财产利益的时限是有限的。而当专利权人将专利权作为资产投入到目标企业后，这种有期限的财产权就被置换为没有固定期限的股权，只要该目标企业顺利地持续经营，专利权出资人作为股东都享有利润分配权和剩余财产分配权，其财产利益都不会受专利权的期限影响。换言之，专利权人的财产利益由有期延展为无期。

（三）专利权出资人要以法定形式履行出资义务

无论出资人以何种资产出资，都有按约定缴付出资的义务，而考察出资人是否履行该义务的唯一标准，就是其承诺投资的资产是否已经转移至目标企业名下。专利权具有突出的无形性，无法像现金或动产一样转移占有即意味着出资到位，甚至移交专利证书也不意味着权利转移，只有当专利权出资人到国家知识产权局办理了专利权转移的变更登记手续，才能证明其按约定缴付了出资。而办理完变更登记手续的证据就是国家知识产权局发布的变更登记公告及专利登记簿上载明的专利权人信息。

（四）目标企业的资本不宜全部由专利权构成

专利权可以成为垄断特权的前提之一是因为专利技术的先进性，但这个具有先进性的技术本身却不能产生什么生产经营效果，必须要结合其他生产要素才能产生积极的经营效果。正如学者冯晓青所言，"它只有与实物、货币等有形资本相结合才能充分发挥其效能，形成资源的优化配置。"[1] 2013年我国修订《公司法》，作为"授权资本制"改革的重要内容，修订时删除了："全体股东的货币出资金额不得低于有限责任公司注册资本的百分之三十"的规定。自此，理论上，专利权人可以完全以专利权出资设立一家公司。但实际上专利权需要结合其他生产要素才能发挥出效能。即使是专门以专利权运营为业务的企业（如NPE非实施实体），也需要相当的现金支付专利年费以维持专利权的有效性。可见，尽管法律规范已经不再对专利权出资的比例进行限制，但目标企业的资产也不能完全由专利权构成。此外，当公司要发行上市，将面对更多的投资者时，为了降低无形资产的风险对投资者的影响，法律对上市公司资本构成中无形资产所占比例做出了调整：申请上市时，专利权不得超过公司净资产的20%。[2]

---

① 冯晓青：《企业专利权投资若干问题研究》，载《求是学刊》2007年第7期，第86页。

② 中国证券监督管理委员会发布的《首次公开发行股票并上市管理办法》第26条规定：发行人"最近一期末无形资产（扣除土地使用权、水面养殖权和采矿权等后）占净资产的比例不高于20%"。

（五）专利权有效地域与目标企业所在地必须一致

专利权是一种地域性非常突出的财产，在一国获得的专利授权仅在该国有效。"按照一国法律获得承认和保护的工业产权，只能在该国发生法律效力。除签有国际条约或双边互惠协定的以外，工业产权没有域外效力，其他国家对这种权利没有保护的义务，任何人均可以在自己的国家内自由使用该智力成果，既无需取得权利人的同意，也不必向权利人支付任何费用。"[1] 可见，专利权无法如货币资产或其他有形财产一样，得到普遍的认可。因此，若需要以专利权作为投资资产进行跨国投资时，出资人需先到投资目的地申请专利，获得授权后才能以专利权进行投资，否则就只能以非专利技术或技术秘密的形式投资。

三　专利权出资入股的意义

专利权出资入股不仅是专利权交易的重要形式，也是专利权运用的重要模式，甚至有观点认为："专利投资是专利运用的最好形式，对于增强企业核心竞争力、助推产业结构优化具有重要意义。"[2] 专利权出资入股的重要意义可以通过对专利权出资人、其他出资人以及对目标企业的影响来分析。

（一）对出资人的意义

专利权出资人，是指将自己享有的专利权投入到目标的主体。专利权出资入股对出资人的积极意义非常突出，概括而言包括以下几项：

1. 增加了一条专利权的经营开发渠道

专利权是一种国家授予的合法垄断特权，这种垄断特权需要具体经营运作后才能产生经济效益。专利权人自己实施、许可他人实施、转让或者质押都是专利权的经营渠道。当专利权可以作为资产而投入到目标企业时，专利权人就获得了目标企业的股东地位，从而享有参

---

[1]　吴汉东：《知识产权法》，北京大学出版社1998年版，第5页。

[2]　冯涛、李冠新：《专利权投资的经济效用与法律规范分析》，载《知识产权》2011年第4期，第39页。

与目标企业经营、分享盈利和剩余财产的机会。例如美国的思科（Cisco）公司成立之初就是由其创始人列昂纳德·波萨克夫妇以其路由器专利权出资吸引风险投资进行融资并成功上市，最终使思科公司由一个名不见经传的小公司而一举成为世界闻名的高科技跨国公司，而列昂纳德夫妇也赢得了价值亿万美元的股份。① 可见，投资入股为专利权人增加了一条经营专利权的渠道。

2. 借助目标企业的资源将专利权做产业化开发

专利权人将专利权投入到目标企业后，以盈利为宗旨的目标企业绝不会将自己名下的专利权束之高阁，需要支付年费才能维持有效性的专利权资产，如果不产生经济效益，目标企业就不会接受。因此，除非是基于防御性的专利权储备战略考虑，否则目标企业都会尽力协调自己的所有资源对专利权进行开发，即使不是自己直接实施，也会通过许可、转让或质押等方式开发专利权的经济价值。而专利权人往往不具备目标企业那么好的资源，所以，专利权被投入到目标企业后，可以在目标企业的资源配合下得到充分的开发。

3. 转移了专利权开发经营的风险

当专利权人将专利权投入到目标企业后，维护、经营专利权的风险就完全转移到目标企业，无论专利权是否会被宣告无效、专利权开发经营是否顺利，风险都由目标企业独自承担。只要目标企业的经营有所盈利，专利权人就有分红的机会。

4. 延长了其财产权的有效期

专利权的有效期是有上限的，即使不发生无效宣告或权利终止的事由，发明专利权的有效期也不过是 20 年，实用新型专利权和外观设计专利权的有效期更短，只有 10 年。而当专利权人将有期限的专利权投资到目标企业后获得的股权理论上是无有效期的。也即，只要目标企业健康持续存在，专利权人享有的财产权就一直存续。

---

① 薛维柯：《影响美国的 100 个专利》，北京大学出版社 2007 年版，第 23—25 页。

（二）对其他投资者的意义

专利权是一种国家授予的合法垄断特权，是一种稀缺资源，专利权人不仅可以自己实施、许可他人实施，关键还可以禁止他人以生产经营为目的的制造、使用、许诺销售、销售或进口等行为，可见，专利权的市场力量非常强大。其他拥有资金、固定资产或其他生产要素的投资主体，与专利权出资人合作投资目标企业后也能收获不少利益。因此，专利权出资入股对目标企业的其他投资者也具有积极意义，具体表现在以下两方面：

1. 可以降低获得专利权的成本

市场主体获得专利权的渠道可以是购买专利权或获得专利权人的实施许可，但这些方式常常需要在获得收益前就提前支付至少一定比例的转让费或实施许可费。这对于还需要继续投入生产开发的经营者而言，负担过重。而通过与专利权人合作投资的方式，就无须提前支付这笔费用，待目标企业的运作产生效益后，才与专利权人分享利益，这就降低了他获得专利权的成本。

2. 可以获得发明人的相关技术秘密

虽然专利法要求专利申请书对专利技术方案要达到充分公开的程度，但专利实施的最佳效果往往依靠发明人才掌握的某些技巧。而这些技巧常常又具有较强的人身属性，难以转移；或者属于技术秘密，即使在专利权转让时也不会直接随专利权而流转。但如果作为专利权人的发明人随着专利权出资入股而成为目标企业的股东时，为了实现目标企业的经营目的，他无疑会将所有技术秘密和盘托出。因此，如果将专利权人吸纳为可以自己荣辱与共的投资合作者，将获得与专利权相关的技术秘密，进而更有利于专利技术的开发转化。

（三）对目标企业的意义

专利权被投到目标企业后优化了目标企业的资本构成，专利权和其他通用生产要素，如现金，厂房等这样的资本组合对目标企业的发展具有显著的积极意义。"虽然专利权投资存在较多的风险和变数，专利权投资总体上对引进先进技术、改进企业产品质量、提高企业竞争力，从而可以为企业带来丰厚利润方面具有重要作用。"① 概括而言，专利权出资入股对目标企业的意义可以归纳为：

1. 增强企业竞争能力

专利权是一种合法的垄断特权，可以合法地阻止他人在相关领域的生产经营活动，拥有专利权就意味着在市场上拥有了进可攻、退可守的制胜武器。当目标企业获得专利权，并组合其他生产要素资源后，其竞争能力势必得到极大的提升。

2. 享受高新技术企业的政策优惠

国家为了激励企业自主创新，出台了很多对高新技术企业的优惠政策。拥有相当数量和质量专利权的目标企业可能被认定为高新技术企业，如果目标企业获得这个身份认证就能享受一系列的政策、税收优惠政策，② 进而获得更多的竞争优势。

四　专利权出资人的主要权利和义务

（一）专利权出资人的主要权利

专利权出资过程其实就是出资人将专利权置换为目标公司股权的过程，专利权出资人享有的主要权利就是目标公司的股权。按照《公司法》第4条的规定，"公司股东依法享有资产收益、参与重大决策和选择管理者等权利。"结合《公司法》的其他条款，股权的具体内容表现为：股利分配请求权、剩余财产分配请求权、公司新增资本或发行新股的优先购买权、表决权、知情权和诉讼权。③ 专利权出资人享有的前述权利与其他现金出资或实物出资的股东一样，不会因出资内容不同而有性质上的差别。

（二）专利权出资人的主要义务

第一，专利权出资人应该按他与其他出资人之间订立的出资协议

---

① 冯晓青：《企业专利权投资若干问题研究》，载《求是学刊》2007年第7期，第84页。

② 如《高新技术企业认定管理办法》第4条规定："依法认定的高新技术企业，可以申报享受税收优惠政策"。

③ 施天涛：《公司法论》，法律出版社2006年版，第244—253页。

的约定履行出资义务。如果目标公司是新设成立的，专利权出资人应按出资协议的约定办理专利权出资变更登记手续。如果专利权出资人是在目标公司增资的时候投资入股的，一般需在出资协议生效后即时缴付。专利权出资人缴付出资的标志是办理完专利权转移登记手续，即经国家知识产权局核准办理转移登记，并予以公告。

第二，保证所投资专利权的合法有效。专利权出资人需保证，至少在办理专利权转移登记手续之时所投资的专利权是没有瑕疵的：既没有被提起无效审查申请，也没有做放弃申明，一直缴纳年费，没有侵犯其他人的权利，即使是职务发明也支付过奖励和报酬。

第三，公允地评估专利权价值。根据《公司法》的规定，以非货币资产出资的都应当评估作价，核实财产，不得高估或者低估作价。因此，专利权出资人有义务积极配合评估机构的评估工作，诚信披露与专利权价值评估的所有信息（如在先权等），不得以任何形式干扰评估机构的独立评估，确保得到公允的评估价值。

五　专利权出资入股的标的范围

学术界普遍认可的判断现物出资的标准是：出资入股的标的物是否具有确定性、价值性、可估价性和可独立转让性等四个特性。我国《公司法》第27条在界定可以作为出资入股的标的时规定："股东可以用货币出资，也可以用实物、知识产权、土地使用权等可以用货币估价并可以依法转让的非货币财产作价出资；但是，法律、行政法规规定不得作为出资的财产除外。"可见，作为非现金资本，只要可估价、可依法转让，且不受法律限制就可成为我国《公司法》允许的出资资本。

我国法律并没有对专利权中的哪些内容可以出资入股给出明确界定，如果从狭义来解释，严格语义上的专利权仅指专利权所有权本身，但专利实施权、专利申请权也可被估价和转让，那么他们是否也可以成为现物出资入股的标的呢？

（一）专利权

严格语义上的专利权仅指专利权，并不包括专利实施权、专利申请权等这些也具有财产属性的权利，所以将专利权投资到目标企业的合理性和正当性毋庸置疑。当专利权被投资时，有如下几点值得关注：

1. 出资人只需确保专利权在被投资时是合法有效的即可，并不需要担保在被投资之后的整个过程都有效无瑕疵。专利权被投资到目标企业后，专利权人就变更为目标企业，专利权的法律效力风险、价值贬值风险以及维护专利权有效性的成本都由目标企业承担。除非专利权出资人存在恶意，否则他并不需要对投资后的专利权有效性或价值负责，只要确保专利权在被作为资产注入到目标公司之时是合法有效的即可。

2. 出资人不得对所投资的专利所有权进行分割或有所保留，必须完整地将专利权注入到目标企业中。专利权投资实质上是要产生专利权转移的效果，所以应该与专利权转让时一样，不得分割或保留专利权的权能。

3. 出资人的出资行为需符合法律规定的形式，具有要式性。股东履行出资义务需要将所投资的资产转移到目标公司名下，专利权转移的效果与专利权转让的效果一样，都需要向国家知识产权局办理登记手续，并由国家知识产权局公告，转移自登记之日起生效，也即出资人履行完投资义务的标志是专利权转移登记手续办理完毕。

（二）专利实施权

对专利实施权是否可以作为出资入股的资本，一直以来都有两种截然不同的观点。支持专利实施权出资入股的观点认为：专利实施权不仅具有显而易见的经营性，能够实现企业的经营目标，而且还满足现物出资的四个特征要求，关键是法律没有明确禁止，因此在实践中可以成为用益出资的一种模式。[①] 反对专利实施权出资入股的代表性观点认为："专利实施权不是知识产权，而是以专利权作为客体的债权，以债权作为股东投资入股的客体没有法律依据……以专利实施权

---

① 刘春霖、安秀明：《知识产权使用许可权资本化的理论思考》，载《河北经贸大学学报》2009 年第 3 期，第 42—43 页。

投资入股的法律后果与公司法的规定相冲突"① 专利实施权不具有担保公司债权的功能，所以，"专利权只能以整体作价入股，而不能以专利的使用权入股。"② 实际上，从法理的角度来分析的话，是否允许专利实施权出资入股都可以有合理的解释。

如果从鼓励投资、促进专利权运用的角度看，专利实施权确实具有确定性、价值性、可估价性和可独立转让性这四个现物出资标的物需要具备的特性，以专利实施权出资并无不当，而且作为用益出资的一种模式，专利实施权确实可能带来现实的收益。我国的公司资本制度已从"资本信用"改革为"资信信用"制度。③ 因此尤其不该否定专利实施权出资入股。

但如果从维护公司债权人利益的角度观察，允许专利实施权出资入股带来的风险又太大。首先，专利实施权的价值有赖于专利权人诚信地履行专利实施许可协议，如果身处投资协议约束之外的专利权人违约，那么必将影响专利实施权的价值，进而削弱目标企业的资本；其次，专利实施权实际上是寄生于专利权上的一个派生权利，如果专利权失效了，那么专利实施权的价值也就散失殆尽。目标企业接受专利实施权作为资本后的法律地位其实与被实施许可人类似，他们在维护专利权有效性方面的能力非常有限。所以，且不论专利权人能否自觉地遵守专利实施许可协议，当专利权有效性受到挑战的时候（如专利权到期、专利权被宣告无效、专利权放弃等），目标企业很难维护自己的资产不缩水，这就势必会危及其债权人的利益。

目前我国法律没有对专利实施权是否可以出资入股予以明确。对此，笔者认为，公司吸纳何种资本、按照什么程序办理注册登记固然

---

① 张全福、陈骏：《专利技术入股若干法律问题研究》，载《知识产权》1998 年第 4 期，第 13—14 页。

② 朱大旗、朱永扬：《专利权作价入股新探》，载《中国人民大学学报》1996 第 5 期，第 49 页。

③ 赵旭东等：《公司资本制度改革研究》，法律出版社 2004 年版，第 19—44 页。资本信用，是指以公司资本作为公司债权人利益的基本保障，而资产信用强调公司的偿债能力并不取决于账面资产，而取决于可以即时变现的账面资产占多大比例。

要遵守国家法律的规定，但只要法律没有明确禁止，只要共同投资的其他出资人愿意，就可以接受专利实施权作为投资的资本。至于该种投资资本的风险判断及利益权衡，在不违反法律的前提下，可以交由出资协议当事人自己决定。当然，单从理论的角度，还是可以对专利实施权出资入股的可行性进行论证。

分析专利实施权出资入股的可行性前，需要先厘清专利实施权的类型。根据专利实施权持有人的不同身份，可以将专利实施权区分为专利权人授予的专利实施权和被许可人获得的专利实施权两类。

1. 专利权人授予的专利实施权

目前学术界反对专利实施权出资的观点主要集中于专利实施权这种投资资本的风险过大，不足以保护目标企业债权人的利益。笔者拟从专利实施权出资人利益权衡的角度出发，探析专利实施权出资入股的可行性。

允许专利权人将专利实施权作为资本投入到目标企业时，他既可以保留专利权，还可以成为目标企业的股东，参与经营管理并获得企业的分红。但因为他只是将专利实施权投入到目标企业，并未转移专利权，出资人仍然是专利权人，仍要独自承担维持专利权有效的义务，即要自己缴纳专利年费、应对专利无效申请的答辩，应付专利侵权诉讼等。此时专利实施权出资人的收益是企业的分红以及企业清算时的剩余财产分配。但是企业的盈利是无法保障的，而且专利实施权出资人可以获得分红的前提是企业整体有盈利，即使企业生产转化出资人所投资的专利实施权取得良好的经济效益，如果公司整体没有盈利，那么他就不能得到分红。可见，将专利实施权出资入股既没有减少专利权人维持专利权的成本，也没有明显提升他的收益。而如果专利权人不是以投资入股的方式，而是以实施许可的方式许可某个企业实施专利的话，他可以与对方约定固定的许可使用费，或者入门费加提成的方式实现自己的利益。如果实施方没有按约支付使用费的话，他还可以追究对方的违约责任。可见，专利权以授予专利实施权的方式出资入股，并非一个好的选择。

2. 被许可方获得的专利实施权

被许可方获得的专利实施权类似于用益物权，也具有确定性、价值性、可估价性和可独立转让性等这几个现物出资物必备的特性。但被许可方能够以所获得的专利实施权作为资本进行投资必须同时具备以下几个前提：首先，专利权是有效的；其次，自己与专利权人签订的专利实施许可协议是有效的；最后，专利权人不会违反专利实施许可协议。上述条件缺一不可。作为与被许可方共同承担目标公司经营风险的其他出资人，无法参与到专利实施许可关系中，想要准确、及时、全面掌握上述信息的成本非常高。所以，从风险控制的角度来看，其他出资人愿意接受这种资本的空间应该也不大。

（三）专利申请权

对专利申请权是否可以出资入股，一直以来也是有两种截然相反的意见。支持将专利申请权作为出资入股标的物的观点认为：专利权申请权具有绝对的确定性、绝对的价值物的现存性、绝对的价值可评估性及独立的可转让性，符合现物出资适格性的四个标准，因此，在任何情况下均可以出资。[①] 相反的观点认为，专利申请权具有不确定性，甚至不能被明确界定为是知识产权，所以不能成为出资标的物。[②] 而且专利申请权不符合公司法对出资方式的要求，也不利于公司的规范和稳定，所以应当禁止专利申请权出资。[③]

对此，笔者的观点是：专利申请权的价值性、可估价性和独立的可转让性都是不容否认的，决定专利申请权能否作为出资入股标的的关键就在于专利申请权是否具有确定性。笔者认为，暂且不论专利申请权是否是知识产权体系中的一项内容，[④] 仅就专利申请权所表达的权利内容而言，是具体而明确的。专利申请权既有程序性的内容，又有实体性的内容，能给拥有专利申请权的主体带来确定的利益。可

---

① 王虎、李长健：《专利权出资客体的法律探微》，载《理论月刊》2005 年第 10 期，第 122 页。

② 董新凯：《我国股东以专利投资的相关法律问题》，载《学术论坛》2007 年第 11 期，第 152—153 页。

③ 衣庆云：《专利申请权和专利使用权入股问题探析》，载《当代法学》2000 年第 1 期，第 77 页。

④ 从有关国际条约的列举，以及学术界的通常理论来看，专利申请权都不能被称为知识产权。

见，专利申请权符合现物出资的确定性要求，可以作为出资入股的标的物。

只是以专利申请权出资入股的风险非常大。如果从简单的概率来看，专利申请被驳回的可能性为50%，也就意味着专利申请权的价值有50%的可能会在瞬间消失。而如果专利申请权出资人在履行出资义务时没有什么瑕疵的话，他还不用对这种客观原因造成的出资贬值承担责任。而这个损失就得由其他出资人、公司及其债权人来分担。所以专利申请权出资入股的风险很大。但收益往往来自于风险最大的地方，如果利益相关方愿意面对这种风险，法律大可不必对此横加干涉，可以交给投资人以及目标企业的债权人自己选择。

综上，笔者认为，专利权、专利实施权及专利申请权都可以成为出资入股的标的，法律不必对此做太多限制，个中风险可由当事人自行选择、判断。只要努力创建、维持一个公平、有序的市场环境即可。

六　专利权出资瑕疵及其责任承担

（一）专利权出资瑕疵的表现形式

狭义的出资瑕疵仅指出资人履行了出资义务，但不满足出资协议或公司章程的约定，即出资不符合约定。广义的出资瑕疵除了出资不符合约定外，还包括未出资和抽逃出资等这两种形式。本书讨论的是广义的出资瑕疵。具体到专利权出资情景下，这三种出资瑕疵的具体表现形式是：

1. 未出资

未出资指，是指专利权出资人签署出资协议后，未按协议的约定将专利权转移至目标企业名下。履行专利权出资义务的标志是经国家知识产权局核准办理转移登记手续，并予以公告。因此，只要未办理专利权转移登记手续，即可认定出资人未履行出资义务。

此外，专利权的实施常常还需要相应技术资料的支撑，如果出资人未移交那些资料或者未为目标企业实施专利提供必要的技术指导的，目标企业也不能对专利权行使完全的财产权。所以，即使专利权出资人已经办理了权属变更登记，但未交付必需技术资料或提供必要条件的，依据《公司法司法解释（三）》第 10 条的规定，也可能被法院认定为未出资。

2. 出资不符合约定

出资不符合约定，是指出资人履行了一定的出资义务，但未能全面满足出资协议或公司章程的要求，也即狭义的出资瑕疵。如果按现物出资法律关系的内容进行分类，可以分为出资行为瑕疵和出资标的物瑕疵两类。① 可能会发生在专利权出资人身上的出资行为瑕疵包括未及时办理专利权转移、未移交必要的技术资料等情况；出资标的物瑕疵情况包括：专利权评估价值虚高、专利权权利不稳定、专利权技术老化等情况。当专利权作为投资标的物时，因专利权本身固有的无形性、价值难评估、权利不稳定等特性，更易发生出资标的物瑕疵，形成遭人诟病的"掺水股"（Watered Share）。

3. 专利权出资人抽逃出资

抽逃出资，是指出资人在履行完出资义务后将投资抽离出目标企业，造成目标企业的资产损失。当以专利权出资时，对已经办理转移登记手续的专利权专有权，非经再次办理转移登记手续，专利权出资人无法抽逃回出资。因此，当以专利权出资时，出资人抽逃出资的风险不大。但当以专利实施权出资时，因专利实施权的成立、转移都不以登记为要件，而扩大实施范围又不易被及时发觉，所以当专利实施权出资人违反出资协议，扩大许可实施范围时，实际上就形成了抽逃出资的现实。所以，当出资人以专利实施权投资时，就可能发生抽逃出资的风险。

（二）专利权出资瑕疵的法律责任

出资人无论出现上述何种出资瑕疵，就会造成公司资本不充足，进而影响公司偿债能力及债权人的利益，同时增大其他投资人的投资风险，因此，法律对瑕疵出资人规定了相应的法律责任。除了由行政

---

① 陈桂勇：《现物出资瑕疵法律问题探析》，载《河北法学》2005 年第 2 期，第 101 页。

主管机关和司法机关直接追究的行政责任和刑事责任外，瑕疵出资人主要面对的是对其他利益相关方的民事责任，这些民事责任的内容具体包括：对公司的资本充实责任、对其他足额出资股东的违约责任以及对公司债权人的补充赔偿责任。

资本充实责任，是指"为了确保公司资本充足和可靠，由所有公司发起人共同承担的相互担保出资义务履行、确保公司实收资本与章程所定资本相一致的民事责任。"① 这是"一种法定责任，不以当事人的约定为必要，也不能以公司章程或股东会决议来免除"②。资本充足责任的责任主体不限于瑕疵出资人，与瑕疵出资人共同发起设立公司的其他投资人也需要与瑕疵出资人一起承担连带责任。这是因为作为发起人的全体股东就各股东出资的真实性、充分性与有效性负有监督义务，如有违反就应该承担连带责任。③ 当然，共同发起人承担连带责任后可以向瑕疵出资人追偿。④

向其他股东承担违约责任的主体就限于瑕疵出资人本人，因为违约责任基于出资协议而产生，而出资协议的约束力限于协议当事人之间。"股东协议可以约定瑕疵出资股东向已经及时足额缴纳出资的股东承担违约责任，也可以自由约定具体的违约责任（如违约金的计算方式）。即使双方并未约定违约责任的具体承担方式，也不妨碍守约股东追究违约股东的违约责任。在双方未约定违约责任形式的情况下，应当适用《合同法》的规定。"⑤

瑕疵出资人还要对公司债权人承担补充赔偿责任，这是因为当出资有瑕疵时直接后果是降低公司的偿债能力，最终后果是侵犯到公司债权人的信赖利益，所以，瑕疵出资人应该弥补给公司债权人造成的

---

① 赵旭东等：《公司资本制度改革研究》，法律出版社 2004 年版，第 309—310 页。

② 李建伟：《瑕疵出资股东的资本充实责任》，载《人民司法》2008 年第 17 期，第 72 页。

③ 刘俊海：《新公司法的制度创新：立法争点与解释难点》，法律出版社 2006 年版，第 123 页。

④ 参见《公司法司法解释（三）》第 13 条。

⑤ 刘俊海：《新公司法的制度创新：立法争点与解释难点》，法律出版社 2006 年版，第 118 页。

损失。瑕疵出资人承担赔偿责任的方式是补充责任，即在公司资产不足以偿还时才赔偿；赔偿责任的范围是未出资金额加上相应利息。①此外，对出资瑕疵也有责任的第三方评估、验资机构，也需要在其评估或者证明不实的金额范围内对公司债权人承担赔偿责任。

（三）专利权出资瑕疵的责任承担

瑕疵出资人对公司承担的资本充实责任、对其他足额出资股东承担的违约责任，以及对公司债权人承担的补充赔偿责任，从责任承担方式上看都是在约定的出资额范围内继续出资。但实际上责任承担的性质却不太一样，具体可区分为两类，一类是补缴出资，另一类是填补差额。

补缴出资，是指瑕疵出资人在未出资，抽逃出资，或者出资未达到约定数额时，以补足出资的方式承担责任；填补差额，是指出资人形式上已经履行了非货币资本的出资义务，但所投资产的实际价值明显低于公司章程记载的价值，所以继续出资以填补这个差额。二者的区别在于：第一，填补差额只存在于非货币出资时，而补缴出资在货币出资时和非货币出资时都会出现；第二，以填补差额方式承担责任的瑕疵出资人往往在形式上已经履行了出资义务，而补缴出资的瑕疵出资人即使在出资形式上也有欠缺。

根据公司法律制度的相关规定，结合专利权出资的特点，现按补缴出资和填补差额两类责任性质分别梳理了专利权瑕疵出资人将面临的责任，整理如下表：

	补缴出资	填补差额
责任依据	《公司法》第28条、第83条、第93条；《〈公司法〉司法解释三》第13条。	《公司法》第30条、第93条、第208条；《〈公司法〉司法解释三》第15条。
责任前提	专利权出资人未出资、出资范围不足或者抽逃出资。	所出资的专利权的实际价值显著低于公司章程记载的价值。
责任主体	专利权出资人；当专利权出资人为股份有限公司发起人时的其他发起人。	专利权出资人；公司设立时的其他股东或发起人；未能证明自己无过错的资产评估人、验资人（仅向债权人承担）。

---

① 《公司法司法解释（三）》第13条明确规定，瑕疵出资人应以自己的未出资本息承担补充赔偿责任。

续表

	补缴出资	填补差额
责任范围	向公司全面履行出资义务； 其他足额出资人承担违约责任； 当公司不能清偿全部债务，且公司债权人请求时，在未出资的本金和利息范围内对债权人承担补充赔偿责任； 向已经承担了连带责任的其他股东或承担了相应责任的董事、公司高管等赔偿。	
责任免除	无	除非当事人另有约定，否则专利权出资人对已经按法律规定出资，但后来因市场变化或者其他客观因素导致的专利权贬值不承担差额填补责任。
法律后果	如果专利权出资人拒不全面履行出资义务，则公司或股东会可以限制其利润分配请求权、新股优先认购权、剩余财产分配请求权等股东权利。有限责任公司的专利权出资人经公司催告后仍不全面履行出资义务，公司可以通过股东会决议解除其股东资格。	

尽管我国公司资本制已改革为"授权资本制"，但也未降低对出资人诚信出资的要求。出资人出资不实对其他投资者、公司以及公司债权人利益的侵害自不待言，"股东是无形财产的缴纳者，一旦出现出资不到位，他们将自食其果，对于这种咎由自取的行为，法律从来不给予姑息和怜悯。当公司资本不充足或者股东出资不到位时，股东将责无旁贷地对此负担侵权责任或违约责任。"[①] 但如果完全不顾及非货币资产本身固有的特性而一味要求出资人承担出资责任，也无利于非货币资产投资的发展。

专利权不仅是非货币资产中较有代表性的一类，而且是较为特殊的一类。首先，专利权的价值随时间的推移必定会贬值。专利权的这个价值变化规律与商标或著作权等这些知识产权的价值变动规律都不一样，它除了受有效期这个因素的影响外，还要接受技术更新的挑战。比起专利权有效期届满，技术老化更是会造成专利权贬值的重要原因。其次，专利权的价值更难准确评估，这也是专利权出资人意志以外的不可控因素，评估不准确会造成出资实际价值低于公司章程记

---

① 薄燕娜：《股东出资形式法律制度研究》，中国政法大学 2004 年博士学位论文，第72 页。

载价值的可能性。如果忽略专利权的这些特性而一味追求公司资本充实性，就意味着专利权出资人需要一直准备着要填补投资差额，这样的责任无疑过重。相反，当专利权出资人所投资的专利权为目标企业创造了超出预期的经济效益时，却不能因此而要求增加在目标企业的股权。可见，专利权出资人的义务和权利并不平衡。"专利权投资与其他贸易活动一样，只有在参加该活动的双方，即专利权出资方和接受投资的企业方，反复权衡利弊认为对自己有利时才可能继续下去。"①

　　这项有失公平的法律规范在《公司法司法解释（三）》中得到了修正。《公司法司法解释（三）》第15条规定："出资人以符合法定条件的非货币财产出资后，因市场变化或者其他客观因素导致出资财产贬值，公司、其他股东或者公司债权人请求该出资人承担补足出资责任的，人民法院不予支持。但是，当事人另有约定的除外。"该规定为专利权出资人承担填补差额的法定责任做出了豁免，只要专利权出资人履行出资义务时符合法律的规定，对专利权价值进行评估、及时办理专利权转移登记手续等，就认为专利权出资人已经履行了足额出资的责任，不用再对专利权的贬值承担资本充实责任。其实早有学者这样呼吁过，冯晓青教授就认为："以专利权的出资如果主观上没有过错，对专利权在投资入股期间的贬值或在法律上的丧失，不应承担资本充实责任和出资违约责任，以维持企业实现专利权资本化的积极性。"而且还提出，即使在需承担资本充实责任时，专利权出资方也只应在其获得物质利益的限度内承担公司的债务责任。② 虽然源于专利权本身固有的特征，专利权出资人还会面临较多的责任，但《公司法司法解释（三）》还是为专利权出资人卸下了要填补专利权贬值差额法律责任的负担，这无疑将大大激发专利权出资人的积极性。可以预见，在《公司法司法解释（三）》生效后，专利权出资入股的活

---

　　① 刘春霖：《关于专利权投资的法律思考》，载《知识产权》1999年第6期，第32页。

　　② 冯晓青：《企业专利权投资若干问题研究》，载《求是学刊》2007年第7期，第87页。

动将更加活跃。

第二节　我国专利权出资入股制度的完善

一　专利权出资入股域外立法经验借鉴

专利权出资入股本质是专利权交易的一种方式，只是这种交易是通过出资人向目标企业投资并转移专利权的方式来完成的。各国无一例外都是通过公司法律制度来约束、调整专利权出资入股这种交易行为，所以各国公司法律制度的差异就是造成各国专利权出资入股不同特点的根本原因。

（一）专利权的可出资性比较

在知识经济时代，各国都无法忽略专利权已成为重要财产形式的这一事实，因此，也都承认专利权是可以作为出资入股的标的物。只是各国法律在承认专利权的可出资性时的规定各有不同。

成文法系国家的立法比较缜密，往往会在公司法中直接规定可以出资的财产范围。如德国就在《股份公司法》第 27 条和《有限责任公司法》第 5 条规定：股东可以现金和非现金的实物出资。德国公司法虽然没有直接肯定专利权可以出资入股，但"在德国，原则上，所有可以移转的非现金财产都可以作为非现金出资"[1]，所以德国法律认可的非现金出资实物范围中肯定就包括专利权。我国的规定则更加明确，在《公司法》第 27 条中直接以列举加概括式的规定明确可以出资的非现金包括：实物、知识产权、土地使用权等可以用货币估价并可以依法转让的非货币财产。专利权是知识产权中最重要的一类，自然就是可以出资入股的财产。

以"放松管制且相信市场"为理念的美国公司法允许任何形式的

---

① 薄燕娜：《股东出资形式法律制度研究》，2004 年中国政法大学博士学位论文，第 49 页。

财产权出资,《美国示范公司法》第 6.21b 条规定:"董事会可以认可发行股票、为此而接受价金。该价金包括一切有形或无形财产……",也即,只要董事会认可,包括专利权、专利实施权等在内的任何财产权都可以成为出资的资本。因为:"只有商业判断才能决定何种财产可以用于出资,董事会接受某一特定的有价值的财产用作出资的行为应当被认可,而不可受其他人为的、专断的规则限制。"①

可见,无论是严谨的成文法系,或者是灵活的判例法系,在承认专利权财产权属性的同时,都认可专利权是可以作为出资入股的财产之一。

(二) 专利权出资入股比例限制比较

如前所述,专利权不宜单独构成目标企业资本的全部,往往只占目标企业资本的一定比例。不同国家在限定专利权出资入股比例时的立法模式不太一样,主要表现为以下两种:

1. 规定专利权等非现金财产出资的上限

有些国家直接在法律中规定非现金财产的出资比例上限,也即为专利权出资入股的比例设定了"天花板"。如《日本商法》规定,现物出资及接受财产的标的物的价格总额没有超过公司总资本的 1/5,并且没有超过 500 万日元的,不需要选任检查役对现物出资的价格进行调查。即专利权出资的总额不超过公司总资本 20%,且专利权出资额不超过 500 万日元时,可以不经过特别审查。《欧盟第二号公司法指令》规定,股东以非现金形式认购股份的比例可达 90%,即允许专利权出资占公司股份的 90%。②

2. 规定现金出资的下限

有些国家不设定非现金财产出资的上限,而是设定现金出资的下限。公司设立时的现金出资只需达到这一法定下限即可成立。例如,奥地利《私人有限公司法》要求股份资本的一半须以现金支付;③

---

① Larry Catá Backer, *Comparative corporate Law*: *United States*, *European Union*, *China*, *and Japan*: *cases and materials*, Carolina Academic Press, 2002, 864.

② 赵旭东等:《公司资本制度改革研究》,法律出版社 2004 年版,第 125 页。

③ 冯果:《公司法要论》,武汉大学出版社 2003 年版,第 156 页。

《意大利民法典》第 2329 条规定，设立公司必须将至少 3/10 的出资额以现金形式存入信贷银行，将现金出资额规定为占公司总资本的 33%；《德国股份公司法》第 36a 条规定，现金出资所要求支付的款项不得低于股票最低发行价格或者溢价的 25%；此外，比利时、瑞士、卢森堡都要求现金出资的下限为公司总资本的 20%。①

我国在 2005 年修订《公司法》之前采用的是第一种立法规范模式，即限定非货币出资的比例不能超过 20%，这就意味着专利权出资入股的最高比例只能是 20%。② 2005 年我国修订《公司法》，一方面是将规范非现金出资上限调整为规范现金出资的下限；一方面是允许非现金以更高的比例出资，由以往的 20% 增加至 70%。2013 年，我国再次修订《公司法》，改"法定资本制"为"授权资本制"，取消了最低货币资金出资的要求。因此，理论上，我国股东可以完全以专利权作为公司的注册资本。

（三）专利权出资作价定价规则比较

作为非货币形态的专利权在出资入股时不可避免地要解决一个问题，就是专利权的价值如何认定。各国公司法在规定专利权出资作价时的具体方法各有特点。薄燕娜博士总结目前国外关于无形资产出资入股时的价值认定主要有三种模式：③

第一种是以美国和加拿大为代表的不评估模式，《美国示范公司法》第 6.21c 条和《加拿大商业公司法》第 25 条都授权公司的董事会可以决定出资财产的价金，只要董事会能保证在决定出资财产价金时，不存在稀释股东利益的不恰当交易。也即，专利权出资入股的作价主要由董事会决定，只要董事会能坚持"真实价值规则（The Value Rule）"和"诚信规则（Good Faith Rule）"即可。

---

① 赵旭东等：《公司资本制度改革研究》，法律出版社 2004 年版，第 124 页。

② 实际上，为了扶持科技创新型企业的发展，深圳、北京中关村等地方政府在 2005 年《公司法》修订前就已经出台了若干政策，允许当地注册企业的专利权出资突破 20% 的限制。

③ 薄燕娜：《股东出资形式法律制度研究》，2004 年中国政法大学博士学位论文，第 67—68 页。

第二种模式是聘请独立的评估机构对专利权的价值进行评估，并以该评估值确定专利权作价金额。该模式的典型立法例是《法国商事公司法》。该法规定：当以实物出资时，由股东一致指定的出资审查委员会（如果不能获得股东的一致同意，基于最勤勉的未来股东的请求，法国商事法院院长也可以指定出资审查委员会）对作为实物出资的财产进行鉴定并提交评估报告，决定每一项出资财产的价值。当出资审查委员会的报告被公司采纳时，报告就将作为附件规定在公司章程中。由于出资审查委员会的过错，导致其评估的实物价值高于实物的真实价值，出资审查委员会应承担民事或刑事法律责任。[1] 我国基本也是采用这种专利权出资作价模式。

第三种模式是不需要专家评估，但出资者要对被不合理高估的非现金出资承担责任。该模式的典型立法例依然是《法国商事公司法》，该种专利权出资作价模式作为第二种模式的例外被写入《法国商事公司法》。该法第 40 条第 2 款规定：如果公司未来股东一致决定，当公司某一实物出资的价值不超过 5 万法郎或当不经过出资审查委员会审查的全部实物出资的总价值不超过公司资本的 1/2 时，则公司股东的实物出资可以不经过出资审查委员会评估。但公司股东在 5 年内对公司设立时实物出资所授予的价值承担连带责任。[2]

（四）专利权出资作价虚高的责任比较

无论采用何种专利权出资作价定价规则，都不能完全杜绝专利权作价过高的情况发生，而一旦出现专利权出资作价虚高，就将影响其他投资人、目标企业及目标企业债权人的利益。为了制裁专利权出资作价时的不当行为，各国都规定了相关的法律责任。

德国《有限责任公司法》第九条规定：（1）如果在公司申请商业登记时，实物出资的价额不够所认购的出资款额，股东须将该差额以现金缴清；（2）公司的请求权，自公司进行商业登记时起算，有效期限为 5 年。上述规定明确了专利权出资作价虚高的责任承担方式：以

① 张民安：《公司法的现代化》，中山大学出版社 2006 年版，第 159—164 页。

② 同上书，第 160—161 页。

现金补缴，和责任承担期限：公司成立之日起 5 年内。

相较而言，我国专利权出资作价虚高的责任要严格得多。首先，公司设立时的股东或发起人要与出资人一起承担连带责任（发起人承担连带责任后可以向出资人追偿），这就增强对公司债权人的保障力度；其次，没有限定专利权出资人承担责任的时限，也即不论何时发现专利权出资作价虚高，出资人都要承担补缴出资的责任。

二　完善我国专利出资入股制度的建议

我国尚未建立专利权出资入股公告制度，即使在专利所有权出资时，也仅将专利权出资入股作为专利权转移的一种方式进行登记、公告，并没有专门针对专利权出资入股的公告信息，因此，很难掌握全面、准确的专利权出资入股统计信息。因为缺乏我国专利权出资入股现状的基础数据，所以本书将不对我国专利权出资入股的现状做梳理。

本书在分析我国规制专利权出资入股的法律规范，并借鉴域外立法经验的基础上，为完善我国专利权出资入股法律制度提出如下建议：

（一）建立专利权出资入股登记制度

当以专利权出资入股时，目标企业相当于专利权转让交易中的受让方，出资入股义务的履行以专利权转移登记为标志；而以专利实施权出资入股时，目标企业相当于专利实施许可交易中的被许可方，专利权出资入股并不需要登记，甚至备案也是当事人自由选择的程序。可见，我国缺乏对专利权出资入股的统一登记管理制度。

目前负责对专利权出资入股行为进行登记管理的主要是工商行政主管部门，在公司、企业注册成立或增资、减资时对公司的资本情况进行登记。但在登记程序和管理上既不区分现金资本或实物资本，更不区分有形资本或无形资本，并没有针对专利权这种无形资本的特殊登记管理制度。而专利权是一种国家授予的垄断特权，如果不对其因出资入股而引起的流转情况加以登记的话，会形成专利权行政管理的缺失。

所以，有必要建立专利权出资入股登记管理制度，由国家知识产权局负责对专利权出资入股信息进行登记。无论是以专利所有权出资抑或是专利实施权出资，都必须先到国家知识产权局办理登记手续，才能办理公司工商注册登记或公司资本变更登记手续。

（二）建立专利权出资入股信息公告制度

专利权出资入股是专利权交易的重要方式之一，这种交易关系的利益相关方不限于专利权出资人与其他股东、目标企业等这三个直接参与出资入股关系的当事方，这种交易关系还与目标企业的债权人，甚至还与目标企业的客户有关。因此，有必要通过一定的方式将专利权出资入股的信息充分公开。虽然目前工商行政管理部门也提供企业工商登记信息的查询服务，其中就包括股东出资的相关信息，但这种查询只限于对所申请查询的特定企业，而且一般要经过查档申请、审查、资料提供等多个环节的工作，程序繁杂，成本过高。

虽然公司章程、招股说明书、公司年报等方式也能公开专利权出资入股的信息，但笔者认为这些公开渠道还不足以充分实现公示专利权出资情况的目的，应该建立更为透明的公告制度。

1. 公告专利权出资入股信息的可行性

首先，出资人的投资信息以及企业的工商登记信息并不是需要保密的商业秘密。通常情况下，只要提出申请就可以查询到包括股东出资情况在内的企业工商登记档案。所以，将企业工商注册登记资料中，有关专利权出资入股的出资人身份信息、专利权信息、出资专利权的内容、评估作价金额、出资专利权所占股份比例等数据公告出来，并不会影响到出资人、目标企业或其他人的利益。

其次，专利权出资入股包括专利权出资和专利实施权出资两种方式。当以专利权出资时必须办理专利权转移登记手续，而以专利实施权出资时法律虽不要求必须办理备案手续，不过目标企业出于确定自己注册资本的考虑，往往会主动办理备案手续。因此，即使通过专利行政主管部门也能够掌握专利权出资入股的信息。而且专利行政主管部门本来就已经建立了专利权实施许可备案数据集统计公告、专利权质押登记数据公告等这些工作流程,① 在此基础上再增加一项专利权出资入股数据的公告流程,并不会增加太多的管理工作成本。

2. 建立专利权出资入股信息公告制度的意义

第一,促进市场规范。因专利权的无形性,以专利权出资入股较其他有形财产的现物出资确有风险。通过将专利权出资入股的信息公开,可以为公众了解公司投资者的出资信息提供平台,从而可以进行更广泛的监督。② 可见,建立专利权出资入股公告制度,不仅能够督促专利权出资人规范出资行为,还可以提升市场的透明度,促进市场规范建设。

第二,助力专利权评估。专利权评估是困扰专利权交易顺利开展的重大难点,专利权评估方法之一的市场法是较为常用的专利权评估方法。市场法是通过寻找与评估对象相同或近似的其他资产作为参照物,然后结合各种价值影响因素,综合分析后确定资产价值的方法。该评估方法能否得以有效运用的关键在于是否有足够多的可供参考的资产参照物。如果能够建立专利权出资入股公告制度,作为出资资产的专利权价值就势必会被公告出来,这就为运用市场法进行评估提供了大量的有效参考数据。可见,专利权出资入股公告制度可以助力专利权价值评估工作的顺利开展。

综上,由国家主管机关将专利权出资入股的信息汇总后公布出来,不会损害相关人的利益,增加的管理工作成本也不会太多;但可以促进市场规范建设,提升专利权评估的质量,建立专利权出资入股公告制度的社会效益和经济效益都很突出。

(三) 细化专利权出资人的瑕疵出资责任

根据我国《公司法》的规定,出资人需要以补缴出资或填补差额的方式承担对公司的资本充实责任、对其他足额出资股东的违约责任以及对公司债权人的补充赔偿责任。《公司法司法解释 (三)》对出

---

① 根据《专利法实施细则》第 90 条之规定,国务院专利行政部门定期出版专利公报,公告专利权转移、实施许可合同备案、专利权质押等信息。

② 蒋慧明:《无形资产出资的法律问题研究》,南京航空航天大学 2007 年硕士学位论文,第 42 页。

资人违反出资义务所应承担的责任做了很多细化规定，但结合专利权这类无形资产出资入股的特征，笔者认为还有若干问题应该进一步细化。

1. 明确补缴出资或填补差额的具体方式

我国《公司法》在要求出资人承担补缴出资或填补差额的责任时，只提及"应当向公司足额缴纳"以及"应当由交付该出资的股东补足其差额"，并未规定出资人以何种方式缴纳或补足。因此，瑕疵出资人既可用现金补缴，也可用实物或其他无形资产补缴。这就给了瑕疵出资人一个选择的机会。当瑕疵出资人违反出资义务时，实际上已经造成损害其他出资人、公司及其债权人利益的后果，如果允许出资人选择补缴方式的话，瑕疵出资人自然会选择成本最低的补缴方式，当瑕疵出资人选择缴纳流动性较差的非现金资本时，无利于及时全面地实现相关利益主体的合法权益。

因此，我国可以借鉴德国《有限责任公司法》第9条的规定：当公司申请商业登记时，实物出资的价额不够所认购的出资款额，股东须将该差额以现金缴清。我国也应该在立法中明确要求瑕疵出资人只能以现金方式补缴专利权价值的差额。要求以现金方式履行出资义务无疑会给瑕疵出资人带来负担，但只有这种带一定惩罚性质的规范，才足以警示出资人诚信地履行出资义务。

2. 明确出资人承担填补差额责任的期间

我国《公司法》要求瑕疵出资人对非货币出资要承担填补差额的责任，即在非货币财产的实际价值显著低于公司章程所定价额时，要向公司补交差额。公司成立时的其他发起人承担连带责任后，可向专利权出资人追偿。最终的责任承担者还是专利权出资人。虽然《公司法司法解释（三）》第15条对出资人承担填补差额的责任做了限定，即只有当出资人未以符合法定条件的专利权出资时，才对出资财产的贬值承担填补差额的责任。但法律仍然没有未明确出资人承担责任的时限。也即，如果专利权出资人面临承担填补差额的责任时，无论其出资行为发生在多久之前（可能此期间内已经发生了股权转让、继承等情况），目标企业、其他投资人及公司债权人都可以要求专利权出资人承担责任。"这就意味着知识产权出资股东将会不断地承担补足责任……不论期限经过多久，自公司成立至公司终止甚至在公司终止后都难以摆脱因知识产权出资缩水所带来的麻烦。"① 这样的状况也不利于经济活动的稳定。

对此问题国外也有立法例可供借鉴。德国《有限责任公司法》第9条的规定：公司应当在5年内向实物出资额价款不够所认购出资款额的股东提出清缴要求。我国也应借鉴此规定，在立法中对专利权等这类无形资产出资人承担资产价值贬值的责任限定一个期限（5年或者更长），超出此期限后就无须再向公司或其他债权人承担责任。对公司、其他投资人要求专利权出资人承担填补差额责任的这项权利，附加一个法定的除斥期间，其实也有充分的合理性。除斥期间可以督促权利人尽快行使权利，实现社会利益的平衡稳定。

（四）强化专利权评估、验资等中介机构的法律责任

如前所述，专利权出资入股时对专利权作价起决定意义的是专利权评估机构的价值评估报告和验资机构出具的验资报告，专利权出资人、其他投资人及目标企业不能干预评估机构和验资机构等中介机构（以下统称为"中介机构"）的独立估价和验资工作。如果委托人认为中介机构的评估结论不符合专利权的实际价值，可以提出重新评估的要求，或者委托其他中介机构进行评估，但中介机构必须以独立的工作地位得出结论，而这一结论往往就决定出资额度的大小和出资比例。如果经中介机构核定的专利权价值过低，肯定会使专利权出资人的利益受损。但如果经中介机构核定的专利权价值过高，将造成专利权的实际价值显著低于公司章程所定价额，引起专利权出资人的差额填补责任，同时导致公司设立时的其他出资人、发起人与专利权出资人一起承担连带责任，这无疑会影响专利权出资的信誉，影响相关利益方的利益。可见，中介机构的工作对专利权出资入股各相关利益方的影响很大，必须对其行为制定明确的法律责任。

---

① 孙昌兴、于运杰：《知识产权出资缩水时的股东责任》，载《技术经济与管理研究》2008年第4期，第44页。

我国《刑法》第229条对中介机构的违法行为规定了"提供虚假证明文件罪"和"出具证明文件重大过失罪"两项罪名，以警示中介机构勤勉、规范地开展工作。同时，我国《公司法》第207条还规定，中介机构如果恶意提供虚假材料，或因过失提供重大遗漏报告的，将受到工商行政管理机关处以违法所得一倍以上五倍以下的罚款，并可以由有关主管部门依法责令该机构停业、吊销直接责任人员的资格证书，吊销营业执照。如果中介机构不能证明自己没有过错的，还将在其评估或者证明不实的金额范围内对公司债权人承担赔偿责任。该法条成为追究中介机构行政处罚责任和民事赔偿责任的主要法律依据，但民事赔偿责任的赔偿对象仅限于对公司债权人。

鉴于中介机构在专利权出资入股时对专利权作价的重大影响力，笔者认为，上述责任还不足以警示中介机构勤勉、规范地开展工作，还不能督促中介机构积极提升业务能力，整体提高评估或验资报告的可靠度。对此，笔者建议，还应该增加中介机构的民事赔偿责任，当其无法证明自己无过错时，不仅要对公司债权人承担赔偿责任，还应在其评估或者证明不实的金额范围内对专利权出资人，以及承担了连带责任的其他出资人承担赔偿责任。

参考文献

一 中文专著

[1] 陈龙业、项先权：《质权·留置权》，中国法制出版社 2007 年版。

[2] 邓宏乾主编：《房地产金融》，复旦大学出版社 2006 年版。

[3] 范长军：《德国专利法研究》，科学出版社 2010 年版。

[4] 冯果：《公司法要论》，武汉大学出版社 2003 年版。

[5] 冯晓青、刘友华：《专利法》，法律出版社 2010 年版。

[6] 冯晓青：《知识产权法利益平衡理论》，中国政法大学出版社 2006 年版。

[7] 冯玉军：《法经济学范式》，清华大学出版社 2009 年版。

[8] 逄锦聚、洪银兴、林岗等主编：《政治经济学》，高等教育出版社 2009 年版。

[9] 何自力主编：《比较制度经济学》，高等教育出版社 2007 年版。

[10] 胡充寒：《外观设计侵权判定理论与实务研究》，法律出版社 2010 年版。

[11] 胡开忠：《权利质权制度研究》，中国政法大学出版社 2004 年版。

[12] 胡开忠：《知识产权法比较研究》，中国人民公安大学出版社 2004 年版。

[13] 来小鹏主编：《专利合同理论与实务研究》，法律出版社 2007 年版。

[14] 梁慧星主编：《中国物权法研究》，法律出版社 1998 年版。

[15] 李永军：《民事权利体系研究》，中国政法大学出版社 2008

年版。

[16] 刘春田主编:《知识产权法》(第三版),中国人民大学出版社 2007 年版。

[17] 刘俊海:《新公司法的制度创新:立法争点与解释难点》,法律出版社 2006 年版。

[18] 刘伍堂:《专利资产评估》,知识产权出版社 2011 年版。

[19] 刘杨:《法律正当性观念的转变:以近代西方两大法学派为中心的研究》,北京大学出版社 2008 年版。

[20] 吕莉克、刘铁花主编:《商品学基础》,西南财经大学出版社 2007 年版。

[21] 马俊驹、余延满:《民法原论(上)》,法律出版社 1998 年版。

[22] 梅夏英:《财产权构造的基础分析》,人民法院出版社 2002 年版。

[23] 申卫星:《期待权基本理论研究》,中国人民大学出版社 2006 年版。

[24] 施天涛:《公司法论》,法律出版社 2006 年版。

[25] 谭启平:《专利制度研究》,法律出版社 2005 年版。

[26] 汤宗舜:《专利法教程》,法律出版社 1988 年版。

[27] 王珏主编:《市场经济概论》,中共中央党校出版社 2008 年版。

[28] 王利明、尹飞、程啸:《中国物权法教程》,人民法院出版社 2007 年版。

[29] 王利明主编:《民法》(第二版),中国人民大学出版社 2006 年版。

[30] 王维藩、黄红英编译:《法国发明专利法》,中国对外翻译出版公司 1985 年版。

[31] 王泽鉴:《民法概要》,中国政法大学出版社 2003 年版。

[32] 吴汉东:《知识产权法》,北京大学出版社 1998 年版。

[33] 谢富纪主编:《技术转移与技术交易》,清华大学出版社 2006 年版。

[34] 谢怀栻:《谢怀栻法学文选》,中国法制出版社 2002 年版。

［35］ 徐红菊：《专利许可法律问题研究》，法律出版社 2007 年版。

［36］ 薛维柯：《影响美国的 100 个专利》，北京大学出版社 2007 年版。

［37］ 杨震：《法价值哲学导论》，中国社会科学出版社 2004 年版。

［38］ 姚红主编：《中华人民共和国物权法精解》，人民出版社 2007 年版。

［39］ 尹田：《物权法理论评析与思考》，中国人民大学出版社 2004 年版。

［40］ 尹新天：《中国专利法详解》，知识产权出版社 2011 年版。

［41］ 袁庆明：《新制度经济学教程》，中国发展出版社 2011 年版。

［42］ 余能斌、马俊驹主编：《现代民法学》，武汉大学出版社 1995 年版。

［43］ 张民安：《公司法的现代化》，中山大学出版社 2006 年版。

［44］ 张文显：《法哲学范畴研究》，中国政法大学出版社 2001 年版。

［45］ 张新锋：《专利权的财产权属性——技术私权化路径研究》，华中科技大学出版社 2011 年版。

［46］ 赵旭东等：《公司资本制度改革研究》，法律出版社 2004 年版。

［47］ 赵旭东：《企业与公司法纵论》，法律出版社 2003 年版。

［48］ 赵元果编著：《中国专利法的孕育与诞生》，知识产权出版社 2003 年版。

［49］ 郑成思主编：《知识产权价值评估中的法律问题》之《关于专利权质押合同登记的几点说明（中国专利局专利工作管理部专利市场处）》，法律出版社 1999 年版。

［50］ 郑成思：《知识产权论》（第三版），法律出版社 2003 年版。

［51］ 郑冲、贾红梅译：《德国民法典（修订本）》，法律出版社 2001 年版。

二 中文论文

［1］ Ronald. C. C. Cunmingq. C：《加拿大及美国的知识产权担保法发展概述》，王恒福、马明宇译，载《中国发明与专利》2006 年第

11 期。

［2］ Ronald. C. C. Cunmingq. C：《中国法律下的知识产权质押》，王恒福、马明宇译，载《中国发明与专利》2006 年第 11 期。

［3］ 薄燕娜：《股东出资形式法律制度研究》，博士学位论文，中国政法大学，2004 年。

［4］ 蔡新华：《技术受让中的技术法律问题》，载《知识经济》2010 年第 19 期。

［5］ 蔡祖国、付庆强：《我国专利权质权立法模式之检讨》，载《电子知识产权》2010 年第 3 期。

［6］ 曹新明：《专利许可协议中的有色条款功能研究》，载《法商研究》2007 年第 1 期。

［7］ 曾德明、彭盾：《专利联盟的效率边界》，载《科技进步与对策》2009 年 17 期。

［8］ 陈桂勇：《现物出资瑕疵法律问题探析》，载《河北法学》2005 年第 2 期。

［9］ 陈恺悌：《专利交易的潜在风险分析和对策》，载《知识产权》2011 年第 3 期。

［10］ 程永顺：《关于先用权的几个问题》，载《知识产权》1993 年第 3 期。

［11］ 程永顺：《专利技术转让合同案件审理中的若干问题》，载《科技与法律》2003 年第 3 期。

［12］ 崔国斌：《中国专利共有制度评述（上）》，载《电子知识产权》2010 年第 6 期。

［13］ 邓毅沣：《技术转让合同中限制条款法律效力评析》，载《湖南社会科学》2010 年第 2 期。

［14］ 董新凯：《我国股东以专利投资的相关法律问题》，载《学术论坛》2007 年第 11 期。

［15］ 董正英：《技术交易、中介与中国技术市场发展》，管理科学与工程博士论文，复旦大学，2003 年。

［16］ 冯涛、李冠新：《专利权投资的经济效用与法律规范分析》，载

《知识产权》2011 年第 4 期。

[17] 冯晓青、刘淑华：《试论知识产权的私权属性及其公权化趋向》，载《中国法学》2004 年第 1 期。

[18] 冯晓青：《企业知识产权投资之理论思考》，载《科技与法律》2006 年第 3 期。

[19] 冯晓青：《企业专利权投资若干问题研究》，载《求是学刊》2007 年第 7 期。

[20] 冯晓青：《企业专利有偿转让战略研究》，载《发明与创新》（综合版）2007 年第 6 期。

[21] 冯媛媛：《世界各国实用新型法的创新和本源》，载《中国发明与专利》2007 年第 10 期。

[22] 冯媛媛：《我国实用新型专利制度的现状与变革研究》，硕士学位论文，中国政法大学，2010 年。

[23] 傅绍明：《专利权转让探讨》，载《中国发明与专利》2008 年第 9 期。

[24] 郭宝宏：《简论优化资源配置的标准》，载《商业经济与管理》2002 年第 4 期。

[25] 郭红珍：《专利评估与交易中的有关法律权属问题研究》，载《科技创业月刊》2004 年第 3 期。

[26] 郭玉坤、于颖：《我国知识产权质押的立法价值、现状及建议》，载《科技进步与对策》2008 年第 7 期。

[27] 侯东德：《知识产权出资的比例界定和评估作价研究》，载《学术论坛》2007 年第 4 期。

[28] 胡良荣、顾长洲：《我国专利权质押的困惑与出路》，载《知识产权》2010 年第 4 期。

[29] 江月：《上海技术交易所——首家国家级常设技术市场》，载《华东科技》2002 年第 4 期。

[30] 蒋慧明：《无形资产出资的法律问题研究》，南京航空航天大学2007 年硕士学位论文。

[31] 蒋逊明、朱雪忠：《被许可人破产时专利实施许可合同的处理

探析》，载《知识产权》2006 年第 5 期。

[32] 蒋逊明、朱雪忠：《中国专利实施许可制度存在的问题及对策》，载《科研管理》2009 年第 5 期。

[33] 李建伟：《瑕疵出资股东的资本充实责任》，载《人民司法》2008 年第 17 期。

[34] 李希义、蒋琇：《政府支持下的知识产权质押贷款模式及其特征分析》，载《科技与法律》2009 年第 5 期。

[35] 李秀娟：《不同背景下的专利评价》，载《科技创新导报》2010 年第 34 期。

[36] 李秀娟：《专利价值评估中的风险因素分析》，载《电子知识产权》2009 年第 12 期。

[37] 李瑜青、陈慧芳：《知识产权评估与质押——基于上海浦东模式的实证研究》，载《华东理工大学学报》（社会科学版）2009 年第 4 期。

[38] 李玉剑、宣国良：《专利联盟反垄断规制的比较研究》，载《世界知识产权》2004 年第 5 期。

[39] 李振亚、孟凡生、曹霞：《基于四要素的专利价值评估方法研究》，载《情报杂志》2010 年第 8 期。

[40] 梁军：《中国发明专利许可价值衡量指标研究》，载《电子知识产权》2011 年第 5 期。

[41] 林辉：《技术交易模式的国际比较》，载《科技成果纵横》2005 年第 5 期。

[42] 刘春霖、安秀明：《知识产权使用许可权资本化的理论思考》，载《河北经贸大学学报》2009 年 第 3 期。

[43] 刘春霖：《关于专利权投资的法律思考》，载《知识产权》1999 年第 6 期。

[44] 刘凡：《高新技术条件下专利权客体的拓展》，载《西安财经学院学报》2005 年第 1 期。

[45] 刘凤朝、潘雄锋：《中国技术市场发展与经济增长关系的实证研究》，载《科学学研究》2006 年第 1 期。

［46］ 马忠法：《论技术转让合同中的技术改进条款》，载《电子知识产权》2009 年第 11 期；

［47］ 马忠明：《专利价值评估的实物期权方法》，华中科技大学 2004 年硕士学位论文。

［48］ 倪炜：《关于专利交易中法律纠纷问题的思考和建议》，硕士学位论文，中国政法大学，2010 年。

［49］ 潘永：《略论产权清晰标准》，载《前沿》2005 年第 1 期。

［50］ 彭耀林：《国家专利技术展示交易中心四年结硕果》，载《中国发明与专利》2011 年第 2 期。

［51］ 漆苏、杨为国：《专利许可实施权转让研究》，载《科研管理》2008 年第 6 期。

［52］ 邱永清：《专利许可合同登记制度之型构 以登记功能为基点的分析》，载《法律适用》2007 年第 9 期。

［53］ 申卫星：《期待权研究导论》，载《清华法学》2002 年第 1 期。

［54］ 宋伟、胡海洋：《知识产权质押贷款风险分散机制研究》，载《知识产权》2009 年第 4 期。

［55］ 宋伟、胡海洋：《专利首次市场化交易价格的评估方法》，载《技术与创新管理》2010 年第 1 期。

［56］ 宋则行：《论社会主义市场经济中的资源配置》，载《经济学家》1994 年第 3 期。

［57］ 孙昌兴、于运杰：《知识产权出资缩水时的股东责任》，载《技术经济与管理研究》2008 年第 4 期。

［58］ 谭开明、魏世红：《谈我国技术交易激励机制框架设计》，载《经济问题》2007 年第 4 期。

［59］ 谭开明、魏世红：《影响我国技术交易效率的因素分析》，载《生产力研究》2008 年第 7 期。

［60］ 王虎、李长健：《专利权出资客体的法律探微》，载《理论月刊》2005 年第 10 期。

［61］ 王谋勇：《美国大学技术许可办公室高效运行的关键因素分析及对我国的政策启示》，载《科技进步与对策》2010 年第

12 期。

[62] 魏玮:《我国促进中小企业技术转移的公共服务措施研究——基于欧盟 IRC 计划》,载《电子知识产权》2008 年第 10 期。

[63] 魏衍亮:《知识产权价值评估问题研究》,载《电子知识产权》2006 年第 12 期。

[64] 吴晨曦、王莹:《权利质权?抑或权利抵押权?——论知识产权设定担保的体例选择》,载《广西政法管理干部学院学报》2005 年第 4 期。

[65] 吴红:《专利实施与专利运用》,载《电子知识产权》2008 年第 5 期。

[66] 吴洁仑、王智源:《知识产权交易形式解析与风险控制问题研究》,载《科技管理研究》2010 年第 10 期。

[67] 吴作伦:《德国技术转移中心的考察和思考》,载《研究与发展管理》2001 年第 1 期。

[68] 谢怀栻:《论民事权利体系》,载《法学研究》1996 年第 2 期。

[69] 谢黎伟:《论专利质押的法律效力》,载《福建金融管理干部学院学报》2010 年第 5 期。

[70] 谢黎伟:《专利权质押设立制度之比较分析》,载《电子知识产权》2011 年第 7 期。

[71] 谢阳群、魏建良:《国外网上技术市场运行模式研究》,载《商业研究》2007 年第 2 期。

[72] 杨利华:《从“特权”到“财产权”:专利权之起源探微》,载《湘潭大学学报》(哲学社会科学版)2009 年第 1 期。

[73] 杨为国、李品娜等:《我国无形资产出资立法的反思与完善——无形资产出资的法与经济学分析》,载《电子知识产权》2006 年第 9 期。

[74] 叶新:《技术交易方式的转变与飞跃——探析网上技术市场》,载《中国高新技术企业》2006 年第 3 期。

[75] 衣庆云:《专利申请权和专利使用权入股问题探析》,载《当代法学》2000 年第 1 期。

[76] 袁雯卿:《专利交易的尽职调查》,载《电子知识产权》2007年第9期。

[77] 袁真富:《专利交易的风险调查——以法律风险为主要视角》,载《中国发明与专利》2009年第12期。

[78] 苑泽明、姚王信:《知识产权融资不对称性的法经济学分析》,载《知识产权》2011年第2期。

[79] 岳贤平、李廉水、顾海英:《专利交叉许可的微观机理研究》,载《情报理论与实践》2007年第3期。

[80] 詹宏海、王伟君:《知识产权交易市场的信息披露监管》2007年第9期。

[81] 詹映:《专利池的形成:理论与实证研究》,博士学位论文,华中科技大学,2007年。

[82] 张伯友:《知识产权质押融资的风险分解与分步控制》,载《知识产权》2009年第2期。

[83] 张广良:《专利交易中的欺诈防范及救济》,载《中国发明与专利》2004年第3期。

[84] 张联庆:《论专利权交叉许可及专利池许可模式的反垄断规制——美国的理论与实践》,硕士学位论文,对外经济贸易大学,2004年。

[85] 张曼:《我国专利技术许可费收取现状与分析》,载《电子知识产权》2010年第6期。

[86] 张全福、陈骏:《专利技术入股若干法律问题研究》,载《知识产权》1998年第4期。

[87] 张伟君、单晓光:《知识产权保护对企业技术转让的影响》,载《知识产权》2008年第1期。

[88] 张文显:《部门法哲学引论——属性和方法》,载《吉林大学社会科学学报》2006年第5期。

[89] 张优智:《技术市场发展与经济增长的协整检验——基于1987—2009年的数据分析》,载《大连理工大学学报》(社会科学版)2011年第4期。

[90] 张江雪:《中国技术市场发展研究》,博士学位论文,北京师范大学,2008 年。

[91] 赵晨:《专利价值评估的方法与实务》,载《电子知识产权》2006 年第 11 期。

[92] 赵蓉:《专利出资交付履行之法律规程构建》,载《知识产权》2011 年第 8 期。

[93] 中国保监会武汉保监办课题组:《对保险功能的再认识》,载《保险研究》2003 年第 11 期。

[94] 朱慈蕴:《公司资本理念与债权人利益保护》,载《政法论坛》2005 年第 3 期。

[95] 朱大旗、朱永扬:《专利权作价入股新探》,载《中国人民大学学报》1996 第 5 期。

[96] 祝宁波:《美国知识产权抵押担保法律制度述评》,载《华东理工大学学报》(社会科学版)2009 年第 4 期。

三　外文译著

[1] [奥] 伊利奇·考夫:《专利制度经济学》,柯瑞豪译,北京大学出版社 2005 年版。

[2] [德] 马克思:《资本论》(第 1 卷),郭大力、王亚南译,上海三联书店 2009 年版。

[3] [美] E. 博登海默:《法理学 法律哲学与法律方法》,邓正来译,中国政法大学出版社 2004 年版。

[4] [美] Jay Dratler Jr.:《知识产权许可》,王春燕等译,清华大学出版社 2003 年版。

[5] [美] 埃里克·弗鲁博顿、[德] 鲁道夫·芮切特:《新制度经济学——一个交易费用分析范式》,姜建强、罗长远译,格致出版社、上海三联书店、上海人民出版社 2006 年版。

[6] [美] 康芒斯:《制度经济学(上)》,于树生译,商务印书馆1962 年版。

[7] [美] 劳伦斯·M. 弗里德曼:《美国法律史》,苏彦新等译,中

国社会科学出版社 2007 年版。

［8］［美］理查德·A. 波斯纳:《法律的经济分析（上）》，中国大百科全书出版社 1997 年版。

［9］［美］罗伯特·考特、托马斯·尤伦:《法和经济学》，张军等译，上海三联书店、上海人民出版社 1994 年版。

［10］［美］罗塞尔·帕拉、帕特里克·沙利文:《技术许可战略》，陈劲、贺丹、黄芹译，知识产权出版社 2006 年版。

［11］［美］威廉姆森:《资本主义经济制度：论企业签约与市场签约》，段毅才、王伟译，商务印书馆 2002 年版。

［12］［美］韦斯顿·安森编:《知识产权价值评估基础》，李艳译，知识产权出版社 2009 年版。

［13］［日］志村治美:《现物出资研究》，于敏译，法律出版社 2001 年版。

四 外文文献

［1］ Anil K. Gupta, Haiyan Wang: *China as an Innovation Center? Not So Fast. available at* http://online. wsj. com/article/SB10001424053111903 59110457646967 0146238648. html? KEYWORDS = China + as + an + Innovation + Center + Not + So + Fast.

［2］ Ashish Arora, Andrea Fosfuri and Alfonso Gambardella, *Markets for technology: the economics of innovation and corporate strategy*, 253, MIT Press, 2001.

［3］ Carl Shapiro. *Navigating the Patent Thicket: Cross Licenses, Patent Pools, and Standard Setting*, NBER Innovation Policy & the Economy, 2001.

［4］ Carl Shapiro. *Navigating the Patent Thicket: Cross Licenses, Patent Pools, and Standard Setting*, Innovation Policy and the Economy, 2001: 119 – 150.

［5］ Choi. J. P, *Technology Transfer with Moral Hazard*, International Journal of Industrial Organization, 2001.

[6] CohenW M, N elson R R, Walsh J P. *L inks and impacts*: *survey re-sults on the influence of public research on industrial R&D*, Manage-ment Science, 2002, 1 – 23.

[7] Czarnitzki, D. , Rammer, C, *Technology Transfer via the Internet*: *A Way to Link Public Science and Enterprises*? Journal of Technology Transfer, 2003.

[8] Eswaran · M, *Cross – licensing of competing patents as a facilitating device*, Canadian Journal of Economics, Vol. 27, 1994.

[9] Herbert A. Simon, *Rationality as process and as product of thought*, American Economic Review, 1983 (73) .

[10] Jody C, *The Challenge of Valuing Intellectural Property Assets*, North-western Journal of technology and Intellectual property. 2003, 1.

[11] Josh Lerner, Jean Tirole. *Efficient Patent Pools*, American Economic Review, 2004, 94.

[12] Josh Lerner, Jean Tirole. *Public Policy toward Patent Pools*. Innovation Policy & the Economy, 2007, 8.

[13] Larry Catá Backer, *Comparative corporate Law*: *United States*, *Euro-pean Union*, *China*, *and Japan*: *cases and materials*, Carolina Ac-ademic Press, 2002.

[14] Medeco Security Locks, In c. v. Lock Technology Corp, 199 USPQ 519 [R] .

[15] Mowery D C, Nelson R R, Sampat B N, *The growth of patenting and licensing by U. S. universities*: *an assessment of the effects of the bayh – dole act of* 1980, Research Policy, 2001, 99 – 119.

[16] Philip Mende, *To License a Patent – or*, *to Assign it*: *Factors Influ-encing the Choice*, *available at* http: //www. wipo. int/export/sites/ www/sme/en/documents/pdf/license_ assign_ patent. pdf.

[17] Robert Goldscheider, John Jarosz, Carla Mulhern, *Use Of The* 25 *Per Cent Rule In Valuing IP*, Les Nouvelles, 12, 2002, 123.

[18] Russell L. Parr, *Royalty Rates for Licensing Intellectual Property*,

John Wiley & Sons, 2007.

[19] Suzanne Michel, *Bargaining for Rand Royalties in the Shadow of Patent Remedies Law*, Antitrust Law Journal 2011.

[20] Thomas H. Davenort, Laurence Prusak, *Working Knowledge*, Harvard Business School Press, 1998.

[21] Walter T. Harrison Jr. , *Charles T. Horngren. Financial Accounting*, Prentice Hall, 2001.